西方最新语言学理论译介丛书

# 形式汉语句法学

上海教育出版社

SHANGHAI
EDUCATIONAL
PUBLISHING
HOUSE

（第二版）

# Formal Chinese Syntax

## (2nd edition)

邓思颖（Sze-WingTang） 著

# 序

　　每个时代的学术都有其自身的特色,语言学这门既古老又年轻的学科也不例外。中国的"现代语言学"一般认为是从《马氏文通》开始的,其实除了《马氏文通》,还有高本汉的《中国音韵学研究》。在此之前,对汉语语音、词汇、语法的研究目的都是为了通经和规范。从西方引进的现代语法学和现代音韵学从观念上不再把这些研究看作是为读经和规范服务的,而是语言科学研究的一部分。19世纪末和20世纪初,西学东渐成为大潮,在中国土生土长的语言文字学(俗称小学)也和其他许多人文学科一样走向现代化。印欧语的研究传统敲开了汉语研究的"封闭"大门,要求与中国传统"结合",《马氏文通》和《中国音韵学研究》是这一结合最重要的标志。由传统学术向现代学术转变,最主要的表现是:眼光和观念的更新,理论和方法的改进。

　　把语言研究视为科学研究,就是要探究人类语言的规律,大而言之,包括语言结构的规律、语言演变的规律、语言使用的规律、语言习得的规律。因为终极目标是探究人类语言的规律,不是个别语言的规律,所以注重对语言共性的挖掘。北京大学的王洪君教授从美国进修音系学回来写了一篇文章,其要点就是,原来中国传统语言学(小学)在音系理论的研究方面跟西方是并驾齐驱的,但是后来落后了,差距越拉越大,落后的原因就是只立足于汉语,忽视或自动放弃对语言共性的探索。共性在个性之中,又比个性层次高,忽视和放弃语言共性的研究使我们无法与西方人站到同一条起跑线上,也使我们无法真正了解汉语的个性。今天有许多汉语研究者同意要将汉语置于世界语言的变异范围内来考察,这就是眼光和观念的更新。

　　高本汉比较汉语方言之间的差异,结合韵书韵图,运用印欧语研究中卓有成效的历史比较法来研究汉语古音,开创了汉语音韵研究的一个新时期。朱德熙先生继赵元任先生之后,运用结构主义的语法理论和方法来研究汉语语法,从形式和分布入手来划分词类,开创了汉语语法研究的一个新时期,影响了不止一代学人。这两个实例可以说明理论和方法的改进。

回顾历史，一百年来包括马建忠在内的先觉先悟的知识分子为实现中国的"现代化"，纷纷从西方借鉴先进的理论和方法，用鲁迅的自白就是"从别国里窃得火来，本意却在煮自己的肉"。一百年的时间倏忽而过，中国学人在新世纪到来之际面临这样一种处境，即：西方流行的一种理论还没有很好掌握、来得及运用，人家已经换用新的理论新的方法了。中国老是在赶潮流，老是跟不上，中国学人的自尊心受到了伤害。我们应该怎样来对待这种处境呢？其实，科学的进步、学术的前进就是不同学术传统不断碰撞、交流和交融的结果。高本汉取得的巨大成就也得益于中国的语文学。用他自己的话来说，就是在汉语音韵的研究中碰到了两次好运气：研究汉语中古音系的时候有《切韵》系统的韵书韵图，研究上古音系的时候有诗韵和汉字的谐声系列，这两个方面的研究清代的学者已经达到非常高的水平。我们需要的是历史发展的眼光、科学进步的观念，加上宽广平和的心态，因为世界范围内各种学术传统的碰撞、交流和交融是永恒的。一时的落后不等于永远落后，然而要摆脱落后，唯有先将别人先进的东西学到手，至少学到一个合格的程度，然后再加上自己的创新。这是历史给中国学人、给中国文化留下来的唯一的再生之路。

　　在世界范围内，语言学在过去几十年里的发展和变化是很快的，新理论、新方法、新成果很多。正是本着这种学习加创新的宗旨，上海教育出版社组织推出这套《西方最新语言学理论译介》丛书，其作者大都是一些视野开阔、在某一领域有深入研究、正活跃在我国语言学界的中青年学者。内容多数以介绍国外近年来出现的新理论新方法为主，同时也适当包含作者自己的研究成果。希望这套丛书对新时期我国语言科学的发展起到一些促进作用。

沈家煊

2006 年 7 月

# 目　　录

序（黄正德）  ················································ 1

第一章　绪论  ·············································· 1
  1.1　语言学和句法学  ······························ 1
  1.2　本书的主要内容  ······························ 2

第二章　语法和汉语语法  ································ 7
  2.1　语法和语法学体系  ···························· 7
  2.2　语法单位  ···································· 14
  2.3　语法关系  ···································· 16
  2.4　汉语语法  ···································· 18
  2.5　小结  ········································ 18

第三章　特征、词和词类  ································ 20
  3.1　特征  ········································ 20
  3.2　词  ·········································· 24
  3.3　名词性词类和动词性词类  ···················· 26
  3.4　词汇词和功能词  ···························· 41
  3.5　小结  ········································ 44

第四章　短语  ············································ 45
  4.1　短语的组成  ·································· 45
  4.2　合并  ········································ 46
  4.3　词序的问题  ·································· 55
  4.4　统领关系  ···································· 58
  4.5　小结  ········································ 62

**第五章　名词性结构** ········· 63

　5.1　名词性词类的句法组合 ········· 63

　5.2　指称、有定、无定的句法分析 ········· 70

　5.3　有定意义和中心语移位 ········· 79

　5.4　小结 ········· 84

**第六章　主谓结构** ········· 85

　6.1　谓语的事件意义 ········· 85

　6.2　轻动词 ········· 87

　6.3　题元关系 ········· 89

　6.4　论元结构 ········· 90

　6.5　小结 ········· 101

**第七章　述宾结构和述补结构** ········· 103

　7.1　宾语和补语 ········· 103

　7.2　述宾结构 ········· 107

　7.3　述补结构 ········· 118

　7.4　小结 ········· 135

**第八章　句子** ········· 136

　8.1　句子和小句 ········· 136

　8.2　小句的主谓关系 ········· 145

　8.3　句类 ········· 150

　8.4　语气 ········· 154

　8.5　小结 ········· 165

**第九章　句型和主要的句式** ········· 167

　9.1　句型和句式 ········· 167

　9.2　主谓句 ········· 170

　9.3　非主谓句 ········· 177

9.4　连动句 ···················································· 181

9.5　兼语句 ···················································· 184

9.6　被动句和处置句 ·········································· 190

9.7　存现句 ···················································· 204

9.8　小结 ······················································ 213

第十章　偏正结构和联合结构 ································ 215

10.1　偏正结构 ················································ 215

10.2　准定语 ·················································· 233

10.3　联合结构 ················································ 242

10.4　小结 ····················································· 258

第十一章　制图分析 ·········································· 259

11.1　功能词分解和制图理论 ································ 259

11.2　句末助词二分说 ········································ 261

11.3　内助词的句法分析 ····································· 264

11.4　外助词的句法分析 ····································· 272

11.5　其他句末成分 ·········································· 276

11.6　小结 ····················································· 285

第十二章　结语 ··············································· 287

12.1　简约的语法学体系 ····································· 287

12.2　三种语法关系 ·········································· 289

12.3　从句法看语言 ·········································· 292

参考文献 ······················································ 295

附录一：汉英语言学术语对照表及索引 ·················· 318

附录二：英汉语言学术语对照表及索引 ·················· 332

后记 ··························································· 346

第二版后记 ··················································· 348

# 序

邓思颖先生的《形式汉语句法学》付梓在即，我先睹为快。读罢该书后，我有几点意见，想跟读者分享。

第一，这本书的章节安排得很好。作者按照以朱德熙先生《语法讲义》为代表的传统汉语语法学框架介绍当前形式句法学的基本概念，我相信，这样的撰写模式，受传统中文系训练的读者应该更容易接受，读起来比较亲切。

第二，书中的例子都是"真实"的汉语例子，而不是把常见的典型英语例子照搬过来。能用汉语例子来说明句法学理论的问题，更容易让以汉语为母语的读者了解和信服。

第三，这本书不只是一本用汉语例子介绍生成语法的导读书，作者也有自己的观点，书中不少的例子和分析对于生成语法学的研究有直接的贡献。

我认为，如果汉语语言学界希望能对世界主流的语言学理论有所贡献，无论是学生还是老师，都必须意识到汉语其实也是个正常的人类语言，研究汉语语言学不需要用什么具有中国特色的方法来研究。跟其他的人类语言一样，汉语拥有丰富的语法特点，而我们可以在严谨的科学理论之下研究探索汉语这些语法特点，发现新的问题，对汉语有深入的认识。经过严谨分析所发现的汉语语法特点，甚至可以帮助我们建构一个更好的语言学理论，反过来也可以用于对其他语言的分析。事实上，只有严谨的分析才可以发现这样的语法特点，对语言学理论有所贡献。可惜的是，有些人未能贴近理论的重要发展，结果以试图抄捷径的方式另立山头而自外于主流。依我看来，这种做法并不可取。

我希望并且相信，这本书能带给读者一个信息，那就是汉语的研究是一门备受尊重而且充满挑战性的科学研究。虽然这本书并不期望每位读者通过阅读之后都能成为专业的语言学家，然而，这本书是成功的话，读者阅读后，应该能学会怎样像语言学家那样逻辑地思考问题，甚至运用逻辑的思维去处理日常生活的难题。假若读者已经是专业的语言学家，中国人或华人的身份并不意味着我们只能当出色的"汉语语言学家"，我们若能对当前语言学理论有所贡献，同时成为出色的"语言学家"也并非不可能。在这本书付梓之际，谨以此共勉。

黄正德

于哈佛大学

2010 年 2 月

# 第一章 绪 论

　　形式汉语句法学就是从形式的角度研究汉语句法问题，强调语言形式的重要性，从语法内部找出解释语言结构特点的原因，而不是从语法外部寻找答案。本书讨论现代汉语句法现象，并介绍当前形式句法学的基本原则、分析方法和研究成果，与此同时，通过句法学理论加深我们对汉语语法的认识。

## 1.1　语言学和句法学

　　"形式汉语句法学"属于句法学（syntax）[1]，是一种从形式的角度研究句法问题的科学，强调语言形式的重要性。句法学是语言学（linguistics）研究的一个重要领域。除了句法学以外，语言学"核心"的范畴还包括语音学（phonetics）、音系学（phonology，也称作"音韵学"）、形态学（morphology，也可以理解为"词法学"）、语义学（semantics）等。语音学讨论与发音有关的问题，例如发音的器官和发音的方法；音系学关注如何把语音组合成系统，研究的课题包括音节的构成、声调的变化等问题；形态学研究词形和构词的问题，例如词缀与构词的关系等；句法学研究词怎样组合成更大的结构；语义学研究词和句子意义的问题。总的来说，它们主要集中研究语言内部的特质。语言学家希望通过语言本身，找出语言的特点。

　　语言学与其他学科也有密切的关系，形成了不少重要的相关科目，例如社会语言学、历史语言学、心理语言学、应用语言学、计算语言学等。这些科目跟其他非语言学的学科，例如社会学、历史学、心理学、神经科学、教育学、资讯科技等，息息相关。语言学的发现为其他学科中有关语言部分的研究，提供了重要的参考，反过来说，配合其他学科的知识，我们可以找出影响语言的外部因素，对语言的形成可以有另一个

---

　　[1]　王力（1984[1944]：9，注释2）指出，"严格地说，syntax 该译为'结合法'，因为词和词的结合已经是 syntax，不一定要造成一个句子"，我们虽然十分赞同他的观点，但仍然沿用文献中的"句法学"一词。

层次的认识,跨学科的研究肯定对语言研究有帮助。

不过,句法学理论只适用于语言学的研究,原则上只用来研究作为语言学"核心"的句法问题,用来分析句法现象。句法学理论不可以延伸到社会学、历史学等其他学科,我们也不期望句法学能够直接应用在跟这些学科相关的科目如社会语言学、历史语言学上,解释它们的现象。同样的道理,虽然某些句法现象可能跟社会语言学、历史语言学等科目有关,我们或许可以从这些科目或者相关的学科中借鉴研究的心得,从语言外部的角度认识造成某些现象的外部原因,但其他的科目或者学科并不能代替句法学来研究句法问题。属于语言形式的句法问题只能从语言内部找出解释的原因,而不能从语言外部来寻找答案。因此,句法问题应该归句法学来管。

本书撰写的目的就是讨论现代汉语句法现象,并介绍当前形式句法学的基本原则、分析方法和研究成果,与此同时,通过句法学理论加深我们对汉语语法的认识。

## 1.2　本书的主要内容

本书主要采用句法学的短语结构理论分析汉语各种句法现象,让读者可以通过具体语料和理论双结合的模式,掌握句法学的一些基本操作和研究方法。本书的章节安排大致上参考一般"现代汉语"教科书的体例,用比较"传统"的框架,介绍句法学理论的主要内容及其在汉语语法学中的应用。以下是本书各章所讨论的主要内容,让读者对本书的结构有一个初步的认识。

第二章"语法和汉语语法"是本书的导论部分,主要介绍本书所采用的语法学体系,以及简单介绍组成汉语语法的语法单位和基本的语法关系。本书的语法学体系依据的是生成语法学的原则与参数理论所提出的模式,特别是受"最简方案"影响下的句法学理论。在我们的语法学体系里,跟句法相关的语法单位只有特征、词、短语,具有句法特质的句法成分包括中心语、补足语、指定语、附接语。

第三章"特征、词和词类"详细讨论组成汉语语法的语法单位。特征是语法最小的单位。词是形式特征和语义特征的结合体。词类是词的分类,词类的不同由不同形式特征所决定。本书总结了文献常见的词类,并且提出把汉语的词类分为十三类。这些词类可以按照形式特征[名词性]和[动词性]划分为名词性词类和动词性词类,也可以按照形式特征[功能性]和[非功能性]划分为词汇词和功能词。

第四章"短语"介绍了几个句法学重要的概念:短语、合并、层级和词序问题、统领。这一章的讨论虽然比较"抽象",但涉及句法学一些基本的概念,想了解短语理论的读者,这一章不可不看。短语是词以上的语法单位,也是句法内最大的语法单位。形成短语的句法操作叫合并。每个短语必须有中心语,而每个词都必须形成短语。词序的"前后"属于句法音韵接口甚至是音韵部门内的问题,层级的"高低"是句法所关心的问题,主要依靠统领关系来界定。

第五章"名词性结构"主要介绍名词性结构的句法分析。在第四章有关短语理论的基础上,我们选取了汉语名词性成分作为分析短语结构的实例。名词性结构可以分为名词、量词、数词、限定词,它们都可以形成短语。凡是指称的名词性结构都是限定词短语,没有限定词的名词性结构属于非指称。凡是有定名词性结构的限定词都不可以是"空"的,由空限定词组成的名词性结构一定是无定的。

第六章"主谓结构"主要通过事件结构和论元结构两方面讨论了主谓结构的句法问题。主谓结构可谓形成小句的"灵魂",每个小句都离不开主谓结构。想了解组成汉语小句的基本成员和组织方式,并且对以后各章的讨论有基础的认识,这一章是必读的。每个谓语由表示基础词汇意义的词根、表示事件意义的轻动词、表示事件参与者的论元组成。事件结构和论元结构的关系非常紧密,题元关系是从论元结构推导出来的,论元结构本身决定了论元所赋予的题元角色。

第七章"述宾结构和述补结构"讨论宾语、补语以及跟宾语和补语相关的述宾结构和述补结构。这一章的讨论可以配合第六章一起来读,而第六章所介绍的概念和分析方法也可以延伸到这一章,这两章合起来总括了汉语谓语的主要句法特点。补语只能是动词性成分,用来说明动作的结果、状态,只能作为动词的补足语;其他不作为主语的论元可以理解为宾语,分布相对比较自由。述宾结构是把动词和宾语合并在一起的结构,述补结构的补语包括状态补语(描写补语和结果补语)、趋向补语、时间和处所补语。补语和其他的动词性成分必须出现在补足语位置上,位置只能有一个,必须在句末。

第八章"句子"讨论句子和小句的定义,并且分析组成句子和小句的各个主要成分。这一章的讨论涉及位于汉语句子"边缘"位置的句法特点,让我们对一个"完整"的结构有一个"完整"的认识。小句赋予特定的时间意义和句类,带上语气的小句成为句子。时间在句法内体现为时间词,具有承载移位后的主语的功能。表示汉语句类最基本的形式手段是语调,句法上体现为标句词。语气主要表达了话段意义,跟说话时的语境有关,可以体现为语气词,汉语的语气词包括焦点、程度、感情,只在根句出现。包含语气词的"句"是句子,不包含语气词的"句"是小句。

第九章"句型和主要的句式"讨论了汉语的句型和几种传统汉语语法学中常见的句式。在之前各章的讨论基础上,特别是在第六章"主谓结构"和第七章"述宾结构和述补结构"的基础上,这一章综合了几种常见的汉语句式,并且分析它们的异同。汉语的句型只有主谓句一种,非主谓句是不存在的。主谓句包括动词谓语句和名词谓语句。连动句、兼语句、被动句、处置句、存现句等常见的动词谓语句都不具备成为独立句式的条件,它们的特点都可以从其他的结构推导出来。

第十章"偏正结构和联合结构"讨论偏正结构和联合结构的句法特点。偏正结构的核心是被修饰语。定语用来修饰名词性成分,状语用来修饰动词性成分。修饰语以附接的形式产生。准定语所修饰的成分是名物化短语,跟名物化短语构成典型的偏正结构。联合结构是连接并连语的结构,中心语可以是标句词或连词。同位结构属于联合结构。联合结构和主谓结构有相似的句法结构,都有一个负责连接成分的中心语。第六章"主谓结构"和第八章"句子"所提到的某些概念和分析跟本章的讨论相关,读者在对第六章和第八章有充分的认识之后,才容易明了复句的句法分析、联合结构和主谓结构的比较等问题。

第十一章"制图分析",通过介绍制图理论的基本操作方法,重新探讨汉语句末成分的句法分析。制图理论是一种以精准方式描绘句法结构的研究方向,把细微的句法语义特点描绘出来。以本书第八章所介绍的内容作为基础,本章对时间词和语气词重新分析,统称为"句末助词",并且把句末助词划分为"内助词"和"外助词",事件类和时间类助词属于内助词,其余的是外助词。原本所提出的焦点、程度、感情三类句末助词之上,本章增添表示回应的 CoA。除音段成分外,超音段成分也应作为外助词的一员。

第十二章"结语"总结了本书的讨论。本书的研究建立在"最简方案"的基本精神之上,目的是简化汉语语法学理论,并且利用目前句法学的理论,为常见的汉语语法现象和语法学的概念作重新的分析;希望建构一个简约的语法学体系,能够解释一些句法的现象,找出"真正"的答案。

本书大部分的例句来自现代汉语教科书和汉语语法学著作。部分比较特别的例子,我们会标明出处;比较常见的一些例子,有的是我们根据母语者的语感自造出来的,有的改编自已有的一些句子,而不再注明出处;部分例子引自语料库或互联网,我们会一一注明。

至于例句的表达方式,我们采用语言学惯用的做法,用星号" * "表示不合语法,用问号"?"表示接受度较低,用双问号"??"表示接受度更低,用井号"#"表示虽然形式上正确,但意思或语用不对。此外,我们用括号"(　　)"表示可有可无的成分。如,"(X)"表示 X 是可有可无的,"(*X)"表示 X 的出现是不允许的,"*(X)"表示 X 必须出现,它的省略是不合语法的。遇上汉语方言的例句,我们在方言例句的后面,把普通话的翻译放在括号内。

至于本书所用的语言学术语,大多数的汉语翻译根据沈家煊所译的克里斯特尔(2000),如果有什么改动,我们在讨论中会进行说明。在克里斯特尔(2000)中找不到的一些新术语,我们根据目前流行的翻译,选择比较合适的在本书中使用。

就我们所见,国内过去出版过好几本介绍形式句法学的专著,大致上有两种类型:第一种是沿袭一般现代语言学导论/句法学教科书的模式,着重介绍生成语法学的原则理论及其操作方法,但往往难以顾及汉语本身的语法特点;第二种是选择汉语语法的某些专题来介绍个别理论对汉语的运作,虽然讨论深入,但往往未能覆盖汉语大部分的现象,没有反映汉语语法的整体面貌。

本书撰写的目的之一,就是希望以读者的母语作为分析对象,在读者都熟悉的"现代汉语"教科书式的框架下,涵盖尽可能多的汉语语法学常常讨论的重要范畴,比较有系统地介绍句法学理论对汉语的应用,把理论性比较强的抽象概念融合在具体的汉语语言事实里,希望读者容易掌握,从而用来分析汉语语法的问题。

本书采用比较"传统"的模式作为讨论的框架,把生成语法学的句法学理论尽量建立在已有的汉语语法学的基础上,除了照顾大多数读者的习惯以外,我们还希望以此对建立起汉语语法学体系的学者表示尊重和敬意,把汉语语法学一些优良的传统和重要的发现用一种新的形式、新的理论延续下去。当然,我们不可能全面总结过去所有的成果,本书的讨论肯定有所遗漏,我们能做到的就是尽量平衡传统汉语语法学和生成语法学,以"传统"的模式作为框架,借此介绍生成语法学的基本概念与操作,力图达到二者的融合,让生成语法学"本土化"。

我们希望本书可以作为汉语语法学、句法学理论的入门读物,对汉语语法学的研究和教学有一定的参考作用。

# 第二章 语法和汉语语法

本书所采用的语法学体系,依据的是生成语法学的原则与参数理论所提出的模式,特别是受最简方案影响下的句法学理论。组成汉语语法的语法单位只有特征、词、短语。结构性句法成分包括中心语、补足语、指定语、附接语,并由此形成结构性语法关系,推导出主谓结构、述宾结构、述补结构、偏正结构、联合结构这五种"基本"的功能性语法关系。

## 2.1 语法和语法学体系

什么是"语法"? 按照教科书上的定义,"语法所反映的是语言单位(语素、词、词组、句子)之间的各种关系,它以语言结构为概括对象"(胡裕树等 1995:277);"语法是词、短语、句子等语言单位的结构规律"(黄伯荣、廖序东 2002b:1);"语法是用词造句的方式,是语言的结构规则"(张静等 1980:71);语法是"一种语言的组词造句的规则"(北大中文系 2004:261);"语法就是使用同一种语言的人共同理解、共同接受、共同遵守的语言组合法则的整体。简言之,语法是语言单位的组合法则"(张志公等 1985:4);语法是"语言的结构规则"(邢福义等 1991:254;周一民 2006:276);语法是"语言的结构规律"(冯志纯等 2008:1);陆俭明(2003:12—13)总结认为"最科学的说法是:语法是一种语言中由小的音义结合体组合成大的音义结合体所依据的一套规则"。

语素、词、短语、句子、音义结合体等概念如果理解为组成语法的单位,可称为"语法单位"。语法单位实际上应该包括什么成员是值得讨论的,但不影响我们对语法所作的定义。语法最核心的定义,应该是组合语法单位的规律(或叫作法则、规则),反映了语法单位之间的关系。Chomsky(1995:167)认为语法就是一个个别语言的理论(the theory of a particular language)。语法是个别语言的理论,反映了同一种语言的整体特征。例如,"汉语语法"就是组合汉语语法单位的规律,是关于汉语的理论。

语法体系(或称为语法系统)一般有两个含义,一个含义是指语法本身,另一个含义是指语法学体系(邢福义等 1991:257;胡裕树等 1995:279;黄伯荣、廖序东 2002b:1;冯志纯等 2008:6—7 等)。组合语法单位的规律不是杂乱无章的,是有系统性的,语法成为一个体系是客观存在的事实。研究语法的科学叫语法学。语法学家根据客观存在的语法体系作出描写和分析,形成系统性的学说,这是语法体系的第二个含义,也叫作"语法学体系"。

语法学研究的目的大致上可以从两个层次上来讲。第一个层次,也是最基本的层次,语法学的研究就是把语法现象仔细清楚地描写出来,尽量罗列所有的特点,做到所谓"描述上的充分"(descriptive adequacy)。第二个层次,就是在繁多的语料之上建立起简单、清晰、具有概括性的语法学理论,从而依靠这些理论来解释表面的现象,从更深层的角度了解和认识语言,做到所谓"解释上的充分"(explanatory adequacy)。

本书所采用的语法学体系可以称为"生成语法学"(generative grammar)。所谓"生成",最简单的解释就是"明确"(explicit)的意思(Chomsky 1995:162,注释 1)。生成语法学总的研究方向就是希望建构出"明确的语法",建立一套解释充分的语法学理论。生成语法学最早由 Chomsky(1957)提出,主要是从结构形式入手,探讨人类语言的特点。[1]

生成语法学假设每个人的大脑中已经天生有一个跟语言有关的装置,配合后天的学习,这种装置能衍生出无穷无尽的新句子,具有创造性。这个天生的装置称为"语言机制"(language faculty),置于人类大脑之中,负责掌管语言功能。小孩出生时,语言机制呈现出一个初始状态(initial state)。这个初始状态是人类所独有的,是天赋的。每个语言的初始状态都应该是一样的,具有普遍性。研究个别语言的理论称为语法,而研究人类语言初始状态的理论称为"普遍语法"(Universal

---

[1] 有关生成语法学的基本假设,我们综合了 Chomsky(1995,1998,2000,2001,2004,2005,2007,2008)的主要观点,并且参考了我们以前的介绍(邓思颖 2003b,2005b,2009d)。

Grammar,简称"UG")。[1]这里所讲的"普遍",就是指人类语言机制初始状态的一致性,普遍语法是一个解释语言一致性的理论。由于普遍语法的研究跟人类大脑有关,这种研究方向也称为生物语言学的方向(biolinguistic approach)。

自 20 世纪 80 年代以来,生成语法学假设普遍语法由两大部分组成:"原则"(principles)和"参数"(parameters)。这个语法学体系也因此称为"原则与参数理论"(principles-and-parameters framework),以 Chomsky(1981)为代表,成为目前生成语法学研究的主流理论。[2]"原则"先天已经置于大脑里,是语言机制的一部分,不用靠后天学习,可以说是遗传的产物。因此,原则具有普遍性,每一种语言都应该共同拥有和遵守这些普遍的原则。至于"参数",它们在不同的语言里可以有不同的值(value),参数的值决定了原则应用的情况,也决定了个别语言的面貌。参数的值是原则在不同语言中体现的变化,靠后天的学习来实现。这些值受到客观环境的影响,由儿童身处的环境所决定,基本上跟大脑遗传没有什么关系。原则与参数理论的研究重点之一就是怎样平衡语言的共性和个性。处理语言共性和个性的矛盾,基本上就是处理原则和参数的矛盾。明确地把先天的成分和后天的成分区分开来研究,目的是希望建立一个具有解释能力的语法理论。

虽然原则与参数理论为生成语法学研究带来了新课题,但也同时带来了一些新问题。作为一个具有解释能力的语法学体系,理论假设不能是武断的,所提出的原则和参数的数目也不能过多,否则普遍语法体系就会变得非常臃肿庞大,削弱了解释能力。为了改革语法学体系,Chomsky(1995)在原有的原则与参数理论模式下,陆续提出一系列的主张。这些主张总称为语言学理论的"最简方案"(Minimalist

---

[1] 沈家煊把"Universal Grammar"翻译为"普世语法"(克里斯特尔 2000)。我们按照文献中比较通行的叫法,译作"普遍语法"。

[2] 沈家煊把"principles-and-parameters theory"翻译为"原则加参项理论"(克里斯特尔 2000)。我们按照文献中比较通行的叫法,译作"原则与参数理论"。此外,由于 Chomsky(1981)的书名叫 Lectures on Government and Binding,因此当时的生成语法学也曾称为"管辖与约束理论"(government and binding theory)或简称"管约论"(GB theory)。事实上,生成语法学也并非光谈管辖和约束两个问题,"管约论"这样的叫法未能准确反映实际的研究内容,Chomsky(1995)多次反对采用"管约论"这个叫法。

Program）。顾名思义，最简方案是一套方案、一套纲领，严格来讲，不算是一套新的理论。[1]最简方案提出的是一系列原则与参数理论所需要解答的问题，或对过去不合理的地方提出质询，用新的角度来检视旧的问题。最简方案的核心精神，就是要求语法学家摒弃武断的主张，重新思索过去所提出的假设，精简理论。在研究的过程中，我们的目光不要只囿于那些人为的假设和武断的主张，而应该回到语言学最终要解决的问题上去，即探索语言机制的初始状态。

最简方案有两个主要的研究目标：第一，简化语言学的理论；第二，探究人类的语言如何以简单的操作方式运作。这两个目标都共同围绕着一个中心思想：语言学的"经济"（economy）问题。因此，最简方案这两个研究目标可以归纳为两类经济问题——"方法上的经济"和"实体上的经济"。[2]"方法上的经济"主要研究语言学理论方法论的问题，它所关心的是我们能不能建构更简单、更自然的语法学体系。为了能描述和解释更多的语言现象，语法学理论必须简单，避免不合理的假设。最简方案的主要目的就是要定下一个实验性的框架，作为语法学理论的准绳，简化现存语法学理论中复杂的部分，摒弃不合理的主张。"实体上的经济"所关心的问题主要是语言本质的问题。按照这个观点，语言呈现出精简、简约的特点，语法体系应呈现出一种"惰性"，这种惰性可以总结为若干"经济原则"（economy principles），包括语法体系的简约运作、语言表征的简约性等问题。

根据最简方案的设想，语言机制主要由"认知系统"（cognitive system）组成。认知系统包括了人类语言的"运算系统"（computational system）和"词库"（lexicon）两个部分。词库是储存词的地方，标明词的特性，也应该是负责构词的部门——词法。运算系统又称为"句法部门"（syntactic component）或"狭义句法"（narrow syntax）。在没有歧义的情况下，本书把"句法部门"或简称为"句法"（syntax）。句法从词库

---

[1] 按照 Chomsky 的观点，"生成语法学"是一门学科（discipline），"原则与参数理论"是生成语法学的一种理论，而"最简方案"是原则与参数理论的指导思想，不算是系统性的理论。

[2] 这两类经济的划分参考 Hornstein（2001）的说法。Martin and Uriagereka（2000）也有类似的看法。

里抽出需要的词,然后把词组合成结构,组词的操作叫作"合并"（Merge）,这个过程也称为"推导"（derivation）。[1]合并是句法最重要的操作,是形成句法结构的必要手段。合并以及合并的重复应用在人类语言中具有普遍性,是普遍语法的核心部分（Chomsky 2007）,而重复应用合并所呈现出的递归（recursion）特点,可能是人类独有的,因而只有人类才会说话（Hauser, Chomsky and Fitch 2002）。

从词库抽取出来的词,暂时存放在词项阵列（lexical array）,并在那里按照一定的特点分成若干小类。句法先从一个小类选择词组成短语,穷尽了那个小类中的词后,就暂时告一段落;然后,再从另一个小类选择词。每个小类就是一个阶段（phase）。[2]推导过程以阶段为单位,分阶段进行（derivation by phase）。所谓阶段式的推导,就是指在不同阶段内的词,分批在句法内形成短语,并且分批离开句法,传送到语义部门（semantic component,或简称"语义"）和音韵部门（phonological component,或简称"音韵"）中去。[3]语义跟概念意向系统（conceptual-intentional systems）相关,[4]音韵跟感觉运动系统（sensorimotor systems）相关,这两个系统都属于"表现系统"（performance systems）。[5]　图(1)简单显示了这种阶段式的推导过程。句法跟语义和音韵可以有多次的接触,以阶段为单位,把句法做好的短语分批传送出去,而传送是一个可以多次运用的操作。在图(1)的模式里,怎样把词组合起来,组合的规律是什么,这正是语法的问题,是语法学研究的对象。

--------

[1] 沈家煊把"derivation"译作"派生"（克里斯特尔2000:104）。我们根据目前文献称说习惯,把"derivation"在这种语境之下的用法译作"推导"。

[2] "phase"一词,何晓炜（2000,2007）、熊建国（2002）、戴曼纯（2002,2007）、吴刚（2006）、梅德明等（2008）、马志刚（2008b）等译为"语段",石定栩（2002a,2003a）、熊仲儒（2002）等译为"层阶",司富珍（2008,2009）译为"语相",我们译为"阶段"（邓思颖2003b,2009d）。在语言学文献中,"语段"一词多用来指 discourse、segment,而"层阶"用来指 hierarchy、level。

[3] 以往把通往概念意向系统的接口称为"逻辑形式"（Logical Form,或简称 LF）,把通往感觉运动系统的接口称为"语音形式"（Phonetic Form,或简称 PF）。

[4] 在 Chomsky（2000,2001）里,"概念意向系统"又称作"思想系统"（systems of thought）。

[5] Chomsky（2000）认为表现系统并不属于语言机制,这个看法跟他以往的看法不同。

11

(1)

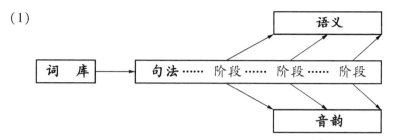

句法跟音韵、语义交接的地方,称为"接口"(interface)[1]:跟感觉运动系统相关的特征被送到音韵部门,并且在句法音韵接口得到诠释,因此句子能够发音,我们听得到、看得见。至于跟概念意向系统相关的特征,则被送到语义部门,在句法语义接口得到诠释,因此句子能够被赋予意义。句法、音韵、语义这三个部门分别跟语法内的"形"(组成短语的部分)、"音"(发音显形的部分)、"义"(解释意义的部分)有关。

语言机制主要由句法构成,负责组织短语和句子。凡是跟音和义有关的问题,都统统送到接口去处理,最终交到语言机制以外的系统中去。语言机制是一个以句法作为核心的系统,专门负责短语、层级结构(hierarchical structure)等形式的问题,而句法所产生的成果主要是为了"音、义"服务。严格来讲,"音、义"的本质与语言机制无关,只有句法才算是构成语言的根本成分。[2]

在这样的语法体系里,"形、音、义"三者有明确的分工。让我们以汉语话题句作为具体的实例来说明"形、音、义"三者的关系。(2)是汉语的话题句,应该从(3)推导出来,即"语言学"经过移位后从宾语的位置移到了句首的位置,成为"话题"(topic),而余下的"张三很喜欢"属于"述题"(comment)的部分。[3]"语言学"在(2)进行的移位属于句法的问题,移位的操作由句法来管("形");至于移位的动机则跟句法无关。话题出现在句首是为了满足焦点、新旧信息等意义上的要求

[1] 文献中"interface"也曾译作"界面"(汤廷池1992a,邓思颖2000,石定栩2002a,何元建2007,沈园2007等)。

[2] Chomsky(2000)以及Hauser,Chomsky and Fitch(2002)等倾向于认为音和义的本质不属于语言机制的一部分。

[3] 沈家煊把"comment"译作"评述"(克里斯特尔2000),而本书按照徐烈炯、刘丹青(2007)译作"述题"。"话题"和"述题"在文献中又称为"主题"和"评论"。

（"义"）；采用移位这种手段就是为了确保句子在发音显形时形成"话题—述题"的格局，让我们在听觉上察觉得到词序的变化，能够分辨（2）和（3）在形式上的不同（"音"）。由此可见，汉语话题句的形成并非是由单一系统所产生的语言现象，而是牵涉到"形、音、义"三个方面。

（2）<u>语言学</u>，张三很喜欢。

（3）张三很喜欢<u>语言学</u>。

把"形、音、义"三者区分开来，最终的目的是建构一个简单自然的语法学体系。最简方案的提出，正是希望把那些貌似句法，但事实上不属于句法的现象抽出来，放到别的系统中去研究，不要把非句法的东西混在句法里去谈。

根据上述"形、音、义"的分工，研究句法规律的科学称为"句法学"（syntax），研究音韵相关问题的科学称为"音系学"（phonology），研究语义相关问题的科学称为"语义学"（semantics），研究（词库内）词的内部构造的科学称为"词法学"，或叫作"形态学"（morphology）。本书研究的重点在句法学，从句法学的角度探讨语法问题。

我们所采用的句法学理论，依据的是生成语法学的原则与参数理论所提出的模式。这个模式着重以形式化的方式研究语法，并且强调语言形式的重要性，从语法内部找出语言结构特点的原因，而不是从语法外部寻找答案。用这种形式化的方式研究句法问题的科学，我们称为"形式句法学"（formal syntax），有别于其他研究语法学的方式，例如从功能的角度（functional approach）、认知的角度（cognitive approach）、历史的角度（historical approach）等语法外部的范围来研究语法。有人认为形式和功能是语法研究的"两大学派"，陆俭明（2003：205）则评述道："这两派理论，从表面看确实存在着很大的差异，甚至可以说是对立的。其实我们不能认为它们是完全对立的两派，因为语言本身有两个方面，一是实体，一是功用。我们对语言实体，对语言功用都需要研究。现在，形式学派侧重研究的是语言的实体；功能学派侧重研究的是语用的功用。这两者看着对立，事实上起着互补的作用。"正如徐烈炯（2002：11）指出，"形式主义与功能主义并非完全水火不相容"，并且引述 Frederick Newmeyer 的意见认为"两大潮流并非根本上不可调和"。与其说形式和功能是两个不同的"学派",倒不如说它们是不同的"学科"(见本书第10页注释[1]),研究不同的领域,有不同的考虑。

本书的定位非常清晰,我们涉及的问题跟语法有关,属于语法学的研究。语法管辖的范围基本上是图(1)所包括的词库、句法、语义、音韵等几个部门。我们从形式的角度,集中讨论句法的问题,用的是一种形式句法学的分析方法。所采用的语法学体系,依据的是生成语法学的原则与参数理论所提出的模式,特别是受最简方案影响下的句法学理论。为了行文的方便,我们用"生成语法学"一词作为这个学科的代表,用"句法学"一词来指原则与参数理论的形式句法学理论,特别是指受最简方案影响下的形式句法学理论,而"句法"一词是指语法内的句法部门。

形式汉语句法学,顾名思义,就是从形式的角度研究汉语句法问题的科学。为了方便比较,我们把不属于生成语法学的汉语语法学笼统地称为"传统汉语语法学"。"传统语法学"跟生成语法学的研究方向和研究方法不同,传统语法学从意义出发主观地描写语法(赵世开1985:189),把语法看成是一套规则,这些规则告诉人们应该怎么说、怎么写,所以又称为"规范语法"(胡裕树等1995:281)。基于传统语法学对汉语语法所作的描写与研究,例如王力(1984[1944],1985[1943/1944])、吕叔湘(1982)等经典著作,都属于传统语法学(赵世开1985:188)。至于教学语法(如《中学教学语法系统提要》[1]、现代汉语、汉语语法教科书)以及某些以传统语法为基础的参考语法(如吕叔湘等1980,朱德熙1982),本书把它们都当作传统的语法学体系来看待。

## 2.2　语法单位

一般认为组成汉语的语法单位分为四级:语素、词、短语、句子(朱德熙1982;刘月华等1983,2001;张志公等1985;张斌等1988;邢福义

---

[1] 以往学校通用的教学语法系统是1956年人民教育出版社制订的《暂拟汉语教学语法系统》。1981年人民教育出版社在哈尔滨召开"全国语法和语法教学讨论会",提出修改意见;1984年公布《中学教学语法系统提要》(一般简称《提要》),作为中学的语法教学系统。

等 1991;胡裕树等 1995;黄伯荣、廖序东 2002b;北大中文系 2004 等)。

语素(morpheme)是"最小的语音语义结合体"(《中学教学语法系统提要》),例如"人""看""葡萄"等。语素是词法的基本单位(朱德熙1982:25),属于"构词单位"(张静等 1980:87),只适用于词法,跟句法无关。根据上述图(1)的描绘,语素应该储存在词库里面,但不能从词库直接进入句法。语素必须在词库里先形成词,然后才可以进入句法。能进入句法的只有词,不是语素。

能够从词库进入句法的最小的单位应该是"特征"(feature)。特征包括音韵特征(phonological features)、语义特征(semantic features)、形式特征(formal features)(Chomsky 1995)。句法最关心的是形式特征,只有形式特征才可以在句法内进行运算,供句法使用。分辨词类的特征属于形式特征,例如[名词性]、[动词性]等。

词(word)是形式特征和语义特征的结合体。按照[名词性]和[动词性]形式特征来划分,汉语的词类可以分为名词性词类和动词性词类。按照词的词汇性质和功能性质,汉语的词可以分为词汇词(lexical words)和功能词(functional words)。在这些大类之下,我们还可以按照词的句法位置和语义功能,把汉语的词分为十三个小类。[1]

(4) a. 名词性词汇词:名词、形容词

　　b. 名词性功能词:量词、数词、限定词

　　c. 动词性词汇词:动词、副词

　　d. 动词性功能词:轻动词、时间词、标句词、语气词、介词、连词

在句法内,词以上的单位是短语(phrase)。短语由词来组成,也是句法内最大的单位。特征和词是输入句法的成分,而短语是句法所输出的成品,供语义和音韵两个部门使用。词按照合并的句法操作,在句法里逐步组成短语。每个短语都必须包含一个中心语(head),中心语由词来充当。每一个词在句法内都可以组成短语,作为该短语的中心语。

---

[1] 汉语词类划分的问题留待第三章"特征、词和词类"讨论。

句子(包括小句)是按照功能划分出来的概念,事实上在句法里没有独立的地位,不能算作一种语法单位。句子由短语组成,没有不是短语的句子。短语是语法单位,已经包含了句子的概念。[1]

因此,按照本书的分类,语法单位只有三类:特征、词、短语。特征是能够进入句法的最小的语法单位,而短语是句法内最大的语法单位。语素属于词法的概念,句子是短语的一种,不算是独立的语法单位。

## 2.3 语法关系

句法成分是短语和句法结构的组成成分(黄伯荣、廖序东 2002b:5)。在短语内,句法成分之间形成一种功能上的关系,称为"语法关系"(朱德熙 1982:14;张志公等 1985:2;黄伯荣、廖序东 2002b:59)。在文献中,语法关系又称为"句法结构"(丁声树等 1961:9)、"句法结构关系"(刘月华等 1983:4,2001:5)、"语法结构关系"(陆俭明 2003:26)等。

主谓结构、述宾结构、述补结构、偏正结构、联合结构一般认为是汉语"基本"的结构(张静等 1980:76;刘月华等 1983:4—5,2001:5—7;邢福义等 1991:299;黄伯荣、廖序东 2002b:63;北大中文系 2004:270—275;周一民 2006:320;冯志纯等 2008:102 等)。[2] 这五种结构分别表达了五种语法关系,主谓结构表达了陈述关系,如(5)的谓语"起飞了"陈述主语"飞机";述宾结构表达了述语和宾语之间的支配、关涉关系,例如(6)的述语"看"和宾语"小说"之间的支配关系;述补结构表达了补充关系,例如(7)的补语"很累"是补充的成分;偏正关系表达了修饰关系,例如(8)的"句法学"用来修饰"参考书";联合结构表达了并列、选择等联合关系,例如(9)的"张三"和"李四"之间的并

---

[1] 有关短语和句子的讨论,详见第八章"句子"。

[2] 张静等(1980)、北大中文系(2004)称这些结构为"词组",而将这五种结构称为"五种基本类型"(张静等 1980:76)、"五种最基本的词组"(北大中文系 2004:270),周一民(2006:320)则称其为"基本结构类型"。由于黄伯荣、廖序东(2002b:63)把这些结构都称为"短语",因此他们把基本结构称作"基本短语"。刘月华等(1983:5—6,2001:7)虽然没有用"基本"一词,但他们说"牢记并正确理解这五种结构关系,对分析、掌握汉语的词语,分析理解汉语的句子,都是关键。可以说,它是分析汉语语法结构的一把钥匙"。

列关系。

（5）飞机起飞了

（6）看小说

（7）跑得很累

（8）句法学的参考书

（9）张三和李四

主语、宾语等概念是按照功能分布来定义的，语法关系实际上是一种语法功能的概念。严格来讲，句法只负责词和词的结合，合并——句法最重要的操作——只对结构的形式特点敏感，例如形式特征（包括词类）、词和词之间的层级结构。跟成分功能分布相关的语法关系应该不是由合并来定义的。

词和词的合并形成短语，短语的构成是有层级结构的。第一个跟作为中心语的词合并的成分，可以叫作补足语（complement）；之后跟中心语合并的成分可以叫作指定语（specifier）；在推导过程后期插进来的成分叫作附接语（adjunct）（Chomsky 2004, 2008），该过程一般称为附接（adjunction）。[1]中心语、补足语、指定语、附接语这些合并的产物，属于句法里"真正"的句法成分，纯粹由结构的特点决定，而不是由它们的功能来决定。如果说主语、宾语等概念是"功能性句法成分"，那么，中心语、补足语等概念可谓"结构性句法成分"；如果说由功能性的句法成分所形成的主谓结构、述宾结构等概念是"功能性语法关系"，那么，由中心语、补足语等概念所形成的关系可谓"结构性语法关系"。

指定语—中心语、中心语—补足语、附接在句法里形成了三种最基本的结构性语法关系，并由此推导出上述五种功能性语法关系。它们之间的关系可以表述如下：[2]

（10）a. 指定语—中心语：主谓结构、联合结构

---

[1] 为了区别两类的合并，Chomsky（2004, 2008）把形成指定语、补足语的合并称为"集合合并"（set-Merge），把后期插入的附接称为"配对合并"（pair-Merge）。有关合并具体操作的介绍，见第四章"短语"的讨论。

[2] 详见第六章"主谓结构"、第七章"述宾结构和述补结构"、第十章"偏正结构和联合结构"的讨论。

b. 中心语—补足语：述宾结构、述补结构

c. 附接：偏正结构

结构性语法关系是句法所输出的成品，至于它们可以表达什么意义，应该是句法语义接口的问题，并不归句法所管。

## 2.4　汉语语法

本书所讨论的"汉语"，是指汉族的共同语、国家的标准语，即"普通话"。

（11）普通话以北京语音为标准音，以北方话为基础方言，以典范的现代白话文著作为语法规范。

从这个定义来看，虽然普通话跟北京话、北方话有密切的关系，但普通话不等于北京话、北方话。从方言学的角度来说，普通话并不是一种单一的方言，而是一种流通于整个民族、国家的共同语、标准语。从社会、政治的层面来说，普通话是国家的官方语言。狭义的"汉语"只指普通话，而广义的"汉语"可以包括古代汉语和方言。

在没有歧义的情况下，本书采用"汉语"的狭义定义，即普通话，以普通话代表汉语。本书英文书名中的"Chinese"按狭义来理解，就是指普通话。[1]"汉语语法"就是指研究组合普通话语法单位的规律，是关于普通话的理论。"形式汉语句法学"就是从形式的角度，分析普通话句法问题的科学。

## 2.5　小结

本章为"形式汉语句法学"定义。

语法是组合语法单位的规律，是组成个别语言的理论。本书涉及的问题跟语法有关，属于语法学的研究。我们从形式的角度，集中讨论句法的问题。所采用的语法学体系，依据的是生成语法学的原则与参数理论所提出的模式，特别是受最简方案影响下的句法学理论。

语法单位只有三类：特征、词、短语。特征是能够进入句法的最小

---

[1] 严格来讲，英语的 Chinese 一词除了指汉语外，也包括中国境内的少数民族语言。

的语法单位,而短语是句法内最大的语法单位。语素属于词法的概念,句子是短语的一种,不算是独立的语法单位。

中心语、补足语、指定语、附接语属于句法里"真正"的句法成分。主语、宾语等概念是功能性句法成分,中心语、补足语等概念是结构性句法成分;由主语、宾语等概念所形成的关系可称为功能性语法关系,由中心语、补足语等概念所形成的关系可称为结构性语法关系。指定语—中心语、中心语—补足语、附接在句法里形成了三种最基本结构性的语法关系,并由此推导出主谓结构、述宾结构、述补结构、偏正结构、联合结构这五种"基本"的功能性语法关系。

本书的"汉语"指普通话。"形式汉语句法学"就是从形式的角度,分析普通话句法问题的科学。

# 第三章　特征、词和词类

特征是语法最小的单位。特征分为音韵特征、语义特征和形式特征，句法只关心形式特征。词是形式特征和语义特征的结合体。词类是词的分类，词类的不同反映在对不同形式特征的选择上。形式特征[名词性]和[动词性]分别衍生出名词性词类和动词性词类。词也可以按照[功能性]和[非功能性]的特征划分为词汇词和功能词。汉语词汇词只有名词、形容词、动词和部分的副词，除此以外，其他的词类都是功能词。

## 3.1　特征

语言是一个符号系统，这个符号系统又可以称为"语法"或"语法系统"。语法最小的单位是"特征"（feature）。

（1）特征是语法系统最小的单位。

特征可以分为三类：音韵特征（phonological features）、语义特征（semantic features）和形式特征（formal features）（Chomsky 1995：§4）。音韵特征跟发音、形态有关，例如 Chomsky and Halle（1968）所描绘的经典的音韵特征系统。语义特征跟意义概念有关。当然，意义概念要切到多小才算是语义特征，实在不容易回答。这个问题牵涉到所谓"基元"（primitives）的问题，就好像以前的"经典特征理论"（例如语言学的 Katz and Fodor（1963），心理学的 Glass and Holyoak（1975））讨论过的概念基元/意义特征。由于这超出了本书的讨论范围，我们不打算在这里对语义特征作详细的讨论。

什么是形式特征？简单来讲，它们跟语法概念有关，例如词类。以汉语的"马"为例，包含了语音的部分"mǎ"（用汉语拼音表示）、意义的部分"哺乳动物，头小，面部长，耳壳直立，颈部有鬣，四肢强健，每肢各有一蹄，善跑，尾生有长毛"（按照《现代汉语词典》（第五版）所给的定义）和语法的部分"名词"。如果按照特征的划分，我们可以这样表达："马"包含三套特征，即音韵特征（例如[双唇鼻音]、[低元音]、[上声]）、语义特征（例如上面提到的[哺乳动物]、[头小]

等),[1]还有形式特征(例如[名词性])。

虽然词库包含了所有的特征——音韵特征、语义特征、形式特征,但句法部门(以下简称"句法")真正关心的,不是音韵特征和语义特征,而是形式特征。严格来讲,只有形式特征才能够在句法内进行运算,供句法使用(Chomsky 1995)。我们讨论句法学,从理论上说,可以撇开音韵特征和语义特征不管,只谈形式特征。但是,句法最终跟接口接轨,句法所输出的"成品"要为其他部门所用,特别是语义部门,因此,讨论句法学就不能不管其他的特征。语言能够用,就必须有意义。听得到,当然最好;听不到,但可以理解,问题应该也不大,就如"空语类"(empty category)。空语类虽然听不到,但如果语境明了,我们还是可以在话语中给空语类赋予一定的意义,成为可用的语言成分。

如果这个思路是对的话,凡是由句法输出的"成品"就都必须包含形式特征和语义特征。没有形式特征,就不能在句法内运算;没有语义特征,"成品"就无法理解,不能使用。至于音韵特征,好像是可有可无的成分。这种"可有可无"的性质构成了音韵特征的独特性,也是形成语言差异的原因。

根据传统语法学的观点,语法系统的基本符号是"语素"(morpheme)。所谓语素,按照一般语法学著作的定义,就是语法系统中"最小的音义结合体"。比如说,《中学教学语法系统提要》就作了以下的定义:

(2) 语素是最小的语音语义结合体,是最小的语法单位。

以刚才提及的汉语例子"马"为例,"马"是一个语素,包含了语音的部分"mǎ"和意义的部分"哺乳动物,头小"等。当我们说出"马"的时候,这个符号就是汉语的一个语素。虽然每个语素都包含语音和意义两个部分,但它们的关系不能割裂,每个部分也不能再进一步切割。如果我们光说"mǎ"这个音而没有赋予这个音任何的意义,它仍然不

---

[1] 方括号[ ]表示特征。请注意,这一章所说的语义特征纯粹是为了方便讨论而提出来的,并非是经过严格的分析而得出的。

算是一个语素。虽然从语音学的角度来看,"mǎ"这个音可以进一步切割为双唇鼻音"m"和低元音"ɑ"两个音段(segmental)成分以及上声这个超音段(suprasegmental)成分,但这些音段/超音段成分本身却没有任何的意义,不能单独地构成一个语素。

严格来讲,像"音义结合体"这样的描述并不准确。首先,汉语口语的语素往往可以通过语音来体现,但手语的语素就是用手势来体现。语音只不过是语素的一种表现,而不是唯一的表现。把语素定义为"最小的音义结合体"只能描述像汉语口语这样的语言,而不适用于所有的自然语言(例如手语)。

第二,假如语素是一个"最小的音义结合体",那么,有意义但没有语音的成分就不能成为语素。这个结论显然不正确。先让我们看看下面汉语的实例:

(3) 来了。

假如我们讨论张三的去向,而说话人说出(3),(3)可以理解为"张三来了"。因此,按照这个意义理解,谓语"来了"之前可以补出主语"张三",例如(4);或者补出一个指向张三的代词主语"他",例如(5)。在上述(3)的例句里,只不过"张三"或"他"在表面上都听不到。

(4) 张三来了。

(5) 他来了。

这种在表面上听不到,但实际上可以按照意义补出来的成分,按照句法学的讲法,叫作"空语类"。沿着这个思路,(3)可以理解为(6),即谓语"来了"之前有一个空语类主语(用"$e$"来表示),从意义上说,这个空语类指向话语中讨论到的张三。

(6) $e$ 来了。

生成语法学对空语类的性质做过大量的工作,证明它们的确存在于我们的语法里,而空语类理论为解说很多语言现象提供了一种方便的工具,成为生成语法学的一个重要的理论。[1]空语类有好几种,

---

[1] 例如 Huang(1982,1984b,1987a,1989 等)利用汉语的语料对空语类问题作过深入的研究。

(6)的空语类可以分析为一个小代词(或者称为"*pro*"),[1]性质跟有语音形态的代词(例如(5)的"他")差不多。如果代词"他"是一个语素,具有一定的意义(例如按照《现代汉语词典》的定义:"称自己和对方以外的某个人"),那么,为什么小代词不算是语素呢?如果说小代词不算是一个语素,那么它是一个什么东西呢?虽然像小代词那样的空语类没有语音形态,我们的耳朵听不到它们,但它们在语法里有一定的作用,应该有一定的地位。

既然空语类是语法的一个实体,我们就必须接受没有语音的语素。即使是使用口语的语言(例如汉语口语),我们也应该承认语素是可以不具备语音的。由此可见,把语素定义为"最小的音义结合体"有一定的困难。

目前,有些语言学教科书尝试单从语义来定义语素,例如以下的(7)、(9)、(10):

(7) Morpheme:the smallest unit of language that carries information about meaning or function. (O'Grady, Dobrovolsky and Aronoff 1997:265)

(8) Morpheme:the smallest unit of grammatical structure. (Radford 1997:265)

(9) Morphemes ... are units of meaning and they cannot be decomposed into smaller units with identifiable meanings. (Haegeman 2006:38)

(10) Morpheme:smallest unit of linguistic meaning or function. (Fromkin, Rodman and Hyams 2007:553)

根据上述解释,语素基本上是意义的单位。但是,意义切割到多小才算是语素呢?以上述"马"为例,如果光从意义来看,"马"好像还可以进一步分解为(例如按照《现代汉语词典》的定义)"哺乳动物""头小""四肢""面长""耳直立""鬃""蹄""长毛的尾"等,那么这些细小

---

[1] 我们过去沿用沈家煊(克里斯特尔 2000)的翻译,把形式句法学的"*pro*"称为"小代语"(邓思颖 2003b),汤廷池(1989)等称之为"小代号",但考虑到"~词"和"~语"的划分,还有"代词"在汉语语法学里已成为固定的术语,因此本书把"*pro*"译作"小代词"。

的意义又算不算是组成汉语"马"的语素呢？

除了上面所提到的问题外，"语素"是词法学的概念，主要用在词法学里，跟句法学没有什么直接的关系。按照句法和词法的分工，我们不必把"语素"这个词法学的术语引入我们句法学的讨论，也不能用句法学理论来为词法学术语下定义，就如不能用句法学理论来讨论语音学一样。张静等（1980：88）的分析比较恰当，他们认为语素（他们称为"词素"）是"有一定声音和意义的最小构词单位，这种单位是构成词的元素"。语素是构词单位，不是造句单位，不属于句法学的范畴。本书的讨论范围局限在句法学，而研究的焦点集中在句法的层面，因此，我们不打算为"语素"重新下定义。[1]

## 3.2　词

如果特征是最小的语法单位，那么，特征以上的语法单位是什么？要回答这个问题，就必须考虑我们站在哪一个部门说话。站在句法的立场，我们认为特征以上的单位是"词项"（lexical item）或者简称为"词"（word）。为了方便讨论，我们采用"词"这个读者较为容易接受的用语，而放弃"词项"的叫法。

什么是"词"？我们提出以下的定义：

（11）词是形式特征和语义特征的结合体。

光有形式特征不能构成词，光有语义特征也不能构成词。能构成一个词，起码包含两种特征：形式特征和语义特征。简单来讲，以上述的"马"为例，"马"是形式特征[名词性]和语义特征[哺乳动物]、[头小]等的结合体。从句法的角度来看，形式特征和语义特征的结合就是一个词。如果为这个词赋予[双唇鼻音]、[低元音]、[上声]等音韵特征，就会有"mǎ"这个读音，成为汉语的一个词；如果为这个词赋予[声门擦音]、[后中元音]、[齿龈通音]、[齿龈擦音]等音韵特征，就会得出"horse"这个读音，成为英语的一个词。当然，没有音韵特征的词就是空语类。

---

[1]　请注意，我们并非说"语素"不重要，只不过是认为它在句法内不重要，因为"语素"是词法学的术语，不属于句法学。

原则上,句法只关心形式特征和词。什么语义特征能组成一个词,基本上由形式特征来决定。比如假定[动物]是一个语义特征,如果特定的形式特征(例如[名词性])跟这个语义特征相结合,就可以成为一个词(例如形成汉语的"动物/dòngwù"、英语的"animal")。然而,在"马"的例子里,形式特征[名词性]并非只跟语义特征[动物]结合,而是跟一组语义特征[哺乳动物]、[头小]等结合,因此,[动物]在"马"的例子里不构成一个词。

词是形式特征和语义特征的结合体,词也可以进一步跟其他形式特征和其他词结合,形成结构上比较"复杂"的词,即所谓"复合词"(compound,也称为"合成词")。无论在结构上有多复杂,如果复合词早已在词库里形成,当它进入句法的时候,仍然算作一个词。比如说,按照一般的认识,汉语的"面包"属于复合词,由两个词"面"和"包"组合。如果"面"和"包"的组合早已在词库里形成,而不在句法内形成,句法仍然把"面包"当作一个词来看待,即属于一个形式特征[名词性]和一组语义特征[面]、[包]等的结合体。又如"中华人民共和国香港特别行政区",虽然这个复合词很"长",但是无论它有多"长",句法仍然把它当作一个词看待。换句话说,"中华人民共和国香港特别行政区"和"香港"的句法地位是一样的,属于同一类语法单位,没有分别,都只拥有一个形式特征[名词性]。

以"面包"这样的汉语复合词为例,由于这样的复合词不在句法内形成,"面包"内部结构的分解对句法没有什么重要意义,而句法对复合词的内部构成也不起什么作用,因此句法不会对复合词另眼相看。不合语法的(12)显示了复合词内的成分不能进行句法移位,形成话题句(topic sentence);相比之下,(13)的"欧洲的面包"不是复合词,因此"面包"能够受到句法的影响,形成话题句。[1]

(12) *包,我最喜欢面。

(13) 面包,我最喜欢欧洲的。

---

[1] (12)的不合语法可以用"词汇完整性假设"(Lexical Integrity Hypothesis)(Chomsky 1970,Huang 1984a 等)来解释:词的内部成分不受句法的影响。至于(13)"欧洲的面包",其句法性质与"面包"不一样,属于短语,我们会在第四章"短语"中讨论。

由此可见,如果复合词早在词库里形成,无论它的内部结构有多复杂,进入句法之后,句法仍然只把这样的复合词当作一个词来看待。单纯词(例如"马")和在词库形成的复合词(例如"面包")在句法内都是一视同仁的,属于同一类语法单位,没有本质上的差别。从句法学的角度来看,对它们的划分并没有太大的意义。

从词法学的角度来看,单纯词和复合词却有显著的区别。所谓"语素",主要用在词法学里,对界定单纯词和复合词起关键的作用:单纯词由一个语素构成,复合词由两个或两个以上的语素构成。既然单纯词和复合词的分野对句法来说没有什么作用,"语素"这个概念也就跟句法学没有什么关系了。从句法学研究的角度来看,"形式特征"和"词"这两个概念已经足够了,不必再从词法学那里借来"语素"这个术语。

## 3.3　名词性词类和动词性词类

所谓"词类",顾名思义,就是词的分类。词的类也可以称为词的"范畴"(category)。为了照顾一般使用习惯,我们采用"类"而不用"范畴"这个术语。

根据汉语的情况,我们认为词可以分类,也应该分类。词类的不同反映在对不同特征的选择上。这里所说的特征就是形式特征,换句话说,形式特征决定词类。有什么形式特征,就有什么词类。假如我们的语法有[形式特征 A]和[形式特征 B],由这两种不同的形式特征所形成的词,就属于两种不同的词类:"词类 A"和"词类 B"。

词类划分主要是按照词的语义和功能性质来分。词的语义和功能性质也可以称为词的"表述功能"(郭锐 2002)。虽然区分词类的特征是形式特征,而形式特征本质上跟语义无关,但形式特征的划分仍然有一定的语义和功能的基础。虽然形式特征纯粹为句法部门服务,但由形式特征所形成的"成品"最终要交到语义部门去,必须能够被语义部门使用。因此,我们说"形式特征的划分有一定的语义和功能的基础"并非完全没有道理。

让我们打个比方,学生的考试分数只不过是数字符号,数字符号本质上跟成绩表现无关,但分数在功能上却有一定的作用,例如5分表示"优",1分表示"劣"。对老师来说,把价值标准赋予数字是出于功能上的考虑(究竟5分是"优"还是"劣"?);但对老师的计算机而言,分数的加减在运算过程中只不过是符号的运算,而并非对学生表现的优劣作任何的判断,计算机根本不懂什么是"优",什么是"劣"。句法部门就好比老师的计算机,而形式特征就好比数字。计算机(句法部门)的运算只看数字(形式特征),数字本质上并不对优劣进行判断(语义和功能),是那些最终使用数字的人(语义部门)对计算机中得出来的数字进行诠释,即某种数字代表某种成绩(形式特征/词类所反映的语义和功能)。

语法有两种基本的形式特征,能够在句法内运算使用:[名词性]和[动词性]。[1][名词性]形式特征和[动词性]形式特征分别衍生出两大类型的词类:"名词性词类"(或称为"体词""体词性词类")和"动词性词类"(或称为"谓词""谓词性词类")。[2]

这两种词类的划分有一定的语义和功能的基础。从语义和功能的角度来看,名词性词类主要表示对象、事物,有指称的功能;动词性词类主要表示动作、行为、变化,有陈述的功能(郭锐2002,以及该书所引的论著)。大致来说,指称可以用"什么""谁"来提问,而陈述可以用"怎么样"来提问(朱德熙1982:81)。以下面的例子为例,"狼"可以用"什么"提问:"什么来了?"而"来"可以用"怎么样"提问:"狼怎么样了?"以这个标准来衡量,"狼"是名词性词类,由形式特征[名词性]构成,具有指称的功能;"来"是动词性词类,由形式特征[动词性]构成,具有陈述的功能。

(14)狼来了。

这里界定词类的所谓"语义"指的是词的语法意义,而并非词的概念义或认知义(陆俭明2003:31)。概念义由我们上面提及的语义特征来表示,而语法意义跟形式特征有关。以汉语的"战争"和"打仗"两

---

[1] 这两种形式特征可以描写为[+nominal]和[+verbal],甚至进一步简化为[+N]和[+V]。不过,为了方便汉语的论述,我们采用[名词性]、[动词性]的表达形式。

[2] "体词"和"谓词"在文献中所包含的词类比较窄。为了避免混淆,我们采用"名词性词类"和"动词性词类"。

个词为例,它们的概念义相似,或许拥有一些相同的语义特征;[1]而从语法意义上看,它们并不相同:前者表示事物,具有[名词性]的形式特征,属于名词性词类;后者表示行为动作,具有[动词性]的形式特征,属于动词性词类。这样的区分有利于我们对汉语词类划分的理解,也能让我们了解形式特征和意义/功能(即"语法意义"或"表述功能")之间的关系。

名词性词类和动词性词类是词的两个大类。我们认为凡是由形式特征的[名词性]组成的词类都是名词性词类,凡是由形式特征[动词性]组成的词类都是动词性词类。即使有些词严格来讲并不具有表示对象、事物等指称的功能,但跟名词性词类有紧密的关系(例如修饰名词性词类的形容词"大型"),或者是从名词演变过来的词类(例如量词"个"),也算作名词性词类。同样道理,即使有些词严格来讲并不具有表示动作、行为、变化等陈述的功能,但跟动词性词类有紧密的关系(例如语气词"吗"),包括有历时演变渊源的一些词(例如介词"在、对"),也算作动词性词类。在每个大类之下,根据词的句法位置和语义功能还可以进一步区分出几个小类来:

(15) **名词性词类**:名词、形容词、量词、数词、限定词

(16) **动词性词类**:动词、副词、轻动词、时间词、标句词、语气词、介词、连词

这些小类的名称,有些是传统语法学的术语,有些是生成语法学的术语。以下我们简单解释这些汉语的词类。为了统一术语,我们赞同汤廷池(1992a)的建议,把词类称为"～词",而把"～语"留给表示语法关系的句法成分。

**名词**(noun),简称 N。按照传统语法学的理解,名词表示人或事物的名称,包括表示方位的名词在内。

表示人和事物名称的名词包括可数名词、不可数名词、专有名词等。可数名词有自己适用的个体量词,例如"书"的量词是"本","笔"

---

[1] 按照《现代汉语词典》的定义,"战争"是"民族与民族之间、国家与国家之间、阶级与阶级之间或政治集团与政治集团之间的武装斗争","打仗"是"进行战争;进行战斗"。就这些定义来看,这两个词似乎共同拥有像"战斗、斗争"等概念义。

的量词是"支","马"的量词是"匹"等。不可数名词没有适用的个体量词,例如"水、酒、肉"等。专有名词、处所词在一般情况下不受量词修饰,例如"张三、黄河、北京"。表示方位的名词包括能单独成词的单音节的"左、右"等,双音节的"上边、下面、前头"等,这些方位词都属于名词的小类(Huang 1987b:251,注释 1;李亚非 2009;Huang, Li and Li 2009:§1)。至于黏附在名词之后、不能插入"的"字的单音节方位词,例如"桌子上"的"上"、"房间里"的"里",我们赞同 Liu(1998)的观点,把它们分析为后缀,并非独立的词类。它们的形成在词法里进行,不属于句法的问题。

**形容词**(adjective),简称 A。这种词的主要作用是表示事物的属性,有分类的作用。在传统语法学里,这类词称为"区别词"(朱德熙 1982,黄伯荣、廖序东 2002b 等)或"属性词"(吕叔湘、饶长溶 1981),它们显著的特点是不能充当谓语,因此也称为"非谓形容词"(吕叔湘、饶长溶 1981,胡裕树等 1995 等),例如"大型、初级、主要、彩色"等。

从历史的角度来看,这种形容词来源于名词或动词的功能衰退,名词或动词的其他功能消失,只能作定语(郭锐 2002)。这种来源于名词和动词的词类,正好符合了早期生成语法学对形容词特征的分析:[+N,+V](Chomsky 1970)。形容词好像是一种既有名词性词类特点,又有动词性词类特点的词类。由于汉语中这种形容词只能作定语,修饰名词性词类,因此,在分大类的时候,我们赞同朱德熙(1982)的做法,把形容词归入名词性词类来处理。[1]

下面的例子可以作为把形容词分析为名词性的证据。汉语的连词"而且"只能用来连接动词性成分,不能连接名词性成分(吕叔湘等 1980),(17)的"天生"和"慢性"属于形容词(吕叔湘、饶长溶 1981:81—82),"而且"不能连接它们;(18)的"奇怪"和"可怕"属于静态动词(即传统语法学所讲的能作谓语的"形容词"),"而且"可以连接它们;(19)的"而且"连接了两个关系小句,它们都属于动词性的成分。由此可见,(17)的不合语法说明了形容词应该属于名词性。

---

[1] 朱德熙(1982)把区别词分析为"体词"。

（17）＊天生而且慢性的病

（18）奇怪而且可怕的病

（19）可以预防而且能够根治的病

不过，这种形容词也有谓词化的倾向（吕叔湘、饶长溶1981，邢福义等1991，郭锐2002）。在本书里，我们把谓词化的形容词分析为动词/静态动词（见下文）。传统语法学所讲的"形容词"和"区别词"，在本书分别称为"动词"和"形容词"。这样做不光是术语上的变换，还有理论上的考虑。从语言比较的角度来看，"区别词"的叫法缺乏普遍性。以英语为例，不能作谓语的形容词一样叫"形容词"，例如former、main、own等。正如郭锐（2002：197，注释1）指出："汉语的区别词与英语的形容词相似，主要做定语，也是饰词。严格说来，不应把汉语中的形容词叫'形容词'，而应把汉语中的区别词叫'形容词'。"因此，我们索性把区别词正名为形容词，作为一个独立的词类。不过，为了照顾读者的习惯，以及为了研究和教学的方便，本书在适当的情况下把这种形容词称为"非谓形容词"，以方便识别。

**量词**（classifier），简称Cl。量词主要的作用是为名词分类，意义上表示计算单位。按照传统语法学的分类，量词可以分为个体量词，例如"个、张、条"；集体量词，例如"对、双、堆"；度量词，例如"英尺、斤、米"等。上文提及的可数名词，就是从和个体量词的搭配这个角度来界定的。吕叔湘、朱德熙（1979：9）把量词称为"副名词"，作为名词的一个小类，可见量词和名词的关系非常密切，把量词分析为名词性词类应该是没有问题的。

**数词**（number），简称Num。从意义上说，数词主要表示数目，例如"一、二、三"等。汉语的数词一般不能直接跟名词组合，而往往跟量词相结合，形成"数词+量词+名词"的词序。

**限定词**（determiner），简称D。限定词把名词的指称跟语境的关系联系起来，承担了指称（referentiality）的功能（Abney 1987，Chomsky 1995等）。顾名思义，限定词具有某种"限定"名词的作用，例如表示有定性（definiteness）、量化（quantification）信息等。汉语限定词的主要成员是代词，例如人称代词"你、我、他"，指示代词"这、那、每"，疑问代词

"谁、什么"等,当然还包括前文提及的作为空语类的小代词 *pro*。虽然专有名词"张三"和处所词"北京"在语义上也具有有定的意义,但这些词本来属于名词,只不过在句法上通过句法的操作跟限定词合并起来。英语的冠词(article)a、the,指示代词 this、those,表示领属关系的-'s 等在句法分析上都属于限定词(Abney 1987)。

**动词**(verb),简称 V。动词主要表示动作行为、心理活动、存在、变化、性质、状态等。按照动词与论元的关系,动词可以划分为"非作格"(unergative)和"非宾格"(unaccusative)(Perlmutter 1978,Burzio 1986 等)。前者描述动作,以施事(Agent)为基础论元,由外部论元(external argument)施事担任主语;后者指涉状态,主要表示存在、出现或消失,以受事(Patient)为基础论元,由受事等内部论元(internal argument)作宾语。根据黄正德(2007:5)的分类,汉语非作格和非宾格动词按照论元的数目,可以分为四个小类,其中"一元、二元"是指论元的数目。一元非作格动词可称为"不及物动词"(intransitive verbs),二元非作格动词可称为"及物动词"(transitive verbs);部分一元非宾格动词可称为"存现动词""起始动词"(inchoative verbs),二元非宾格动词可称为"使役动词"(causative verbs)。[1]

(20)非作格系列

　　一元:笑、哭、飞、跳、吵闹

　　二元:打、骂、吃、写、批评、欺骗、赞美、打胜

　　非宾格系列

　　一元:来、是、有、死、出现、发生

　　　　开、关、沉、摇、吓、气死(不及物)

　　二元:开、关、沉、摇、吓、气死(及物)

传统语法学所讲的"形容词"纳入本书的动词这个类别来处理,作为动词的一个小类,称为"静态动词"。在人们熟悉的汉语词类分类里,包括《中学教学语法系统提要》和大多数的现代汉语语法教科书

---

　　[1](20)只不过是一个粗略的分类,正如黄正德(2007:18)所说,动词的分类"难免有跨类或界限不明的情况"。曾立英(2007)对汉语非宾格动词(作格动词)提出过判定的标准。有关英语非宾格和非作格动词的分类,可参看沈园(2007:§2)。

里,"形容词"都是作为汉语的一个独立的词类来处理的。把汉语"形容词"并入动词的做法也并非本书的首创,Chao(1968)、Li and Thompson(1981)以及屈承熹、纪宗仁(2005)等就已经把汉语的"形容词"当作动词来分析了。然而,把传统语法学所讲的"形容词"当作动词的一个小类,并非汉语生成语法学的主流意见。Huang,Li and Li(2009:23)坚持"形容词"应该作为一个独立的词类,认为通过介词"对"的测试,并配合"AABB"和"ABAB"重叠的测试,可以把"形容词"和动词区分开来。传统语法学认为能进入"AABB"式的是"形容词",能进入"ABAB"式的是动词,(21)和(23)的"明明白白"是"形容词",宾语必须由"对"提前;(22)和(24)的"明白明白"是动词,可以放在宾语的前边。

(21)﹡他(应该)明明白白这个道理!

(22)他应该明白明白这个道理!

(23)他对这个道理明明白白。

(24)﹡他(应该)对这个道理明白明白。

不可否认,上述例子的对立很明显,这是汉语的事实。汉语动词和"形容词"的分与合,本来就是标准和命名的问题。无论用什么标准来测试,动词(动态动词)和"形容词"(静态动词)肯定有分别,包括跟介词"对"的连用、重叠的方式等。不过,我们的问题是:在理论分析上,它们应该属于两个不同的词类(分),还是一个词类下的两个小类(合)? 吕叔湘(1979:32)曾认为,"如果把形容词合并于动词,把它作为一种半独立的小类,也不失为一种办法"。我们的处理方法很简单:能作谓语的"形容词"是动词,属于动词的一个小类(静态动词);不能作谓语的"形容词"才是真正的形容词(即传统语法学所说的"区别词、非谓形容词")。不过,为了照顾读者的习惯,以及为了研究和教学的方便,本书在适当的情况下仍然把这类静态动词称为"形容词",而把应该正名为"形容词"的区别词称为"非谓形容词",并且一一注明。

**副词**(adverb),简称 Adv。副词常用来限制、修饰动词,表示范围、时间等意义,例如表示范围的"都、只",表示时间的"已经、刚刚",表示处所的"到处",表示肯定/否定的"必定、不、没有",表示方式的"亲自、公然",表示语气的"到底、居然"等。副词跟动词的关系就像形容词和名词的关系那样,是一种限制与被限制、修饰与被修饰的关系。

**轻动词**(light verb),简称 $v$。[1] 轻动词主要表示事件意义(eventualities)或情景意义(situations),间接地跟题元关系(thematic relations)有关。这里所讲的事件意义属于语义的概念,根据时间特点为谓语归类,主要是指 Vendler(1967)所提出的事件意义:"状态"(state)、"活动"(activity)、"完结"(accomplishment)、"达成"(achievement)。在第六章"主谓结构"中,我们会详细论述轻动词和各种事件意义的关系。

轻动词之所以称为"轻",是由于相对于动词来说,轻动词的意义比较"虚",只表示特定的意义。轻动词正式作为句法学的一个词类,应该是由 Chomsky(1995)提出的。生成语法学文献中曾经提出过的跟轻动词差不多的词类有:Larson(1988)的"动词短语壳"(VP shell)、Bowers(1993)的"谓词"(predicate,简称 Pr)、Kratzer(1993)的"态"(voice)、Collins(1997)的"及物性"(transitivity,简称 Tr)等。

目前,生成语法学的文献对于轻动词的理解不完全一致,而轻动词所涵盖的例子有宽有窄。本书对轻动词的定义采取了一种以事件意义为核心的解释方式:轻动词"在语义的层次上是指内涵单纯并为许多动词所共有的'因子'语义"(黄正德 2008:228),所谓"因子语义"是指谓语共同拥有的事件意义。因此,轻动词就是表达和组成事件意义的述语(Huang 1997:52;Lin 2001:77)。我们认为表示使役意义的"把"、表示事件变化的"给"跟事件意义有密切关系,都属于汉语的轻动词。

事实上,在传统汉语语法学界,有学者提出过相似的概念,把意义上比较"虚"的动词(或者一般分析为介词)称为"次动词""助动词""副动词",例如汉语的"把、被、教、让、给"等词。

(25) 除了普通动词之外,我们以为中国语里还有一种助动词。……虽不能表示行为,却能表示行为的性质。……它

---

[1] 我们原来把"light verb"翻译为"轻量动词"(邓思颖 2003b)。本书依从近年来大多数学者的习惯,翻译为"轻动词"。用斜体小写 $v$ 来代表轻动词是 Chomsky(1995)所采用的方式,小写的 $v$ 跟大写的动词 V 是两种不同的词类。

们现在虽不是纯粹的实词，我们也把它们附属于动词一类，比之归入其他词类，较为妥当些。（王力 1984[1944]: 26）

（26）次动词也是动词的一种，不过有两点和一般动词不同。第一，次动词大都不做谓语里的主要成分。……第二，次动词后面总要带宾语，而且一般都是体词宾语。……能带体词宾语是一般动词的性质，但是不做谓语里的主要成分，又跟一般动词有区别，所以叫做"次动词"。（丁声树等 1961: 95）

（27）"把"、"被"、"从"、"对于"等，不能做谓语里的主要成分……，我们就管它叫副动词。……大多数副动词有些语法书里称为"介词"，我们认为这两类词的界线很不容易划清，不如还是把它们归在动词这个大类的底下。（吕叔湘、朱德熙 1979: 9）

汉语还有一些表示"体"（aspect，或称为"体貌"）的成分，可以称为"体标记"（aspect markers），例如"着、了、过"。汉语语法学的文献一般把这些成分归入"助词"处理，例如《中学教学语法系统提要》、刘月华等（1983, 2001）、张志公等（1985）、邢福义等（1991）、胡裕树等（1995）、北大中文系（2004）以及黄伯荣、廖序东（2002b）等。事实上，体标记是不是独立的词类还存在一定的争议性。我们赞同张静等（1980）、朱德熙（1982）的做法，把体标记分析为动词的后缀，在词法里跟动词合在一起，并不是独立的词类。在功能上，体标记跟轻动词所表示的事件意义有密切的关系，在句法上往往跟轻动词联结在一起（邓思颖 2003b）。

**时间词**（tense/temporal particle），简称 T。这个词类代表了一些高度抽象化、语法化的成分，意义上跟时间信息有关，例如负载时间信息的汉语句末助词"来着、了"（Tang 1998；邓思颖 2002c, 2003b（又见 Sybesma 1996）；Xu 1997；Zhang 1997；熊仲儒 2003b；胡建华、石定栩 2005；石定栩、胡建华 2006 等）。[1] 把时间词分析为句法学的一个独立

---

[1] 这里所说的时间词"了"是文献中一般所讲的"了$_2$"，位于句末，跟黏附在动词后的"了$_1$"不同。

词类,早见于 Pollock(1989)、Chomsky(1995:§2)等人的研究。

按照 Reichenbach 对时的分析,我们认为"来着、了"表达了说话时间(speech time)、事件时间(event time)和指称时间(reference time)三者的相对关系。"来着"通常"跟最近的过去发生的事情有关"(Chao 1968;赵元任 2002:694),"表示曾经发生过什么事情"(吕叔湘等 1980:311),"表示最近的过去发生过的事"(朱德熙 1982:209),"表示不久前发生了某种事情或某种情况"(刘月华等 1983:234;2001:407),"行为状况已成为经验,说话时情况已有所变化"(邢福义 1996:236)。换句话说,就是表示过去时(past tense)。用(28)的方式表示,事件时间在说话时间之前(即在"说话时间"的左边),而指称时间则指已经过去的事件时间(即"事件时间"和"指称时间"在同一点上)。(29)的"来着"表示过去时,事件时间"下雨"出现在说话时间之前,而指称时间则指"下雨"的那个时刻。陈前瑞(2008)详细考证了"来着"的历史来源,认为汉语"来着"来自满语过去时的用法,在清初,北京话的"来着"是一个不具有强制性的过去时标记。因此,把(29)的"来着"分类为时间词应该是合理的。

（28）……事件时间,指称时间……说话时间……

（29）下雨来着。

至于"了",它"表示新情况的出现"(朱德熙 1982:209)。Chao(1968:§8.5.5)把"了"的用法概括为"表示开始、新情况引起的命令、故事里的进展、过去一件单独的事、现在完成的动作、用在说明情况的结果分句里、显然的情况"等(赵元任 2002:687—688)。石定栩、胡建华(2006)认为小句给出一个命题(proposition),"了"表示已经进入了该命题(小句)所叙述、描写的状态。[1]总的来说,"了"的用法应该跟英语的完成时(perfect)比较接近。所谓完成时,就是说事件时间出现在说话时间之前,而指称时间则在事件时间之后的某一点。如果指称时间跟说话时间在同一点,即(30),这样的完成时称为"现在完成时";如果指称时间是指说话前的某一点,即(31),这样的完成时称为

---

[1] 不过,石定栩、胡建华(2006)把"了"分析为标句词,跟本书的分类不同。

"过去完成时"。以(32)的"了"为例,"下雨"发生在说话之前,如果说话人想指称的时间与说话的那个时间在同一点上,换句话说,当说话人说(32)的那个时候,"下雨"的事件已经发生了,"了"在这一句里表示现在完成时。如果说话人想指称的时间在说话之前,并在"下雨"的事件发生之后,"了"在这一句里表示过去完成时。

(30)……事件时间……指称时间,说话时间……　　（现在完成时）

(31)……事件时间……指称时间……说话时间……　　（过去完成时）

(32)下雨了。

众所周知,汉语在词法/形态上缺乏像英语那样的表示时间的-ed、-s等后缀。汉语有没有定式(finite)、非定式(nonfinite)的区别,目前学界仍有争议(Hu, Pan and Xu 2001)。无论我们把"来着、了"这样的词分析为什么,都不能否认,它们确实负载了时间信息,因此把它们称为"时间词"并没有什么不妥当的。至于"来着、了"表示什么具体时间、跟体有什么关系等问题,讨论的文献众多,争论不少,本书不在此赘述。况且,这些问题都属于语义的问题,甚至牵涉到认知领域,跟句法无关。我们关心的是从系统性的角度出发,词的分类问题,以及它们在句法里组成短语的方法。

当然,如果把汉语这类词直截了当地称为"时",恐怕有些读者会因此望文生义,产生误解,以为"时"是指动词的形态变化形式(如英语那样),而汉语也有这样的形态变化形式。还有,考虑到本书把所有词类都称为"~词",如果把 tense 叫作"时词",好像有点别扭。我们过去曾把这个词类称为"时态"(邓思颖 2003b),而"时态"这样的叫法不可避免地会跟 tense 联系起来,引起不必要的误解。基于以上考虑,本书采用"时间词"这个比较"笼统"的术语来称呼这个词类,这样命名既符合本书术语的体例,又回避了汉语有没有定式、非定式区别的争论。[1]T 也可以理解为是对意义更"笼统"的 temporal(时间)一词的简称,或表示体,不一定跟 tense 有关。

---

[1] 假若读者仍然怀疑汉语中存在表示"时间"的词类,那么不妨把本书所用的"时间词"这个术语理解为是对"表示时间信息的句末助词"的缩写。

标句词(complementizer)，简称 C。[1]顾名思义，标句词主要用来标记小句，表示句类(Cheng 1991，Chomsky 1995 等)。依照传统语法学的一般分类，句类可以分为四种：陈述句、疑问句、祈使句、感叹句。判断汉语句类的一个重要手段是语调，每种句类都有特定的语调。虽然语调属于超音段(suprasegmental)的成分，但我们认为表示句类的语调是独立的词类——标句词，标句词储存于汉语的词库里，并且可以进入句法，形成短语。也就是说，表示句类的语调是"真正"的标句词，作用就是用来标示小句，为小句分类。至于汉语的连词，例如"因为、虽然、如果"，也应该分析为标句词的一类(Huang 1982，Tsao 1988，C. -C. J. Tang 1990，何元建 2007 等)，用来标记从属小句(subordinate clause)。

语气词(Force)，简称 F。语气词指主要跟语态(mood)、言语行为(speech act)或其他言谈特点相关的词类，表达话段意义(utterance-meaning)，跟说话时的语境有关。然而，"语气词和语气不是一一相配的。一方面，一个语气词可以用来表不同的语气。一方面，同一个语气可以用几个语气词，有时似乎无区别"(吕叔湘 1982：257)。汉语的"吗、吧、啊"等是典型的语气词(胡明扬 1981，1987；朱德熙 1982 等)。此外，我们认为某些语气词可以负载焦点，这些跟焦点相关的词也可以分析为语气词的一个小类，甚至可以称为"焦点词"以示区别，[2]比较常见的如"呢"。

在生成语法学的文献里，语气词往往被分析为标句词，并且在句法里扮演重要的角色(Lee 1986；汤廷池 1989；Cheng 1991；A. Y. -H. Li 1992；Aoun and Li 1993；Tsai 1994；Tang 1998；邓思颖 2002c，2003b；石定栩、胡建华 2006；B. Li 2006；何元建 2007 等)。[3]Cheng(1991)提出

---

[1] 我们过去曾根据沈家煊所译的克里斯特尔(2000)把"complementizer"一词翻译为"标补语"(邓思颖 2003b)。不过，"标句语"一词也收录在克里斯特尔(2000)，伍雅清(2000，2002)也曾用"标句语"。此外，温宾利(2002)、熊仲儒(2004)、何元建(2007)、梅德明等(2008)、司富珍(2008，2009)、徐烈炯(2009)把它翻译为"标句词"，吴刚(2006)则译为"标句成分"。参考这些译法，本书把"complementizer"翻译为"标句词"。这个改动基于两个考虑：第一，词类术语在本书里一律称为"～词"而非"～语"；第二，把汉语的小句定义为补足语(complement)不完全准确。

[2] Rizzi(1997)认为焦点词(Focus)应该属于标句词短语系统的一部分。从汉语词类的大类考虑，我们把语气词和焦点当作一类 F，从合不从分。F 既可代表 Force，又可代表 Focus。

[3] 粤语的语气词相对比较丰富，请参看邓思颖(2002c，2006b、c，2008d，2009b，2013a，2015，2016d)、Tang(2009，2015a、b)的详细讨论和分析。

"标示句类假定"(Clausal Typing Hypothesis),即每个小句必须由语法手段标示句类,并认为汉语语气词是用来标示句类的。Chomsky(1995:240)提出标句词跟语态或"语力"(Force)相关,例如陈述式、疑问式等,他(Chomsky 1995:289)赞同 Cheng(1991)的观点,认为标句词的功能是决定句类。沿着这个思路,Rizzi(1997,2004)进一步把标句词分拆为一系列的词类,包括"语力"(Force),应用到他提出的"制图理论"(cartographic approach)中。在本书中,我们一方面认同 Rizzi,把语力作为一个独立的词类来分析,另一方面却不赞成把语力跟句类等同起来。句类和语力是两个不同的范畴,前者是按照句子意义(sentence-meaning)划分,由句子的语法特点来决定,独立于语境,而后者主要表达了话段意义,跟说话时的语境有关(Lyons 1995)。语力应该是一个语用的概念,正如 Austin、Searle 等学者所论述的那样。

至于这个词类的命名,我们借用 Rizzi(1997)的 Force,但对这个术语赋予比较偏重语用方面的诠释。把 Force 翻译为"语力"在语用学里应该有一定的依据,但作为词类的名称却比较别扭(例如"语力词"),不太符合汉语语法学的习惯。传统汉语语法学往往习惯用"语气"一词指称说话人的情感、意图等语用特点,我们从语用学的角度来诠释 Force,把作为词类的 Force 叫做"语气词"也就很合理了。况且,"语气词"是汉语语法学一个现成的术语,把"吗、吧、啊"等词称为"语气词"在文献中没有太大的争议。基于上述的考虑,我们把句法学的 Force 称为"语气词",既反映了 Force 的"本义",又符合汉语语法学的习惯。

**介词**(preposition),简称 P。严格来讲,这类词应该称为"前置词",跟"后置词"(postposition)有别。不过为了与汉语语法的称说习惯一致,本书采用"介词"一语。介词主要起标记作用,例如表示时间、处所的"在、从",表示方式、工具的"用",表示关涉对象的"对于、跟"。介词往往依附在名词短语前面,共同构成"介词短语"。考虑到汉语的介词往往来源于动词,跟动词有密切的关系,我们把介词分类为动词性词类。

**连词**(conjunction),简称 Co(或作 Conj、&)。这个词类主要包括连接名词短语的连词,连接小句的连词则属于标句词。文献中一般说

"跟、和、同"等既是介词,又是连词,从形式上不能判别它们到底属于哪类词,往往只能依靠句法位置来确定,这反映了连词和介词有非常密切的关系。王力(1980:332)曾建议把连词和介词合在一起,他认为"介词和连词的界限不是十分清楚。我们给它们一个总名,叫做联结词"。我们原则上赞同他的观点,不过仍然沿用"连词"这个术语。连词是一种"虚化"的介词,已经失去了表示时间、处所、方式、工具、关涉对象等比较"实在"的意义,演变为一种纯粹表示关系的词类,主要的功能是用来连接成分,表示了两个成分之间的静态关系。

虽然我们的词类分析应该能涵盖汉语大部分的词,但我们仍然不敢说已经穷尽了汉语的词。对于一些文献中已有的、常见的词类,但不在上述的分类之中的,我们有以下两点说明。

第一,"助词"并不是一个独立的词类。正如吕叔湘(1979:38)所说,"大概除语气助词外,都在不同程度上有能否保留'词'的资格问题"。我们认为,某些语气助词属于我们的时间词(例如"了")或语气词(例如"呢"),属于独立的词类。至于"所",一些文献把它分析为结构助词(《中学教学语法系统提要》;刘月华等1983,2001;张志公等1985;周一民2006等),或者分析为"稍有实义但正在虚化的词缀"(张静等1980:90),甚至把它分析为一种无法归类的"其他助词"(张斌等1988,邢福义等1991,胡裕树等1995,黄伯荣、廖序东2002b,冯志纯等2008)。虽然在生成语法学的文献里,有学者把"所"当作一个独立的词类来处理(Chiu 1995),但Ting(2003,2005,2008)作了详细的论证,认为"所"是一个具有附着形式(clitic)的代词,如果她的分析是对的话,"所"的词类可以理解为限定词。时间词、语气词、"所"虽然是独立的词类,但不是助词。除此之外,其他的所谓助词都不成词。动态助词应分析为动词的后缀,不是独立的词类;结构助词如"的、地、得"也应该分析为后缀,不算是独立的词类;比况助词"似的"原本跟动词"似"有关,或许可以分析为后缀,就好像英语作为后缀的"-like"一样。因此,我们可以取消助词作为词类的资格。[1]

---

[1] 在张静等(1980)的体系里,虚词只有介词、连词、语气词、感叹词四类,助词是不存在的。

第二,虽然"拟声词"(或称为"象声词",例如"噼里啪啦")和"叹词"(例如"啊、咦、哎呀"等)有它们特殊的身份和地位,但我们看不到把它们作为独立词类的好处和理论上的必要性。因此,我们不妨把它们分析为副词,甚至把个别的叹词当作语气词的一个小类来处理(胡明扬1987)。

总而言之,我们认为汉语的词可以分类,也应该分类。按照词的语义和功能性质来分类,本书把汉语的词类划分为两个大类:名词性词类和动词性词类,而名词性词类和动词性词类之下又各分为几个小类。为了方便读者参考,我们把本书所划分的词类跟传统语法学常用的词类名称作一简单的对照:

(33) 汉语词类名称对照表

| 本书词类的名称 | | 传统语法学常用的词类名称 |
|---|---|---|
| 名词性词类 | 名词(N) | 名词、专有名词、处所词、方位词 |
| | 形容词(A) | 区别词/非谓形容词 |
| | 量词(Cl) | 量词 |
| | 数词(Num) | 数词 |
| | 限定词(D) | 代词 |
| 动词性词类 | 动词(V) | 动词、形容词 |
| | 副词(Adv) | 副词、拟声词、叹词 |
| | 轻动词(v) | 介词/次动词 |
| | 时间词(T) | 语气词 |
| | 标句词(C) | 语调、连词(小句) |
| | 语气词(F) | 语气词 |
| | 介词(P) | 介词 |
| | 连词(Co) | 连词(短语) |

## 3.4　词汇词和功能词

除了上述的分类以外,我们还可以把词划分为"词汇词"(lexical words)和"功能词"(functional words)两个大类。词汇词和功能词可以用形式特征来区别,例如[功能性]、[非功能性](±F)(Abney 1987),词汇词具有[非功能性],功能词具有[功能性]。按照一般的理解,词汇词负载主要的语义内容,表示事物、动作行为、性质、状态等比较"实在"的内涵;而功能词主要起语法作用,扮演功能符(functor)的角色,表示某些逻辑概念,或者本身的意义比较"虚"。Abney(1987)对功能词的特点作过仔细的分析,并总结出以下几个特点:[1]

(34) 功能词的特点(Abney 1987)

      a. 功能词是一个封闭的类;

      b. 功能词在音韵上/形态上缺乏独立性;

      c. 功能词只选择一个补足语,而该补足语并非论元;[2]

      d. 功能词往往跟后面的补足语不能分离;

      e. 功能词缺乏描述意义,主要表示语法关系。

"封闭类"的词基本上是固定的,不能随意创造新词。例如,属于词汇词的名词和动词是开放类,我们可以随时创造新的名词、新的动词;相反,属于功能词的限定词(例如代词)是封闭类,汉语除了"你、我、他"等词外,没有办法创造出新的代词。

缺乏音韵独立性的功能词往往不重读,形态上是附着形式(clitic)或者是词缀(affix),甚至是空语类。属于词汇词的汉语名词和动词,在声调上往往读本调,而属于功能词的汉语时间词和语气词往往要读成轻声,并且在形态上依附在之前的小句上。

至于最后一点,即(34e),Abney(1987)认为是界定功能词最重要的一点。功能词缺乏"描述意义"(descriptive content),不能联系世界。比如说,名词"球"可以指一个球,动词"打"可以指一个动作,然而,时

---

    [1] Abney(1987)把词划分为"题元词"(thematic category)和"功能词",他所说的"题元词"即"词汇词"。

    [2] 有关"补足语"的性质,我们会在"短语"一章讨论。

间词"来着"和语气词"吗"并非指世界上的某个东西,而是纯粹表示一种语法关系。

从概念上说,词汇词和功能词的划分大致上跟传统语法学所讲的"实词"和"虚词"差不多,虽然具体的分类不尽相同。朱德熙(1982)对实词与虚词的划分有非常详细的论述,他认为虚词不能充任主语、宾语或谓语,绝大部分是黏着的,不能单独成句;在句法结构里的位置是固定的,属于封闭类,只起语法作用,本身没有什么具体的意义,有的表示某种逻辑概念。大多数学者都认为虚词不能单独成句,不能单独作句法成分(《中学教学语法系统提要》;刘月华等 1983,2001;张志公等 1985;张斌等 1988;胡裕树等 1995;黄伯荣、廖序东 2002b;冯志纯等 2008 等)。事实上,这些学者的意见跟上面提及的 Abney(1987)对功能词的描述差不多。不过,为了避免术语的混淆,本书采用"词汇词、功能词"的叫法,而不用"实词、虚词"的叫法。

按照词汇词和功能词的分类方法,我们可以为上述的汉语词类重新分类:

(35) **词汇词**:名词、形容词、动词、副词

(36) **功能词**:量词、数词、限定词、轻动词、副词、时间词、标句词、语气词、介词、连词

这样的分类相当简单:汉语词汇词只有名词、形容词、动词和部分副词,除此以外,其他的词类都是功能词。

在众多的词类当中,副词的地位相对来讲比较"尴尬"。按照实词/虚词的分类,汉语副词究竟是实词还是虚词?传统语法学界对这个问题有不同的回答。张静等(1980),刘月华等(1983,2001),张斌等(1988),胡裕树等(1995),黄伯荣、廖序东(2002b),郭锐(2002),范晓、张豫峰等(2003)等认为副词是实词,《中学教学语法系统提要》、朱德熙(1982)、张志公等(1985)、邢福义等(1991)、北大中文系(2004)、马真(2004)、冯志纯等(2008)等认为副词是虚词,周一民(2006:303)甚至认为"副词实际处于实词和虚词的交汇处,半实半虚,一部分比较虚,另一部分比较实"。造成这些学者意见分歧的原因,首先是他们对实词/虚词的定义不一样。刘月华等(1983,2001),张斌等

（1988），胡裕树等（1995），黄伯荣、廖序东（2002b），周一民（2006）等认为"能够单独充当句法成分"的是实词，但朱德熙（1982：39）却认为"能够充任主语、宾语或谓语"的才是实词。北大中文系（2004：281）认为"实词能在前面介绍的五种句法结构中充任主要成分（主语、谓语、述语、中心语），虚词则不能"。邢福义等（1991：274）认为虚词是"不能充当句子基干成分的词"。由此可见，朱德熙（1982）、邢福义等（1991）、北大中文系（2004）对实词的定义显然比较窄，副词不具备作为实词的资格。《中学教学语法系统提要》对虚词的定义也比较奇怪，勉强地把副词列入虚词类："虚词一般不表示实在的意义，不作短语或句子的成分（只有副词可以作状语），它们的基本用途是表示语法关系。"冯志纯等（2008：65）也有相似的定义："虚词……一般不能单独作句子成分（副词、叹词、拟声词除外）。"

此外，副词本身的复杂性也是一个因素。如果按照词汇性/功能性的划分，有些副词显然是封闭类，意义比较"虚"，属于功能词，例如"只、不、就"等；有些副词似乎是开放类，意义比较"实在"，属于词汇词，例如"亲自、埋头、赶快"等。由此可见，比较科学的做法应该是把汉语的副词分为两类，一类是词汇词，一类是功能词。

在下表中，我们按照名词性词类/动词性词类和词汇词/功能词的划分方式，将汉语的十三个词类进行分类，方便读者参考。

（37）名词性词类/动词性词类和词汇词/功能词的关系

|  | 名词性词类 | 动词性词类 |
|---|---|---|
| 词汇词 | 名　词（N）<br>形容词（A） | 动　词（V）<br>副　词（Adv） |
| 功能词 | 量　词（Cl）<br>数　词（Num）<br>限定词（D） | 轻动词（$v$）<br>副　词（Adv）<br>时间词（T）<br>标句词（C）<br>语气词（F）<br>介　词（P）<br>连　词（Co） |

## 3.5　小结

本章讨论了有关特征、词和词类的问题。

特征是最小的语法单位。特征可以分为音韵特征、语义特征和形式特征。句法只关心形式特征,只有形式特征才能够在句法内进行运算,供句法使用。

在句法内,特征以上的语法单位是词。词是形式特征和语义特征的结合体。什么语义特征能组成一个词,基本上由形式特征来决定。语素是词法学的概念,跟句法学没有什么关系。

词类是词的分类。汉语的词可以分类,也应该分类。词类的不同反映在对不同形式特征的选择上。语法有两种基本的形式特征,在句法内运算使用:[名词性]和[动词性]。这两种形式特征分别衍生出"名词性词类"和"动词性词类"。按照词的句法位置和语义功能,名词性词类进一步分为名词、形容词、量词、数词、限定词,而动词性词类进一步分为动词、副词、轻动词、时间词、标句词、语气词、介词、连词。

词也可以划分为词汇词和功能词两大类。词汇词负载主要的语义内容,表示事物、动作行为、性质、状态等比较"实在"的内涵;功能词主要起语法作用,表示某些逻辑概念,或者本身的意义比较"虚"。汉语词汇词只有名词、形容词、动词和部分副词,除此以外,其他的词类都是功能词。

# 第四章　短　　语

　　短语是词以上的语法单位,也是句法内最大的语法单位。形成短语的句法操作叫合并。短语内有指定语、中心语和补足语等部分,但不能没有中心语。每个词进入句法后都必须形成短语。词序的"前后"属于句法音韵接口甚至是音韵部门内的问题,层级的"高低"是句法所关心的问题,主要依靠统领关系来定义。

## 4.1　短语的组成

　　特征是最小的语法单位。在句法部门(以下简称"句法")内,特征以上的单位是词。词以上的语法单位是"短语"(phrase),短语也是句法内最大的单位。按照传统语法学的理解,"短语"是词和句子之间的一层,"短语"的"短"就是相对于句子来说的。而从句法学理论来说,这样的理解并不正确,phrase 的准确译法应该是"词组",即"词的组合"。不过,既然"短语"一词无论在传统语法学还是在生成语法学都普遍流行,本书就仍然沿用"短语"这个术语对译 phrase。

　　(1) 短语由词组成,是句法内最大的语法单位。

　　传统语法学一般认为短语比词要"大",结构比较"复杂",甚至认为"一个短语总包含两个以上的词"(张志公等 1985:34)。比如说,"电影"是一个词,"看电影"是一个短语,因为它由两个词组成:"看"和"电影",结构也比较复杂。

　　然而,按照句法学的分析,"电影"是词,也是短语;"看"是词,这个词跟短语"电影"组合起来,构成另一个短语。从词类划分的角度来分析,"电影"是名词。名词以上的单位是名词短语,因此这个名词"电影"也可以分析为一个名词短语;"看"是动词,这个动词跟名词短语"电影"组成一个动词短语。由此可见,短语的结构可以比较"复杂",例如"看电影",包含了两个词;也可以比较"简单",例如"电影",只包含了一个词。

　　让我们做一个简单的比喻。短语的概念就好比分组一样,而词的概念就像组内的成员,小组由成员组成。一个小组可以只有一个成员(如名词短语"电影"),也可以包含一个以上的成员(如动词短语"看电影")。[1]

短语是词上一级的语法单位,纯粹是一个层次上的概念,跟结构的复杂性并没有必然的关系。虽然结构"复杂"的往往是短语,但结构"简单"的并不一定不能成为短语。以下的简图表示了词和短语的关系,短语和词分别处于两个不同的句法层次。

(2)　短语
　　　　|
　　　　词

本书所用的短语这个概念,跟传统语法学所用的不一样。至于形成短语的方法,以及短语内部的结构,构成了句法学的重要研究课题,成为句法学研究的核心。在以下的几节里,我们会通过一些比较抽象的例子来说明短语的组成,并介绍一些跟以后各章相关的概念。请读者注意,这一章涉及较多抽象的假设和理论,而且具体的例子也较少,阅读上可能要花点时间。不过,如果读者能够充分掌握本章所介绍的术语和概念,对于以后各章的内容会比较容易领会。

## 4.2　合并

短语在句法内组成,形成短语的操作叫"合并"(Merge)。所谓合并,就是把句法成分组合在一起。每次只能组合两个句法成分,不能超过两个。[2]当两个句法成分合起来以后,就可以成为一个短语。短语组成的方向是"由下而上"的,先从最底层的词开始,一步一步,一层一层,形成层级结构(hierarchical structure)。在句法内,这种有步骤的形成方式也称为"推导式"(derivational)。

假设句法从词库里选取了两个句法成分,让我们用两个字母来代表:X 和 Y。所谓合并,就是把这两个句法成分组合在一起的操作,形

---

[1] 虽然我们往往期望小组成员的人数超过一,但在实际生活里"一人组合"(即所谓的 one man band)是允许的。

[2] 司富珍(2008:116)指出,汉语"合并"一词可以指两个以上事物之间的结合,但英语的 merge 专指两个事物的结合。作为句法操作,合并只能组合两个句法成分。

成一个组合,可以用(3)的"集合"(set)的方式表示这种关系(Chomsky 1995:§4)。不过,我们也可以用"树形图"(tree diagram)的方式表示同样的关系,如图(4),图中的两条线连接了 X 和 Y 这两个成分,表示这两个成分组合在一起,在句法上有密切的关联。基本上,(3)的"集合"和(4)的树形图表示方式是一样的,不过为了方便读者的阅读以及照顾句法学的一般习惯,本书仍然采用树形图的方式表示句法的关系。

(3) $\{X, Y\}$

(4)

X 和 Y 组合在一起后,到了第二步,就会在句法内形成一个新的成分,这个新的成分代表了原来 X 或者 Y 的一些特性。假设图(4)所形成的新成分代表了原来的 X,图(5)正好反映了这样的关系:树形图中的 $X_2$ 是一个新形成的成分,代表了 $X_1$ 的特性;另一方面,$X_2$ 也作为整个树形图的标签(label),说明了这个树形图的核心性质。[1]

(5)
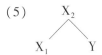

假设没有新的句法成分加入图(5),推导过程就停留在 $X_2$ 那个层次。换句话说,$X_2$ 就是图(5)最高的一层。这个层次,我们称为"短语"。为了方便表述,我们用 P(即 phrase 的首字母)代表这个层次。因此,$X_2$ 可以命名为 XP,读作"X 短语",如图(6)那样。短语是最高的层次,也是句法内最大的语法单位,除了短语以外,再没有更大的语法单位。[2]

(6)

---

[1] 由图(4)发展到图(5)的过程可以称为一个"投射"(project)的过程:最底层的 $X_1$ 投射到一个高的层次 $X_2$,作为树形图的标签。

[2] 短语 XP 又称为"最大投射"(maximal projection),简称为 $X^{max}$,这是由于 X 投射到一个不能再继续投射的层次。

图(6)的标签是 XP,成为一个反映了 X 特点的短语。因此,X 成为整个短语结构最"核心"的部分。既然图(6)的 X(即图(5)的 $X_1$)如此重要,是决定整个短语性质的关键,因此把它称为"中心语"(head),有核心、重心的意味。[1]

树形图的标签就好像小组的命名一样。假设我们有两个成员——张三和李四,这两个成员组成一个小组,而小组以组长的名字命名。假如张三是组长,这个小组就应该叫作"张三小组"。组长的身份就好像中心语,"张三小组"这个名字就好像一个标签(短语),反映了这个小组的特点。

中心语一定是词,绝对不能是短语或者是别的类型。(6)这个树形图正好显示了词和短语这两个类别的不同,中心语 X 属于词的层次,XP 属于短语的层次。词和短语属于两个不同的层次,回应了我们上文所说的"词以上的语法单位是短语"。

让我们再回到图(5)的结构。假设我们多了一个成分 Z,而这个成分跟 $X_2$ 进行合并,形成了以下的结构:

(7)
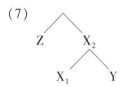

通过第二次的合并,发展到图(7),下一步该怎样走呢? 有两个可能性。第一个可能性是让 X 成为这个结构的标签,形成图(8)。

(8)
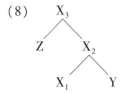

如果推导过程停在图(8)那里,$X_3$ 就是整个结构的标签,即短语。那么图(8)的 $X_2$ 是什么呢? 它现在只不过是一个夹在短语 $X_3$ 和中心语

[1] 由于中心语不是由投射得出来的,因此在文献中也称为"最小投射"(minimal projection),简称 $X^{min}$。

$X_1$ 之间的一个"夹心层次"。这个"夹心层次"在句法上没有什么独立的地位,也没有什么专用的名称。句法学一般用"杠"(bar)来表示这种"夹心"的层次,例如图(8)的 $X_2$ 可以表示为图(9)的 X′(读作"X 杠")。[1]

如果没有 Z,$X_2$ 就是短语(形成(6));但跟 Z 合并以后,图(8)的 $X_3$ 才是短语(形成(9)),$X_2$ 反而变成一个"夹心层次"。由此可见,短语和中心语的定义随着推导过程的发展而变化,是动态的,具有"边走边看"的特点;此外,短语和中心语也是一组相对的概念,按照句法结构在不同的推导过程中的位置来确定,而并非是某一个成分的固有特性。这个观点是目前句法学理论的一个重要的主张。

(9)
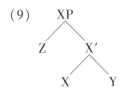

图(9)的几个成分 X、Y 和 Z,它们的结合形成了几个句法位置。为了方便描述这些句法位置,句法学引入了几个有用的术语:"补足语"(complement)和"指定语"(specifier)。[2]补足语是第一个跟中心语合并在一起的句法成分,而指定语是在第二次合并时所产生的句法成分(Chomsky 2005,2007,2008,2013)。前文已经指出,合并每次只组合两个句法成分。在第一次的合并中,中心语只跟一个句法成分组合在一起,因此一个短语内只能有一个补足语,不能有两个。[3]

由下而上来看,图(9)Y 是首先跟中心语 X 合并的句法成分,可以

---

[1] 虽然根据最简方案,额外的符号(例如"杠"和图(6)、图(9)的 P)不应该加到句法内,但生成语法学早已习惯了用 X 杠、XP 来指称这些层次。为了方便讨论,本书仍遵循这些"旧"习惯。

[2] 沈家煊把"complement"译作"补语"(克里斯特尔 2000),宋国明(1997)、温宾利(2002)、吴刚(2006)等也曾使用过这个词,但它跟传统汉语语法学所讲的"补语"容易混淆。汤廷池(1989)等译作"补述语",我们也曾使用过这个术语(邓思颖 2000)。虽然徐烈炯(1988)用的是"补语"这个词,但也说可以称作"补足语"或"补足成分",并且"补足语"一词用得也比较普遍(程工 1999,石定栩 2002a,邓思颖 2003b,何元建 2007,梅德明等 2008,徐烈炯 2009,司富珍 2009,彭家法 2009 等),因此我们采用"补足语"一词。

[3] 短语内是否只有一个指定语? 文献中有不同的意见。按照生成语法学的"经典"理论,指定语有特殊的功能,只能有一个(Chomsky 1981,1986 等)。但 Chomsky(1995)提出了"多重指定语"的说法,认为指定语的数量可以超过一个。指定语的数量问题暂时不影响本书的讨论,本书不作详细的探讨。

称为 X 的补足语。Z 是在第二次合并时加入的句法成分,可以称为指定语。(10)是另一种表达方式,让我们可以清楚了解树形图内这几个句法位置的关系。按照文献中的行文习惯,补足语一般称为"某中心语的补足语"而不是"某短语的补足语",指定语一般称为"某短语的指定语"而不是"某中心语的指定语"。

(10)

让我们回到图(7)。假设 Z 和 $X_2$ 合并后,这一回作为标签的不是 $X_2$ 而是 Z,就会形成图(11)那样的结构:

(11)

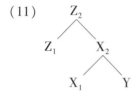

根据图(11),$Z_2$ 是整个结构的标签,而 $Z_1$ 成为了这个结构的中心语。如果推导过程停留在图(11),$Z_2$ 就成为了短语 ZP。至于跟 $Z_1$ 合并的 $X_2$,形成了短语 XP,它不再是什么"夹心层次"(因为 $X_2$ 之上再没有什么属于 X 的标签)。图(11)可以重新表达为图(12):

(12)

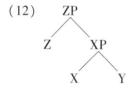

根据图(12)的情况,XP 跟中心语 Z 合并在一起,因此 XP 成为中心语 Z 的补足语。上述图(9)跟图(12)的最大区别就是图(9)只有一个短语 XP,而图(12)由 ZP 和 XP 两个短语组成,Z 和 X 分别是 ZP 和 XP 的中心语。

假设句法从词库里只选取了一个词 X,没有别的成分,理论上,这个单一的词在句法内一样可以形成属于自己的短语,例如图(13)。严格来讲,图(13)的 X 没有跟别的成分进行合并,它本身既是中心语,又是一个短语。为了方便解说这种双重身份,我们为这个结构多加了一个标签 $X_2$,以资识别。$X_1$ 是中心语,属于词的层次,$X_2$ 是短语。[1]

(13)

如果推导过程停留在图(13),$X_2$ 就是短语 XP,而 $X_1$ 就是这个短语的中心语,例如图(14)。这个树形图就是一个只有中心语,没有补足语,也没有指定语的短语结构。由此可见,短语可以缺乏补足语和指定语,但不能缺少中心语。理论上,中心语是短语的核心。如果没有中心语,也就不存在什么短语了。

(14)

在句法内,每一个词都必须形成一个短语。简单来说,句法的任务就是把词组合成短语,最终所输出的"成品"必须是短语,不能光是词。因此,凡是没形成短语的词,最终都不能在句法内生存。

(15) 每个词在句法内都必须形成短语。

基于这个考虑,我们回头再看图(6)那样的结构(重复在(16))。严格来讲,Y 不能理解为一个词,否则这个词由于没有形成任何短语,违反了(15),最终将被句法排除。

(16)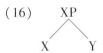

正确的表述方式应该是(17)。如果 Y 是一个词,它必须形成短语 YP,才能跟 X 走在一起。换句话说,只有短语才能作补足语。

(17)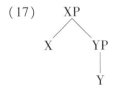

[1] 根据 Chomsky(1995:§4)所提出的短语结构理论,把图(13)的单一成分分为两个层次是不必要的。图(13)纯粹是为了让读者更容易明白短语结构的基本操作及其在汉语中的应用。

同样道理,只有短语才能作指定语。以上述图(9)为例,位于指定语的 Z 不能是一个词。它必须先形成一个短语,才能位于那个指定语的位置,例如图(18):

(18)
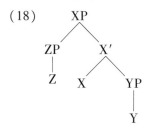

顺带一提,在生成语法学的文献里,往往为了节省篇幅或者省略不必要的细节,短语的结构也可以用带标加括法(labeled bracketing)来表示,以代替树形图。比如说,上述(18)的树形图可以重新表达如下:

(19) $[_{XP}[_{ZP} Z][_{X'} X[_{YP} Y]]]$

在(19)里,每一个方括号[ ]代表一个句法成分,左方括号后的下角标字母(例如下角标 XP)表示该句法成分的标签,$[_{ZP} Z]$代表了一个 ZP,而 Z 就是组成这个短语的唯一成员,也就是中心语。$[_{X'} X[_{YP} Y]]$表示了 X 杠(X')由两个成员组成,分别是中心语 X 和补足语 YP。除了使用树形图以外,我们在本书的讨论里还会用到像(19)那样的带标加括法。

词在句法内只能跟短语组合,而词和词之间不能直接组合。这样的说法有什么好处呢? 词和词的组合是词法的现象(例如形成复合词),属于词法学的问题,跟句法学无关。句法学能管的,是词和短语的组合。由此看来,词法和句法的界线并非如想象中的那样模糊。

现在让我们以汉语的例子“看电影”来作示范。“看”和“电影”构成一种功能性语法关系,一般称为“述宾结构”。按照词类的划分,“看”是动词 V,“电影”是名词 N。这两个词从词库里选取出来后,在句法里进行合并。合并后,“看”作为这个短语的中心语,而“看”的词类作为这个短语的标签,即形成了动词短语 VP。跟“看”合并的“电影”成为“看”的补足语,作为补足语,“电影”必须形成一个短语,即名词短语 NP。“看电影”的句法结构可以用以下的树形图来表示,这个树形图基本上跟上述(17)一样,有相同的结构。

(20)

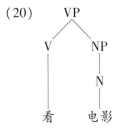

为了节省篇幅,(20)的树形图也可以用带标加括法表达为(21)。如果我们想把一些不必要的细节省略(例如每个词的词类),(21)也可以进一步简化为(22)。(22)足以表示"看"和"电影"分别是动词短语的中心语和名词短语的中心语,并且隐含了它们的词类应该分别属于动词和名词。在本书中,我们会经常用到像(22)那样简化的表达方式,请读者注意。

(21) $[_{VP}[_V 看][_{NP}[_N 电影]]]$

(22) $[_{VP} 看[_{NP} 电影]]$

我们再选择另外一个例子"在图书馆"来进行解说。按照传统汉语语法学的分析,"在图书馆"属于"介词结构"。"在"是介词P,"图书馆"是名词N。经过句法的合并后,"在"成为这个短语的中心语,而它的词类成为这个短语的标签,形成了介词短语PP。"图书馆"是"在"的补足语,并且形成名词短语NP。"在图书馆"的结构可以用树形图(23)来表示。

(23)

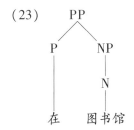

这个树形图也可以用带标加括法表达为(24),或者把词类的信息删掉,简化为(25)。

(24) $[_{PP}[_P 在][_{NP}[_N 图书馆]]]$

(25) $[_{PP} 在[_{NP} 图书馆]]$

比较"看电影"和"在图书馆"这两个例子就可以发现,所谓述宾结构和介词结构,虽然在传统语法学里的名称不同,较难看出它们之间的关系,但从句法学的角度来看,它们都有相同的句法结构,有相同的结构性语法关系——由中心语和补足语组成,并且可以概括化为树形图(17)。通过这种抽象化的表达方式,我们可以更方便、更准确地找出它们在句法上的相似性,从而将这些表面上好像毫不相关的语法结构作比较,甚至可以把它们跟其他语言的相关结构作比较。树形图(或者带标加括法)是表达结构性语法关系的手段,把各个句法成分组合的方式和它们之间的语法关系清晰地展示在我们面前。树形图成为句法学的一个重要的工具,可以帮助我们了解句法学理论,并且可以用来对实际语言进行分析。

除了上述提及的几种由合并形成短语的方式外,"移位"(Move)是另一种可以形成层级结构的方式。请看下图:

(26)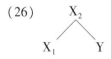

(26)的情况在前文已经讨论过(见图(5)):X 和 Y 合并,而 X 作为标签。假设推导过程还没有结束,如果这个结构继续发展,一个新的句法成分加进来,跟 $X_2$ 合并,就形成以下树形图(见图(8),重复在(27)):

(27)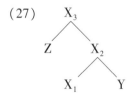

除了可以引入一个新的句法成分 Z 以外,图(26)中的 Y 容许进行移位,跟 X 合并(即图(28)的 $X_2$),形成新的结构。如果 X 继续作为这个新结构的标签,就可以得出下面的树形图:

(28)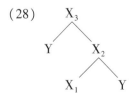

所谓移位,其实是一种"复写"(Copy):一个句法成分复制后移到另外一个位置(Chomsky 1995:§3)。图(28)的两个 Y,就是一种复写现象。复写后,Y 就跟 $X_2$ 合并,形成一个新的结构。只不过到了音韵部门,这两个重复的 Y 必须删除其中一个,而删除的往往是最后一个。在口语里,由(28)形成的只能是"Y+X",而不能是"Y+X+Y",因为最后一个 Y 在音韵部门内已经被删除了。由于从表面上看 Y 的位置改变了,好像是自己跑到了另外一个地方,因此生成语法学文献一般把这个现象称为"移位",或者"提升"(raising)。

如果仔细比较(27)和(28)的推导过程,读者可能会发现它们之间有很多相似的地方:图(27)的 Z 和图(28)的 Y 都是通过合并的方式跟 $X_2$ 组合的。唯一不同之处,就是它们的来源问题:图(27)的 Z 是一个新的句法成分,是从结构以外(例如词库)的地方直接找来的,而图(28)的 Y 却是一个"旧"的成分,是把结构里原来已经存在的成分复制过来的。

基于上述这些考虑,Chomsky(2004,2005,2007,2008,2013)把合并和移位都统称为"合并"。为了表示它们之间的区别,把原来的合并称为"外部合并"(External Merge),而把移位称为"内部合并"(Internal Merge),以反映合并成分的来源。这些改动不光是术语的变换,还有理论上更深层的意义。[1]碍于篇幅,我们不在这里详加讨论。再加上这些改动不影响本书整体的讨论,我们在以后各章仍然沿用"合并"和"移位"这些为人熟悉的"旧术语",用来分别指称"外部合并"和"内部合并"。

## 4.3 词序的问题

词库里只有一堆词(或组成词的一堆特征),句法的任务就是组词成句,供其他部门使用,最终成为有意义、有用的语言。把一堆松散的词组合成为有意义的层级结构,手段就是合并。合并是句法的一种操

---

[1] 把移位分析为合并的一种,意味着移位跟原来的合并一样,不存在经济(economy)的问题。如果移位和合并的本质都是一样的话,早期最简方案(Chomsky 1995)所关注的经济问题应该重新考量。

作,这个操作的作用是把选来的词安排好,一步一步组成有层级的结构。合并时,每次最多选择两个句法成分,然后把这两个句法成分放在一起,其中一个作为标签,形成短语。

假设我们有两个词: X 和 Y。如果把这两个词投到句法内,输送出来的"成品"就应该是一个有层级的结构。合并把 X 和 Y 组合在一起,让 X 成为标签,成为短语 XP。用树形图来表示,就应该是(29)这样的结构: X 是中心语,Y 是中心语 X 的补足语。[1]

(29)
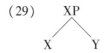

合并只管句法成分的组合问题,总之,能够把两个句法成分组合在一起,让其中一个作为标签,就完成了它的任务。至于成分之间的排列问题,不应该归合并所管(Chomsky 1995)。在图(29)中,补足语 Y 出现在中心语 X 的后边。理论上,(30)也应该是一个由合并产生出来的可能的结构:补足语 Y 在中心语 X 的前边。从层级关系来看,(29)和(30)完全一样,中心语和补足语的地位没有改变,都是经合并组合在一起,处于同一个短语之下。这两个树形图对句法而言,是没有差别的。

(30)

研究语言,我们除了关心句法层级的问题外,还有一个很重要的问题,就是如何把句法层级中各个成分转换成为相应的"词序"(word order,或称为"语序")。词序问题基本上是词在口语里配置序列的问题。词在表面上必须按照一定的序列说出来,形成线性(linear)序列。以刚才的树形图(29)和(30)为例,X 和 Y 在口语里究竟应该怎样排列? 是"X+Y",还是"Y+X"?

句法关心的是层级的问题,即"高低"的问题;而词序基本上是音韵部门所关心的问题,即"前后"的问题。层级问题和词序问题是两个

---

[1] 严格来讲,正如前文所述,作为补足语的 Y 应该是短语 YP,如图(17)。

独立的问题,不能混为一谈。然而,不可否认,层级问题和词序问题应该有一定的关联。在语法系统内怎样把层级结构转换成特定的线性序列,这正是所谓"接口"(interface)的问题,即"句法音韵接口"的问题。接口的研究,正好用来探究语法各部门之间的互动关系。因此,词序问题成为了接口研究的一个重要的课题。

为了方便讨论,我们暂时假设树形图中句法成分的高低前后位置有一定的词序意义,然后,我们利用树形图阐释词序的问题。

首先,对指定语的词序争议不大。绝大多数的句法学理论都假设指定语位于短语最前的位置,即位于那个所谓"夹心层次"的前边。图(31)可以得出"指定语 + X + Y"的词序。至于(32)那样的结构,即指定语位于"夹心层次"的后边,可能性不大,不为人类语言所接受。图中的星号 ∗ 表示不合语法。

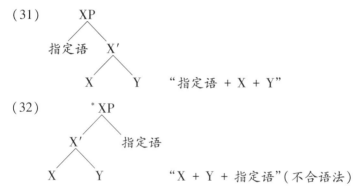

最有争议的问题要算中心语和补足语的词序问题。理论上,中心语和补足语可以形成两种可能词序:一、"中心语居前"(head initial)的词序,例如树形图(29);二、"中心语居后"(head final)的词序,例如树形图(30)。

在最简方案的模式下,主张中心语居前的如 Kayne(1994)的"线性对应定理"(Linear Correspondence Axiom,或简称 LCA),主张中心语居后 的 如 Takano(1996)、Fukui and Takano(1998)的"线 性 化"(linearization)理论。这两种不同的观点各自有理论内部的考虑。[1]对于各种人类语言词序现象,他们基本上都能给出"自圆其说"的解释。

[1] 有兴趣的读者可以参看邓思颖(2000)对这两个词序理论的介绍和评述。

比如说,站在中心语居前的立场来看,树形图(29)所形成的"X+Y"是人类语言基本的词序。为了从图(29)推导出"Y+X"的词序(即中心语居后的词序),Y 必须进行移位,移到 X 的前边,例如(33)。箭头表示移位的路径和方向,下划线表示移位前原来的位置。

(33)　Y　X 　＿＿＿

站在中心语居后的立场,树形图(30)所形成的"Y+X"应该是人类语言基本的词序。如果要形成"X+Y"的词序的话(即中心语居前的词序),要移位的应该是 X,移到 Y 的前边,例如(34)。

(34)　X　Y 　＿＿＿

由此可见,无论采用哪一种理论,中心语居前和中心语居后的词序都可以推导出来,所依赖的方法基本上都是移位。除了表达特殊语义之外,为了词序而进行的移位往往是出于音韵上的考虑,很有可能在句法音韵接口那里进行。这种纯粹跟词序有关的移位,或许已经超越了句法的范围,属于音韵部门的操作,跟句法学无关,它的性质可能跟连读变调、指派重音(stress)、指派语调(intonation)等典型的音韵现象一致。

在以后各章的讨论里,我们作了以下的假设:一、句法只考虑层级问题,不处理词序的问题,树形图基本上只反映层级结构;二、指定语一定在前;三、中心语原则上在补足语的前边。当遇上中心语居后的现象时,我们认为补足语必须进行移位,而进行移位之处可能在句法音韵接口的地方,这个地方已经进入了音韵部门的层面,不在句法学的讨论范围内。虽然严格来讲树形图只反映层级结构,不代表词序,但基于上述三点假设,我们在以后各章的讨论里,在音韵部门内进行移位的具体步骤从略,而尽量利用树形图反映汉语实际呈现的词序,做到"所见即所得"(WYSIWYG/What you see is what you get)的效果。

## 4.4　统领关系

词序由线性关系来决定,即处理"前后"的问题。那么,句法层级的"高低"应该由什么来决定呢? 前文所介绍的树形图,对于界定句法层级的"高低"很有帮助。我们先来看图(35)的结构,这是一个高度抽象化的树形图,我们用字母来代表句法结构里的各个成分。

(35)
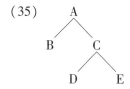

光凭视觉上的感知,读者会同意图中的 A 位处最高,D、E 最低,而 B 应该比 D、E 高。句法学有没有一套科学的方法来定义句法层级的"高低"呢? 解释层级的问题,我们需要两个概念:"支配"(domination)和"统领"(constituent command,简称 c-command)。[1]

以上述的图为例,A、B、C 等成分称为"节点"(node)。所谓"支配",就是树形图中节点和节点之间的一种垂直关系。简单来讲,就是节点和节点之间有一条线相连,线上最高的节点与线另外一端最低的节点存在支配的关系,即前者支配后者。以图(35)为例,B 和 C 各自跟 A 相连,而 A 位于线的最高一点,而 B 和 C 在线的最低点,因此,A 支配 B 和 C。同样道理,D 和 E 各自跟 C 相连,而 C 位于线的最高一点,而 D 和 E 在线的最低点,因此,C 支配 D 和 E。

支配关系具有及物性(transitivity),可以传递延伸,也就是说,如果 X 支配 Y,而 Y 支配 Z,则 X 也支配 Z。以上图(35)为例,已知 A 支配 C,而 C 又支配 D 和 E,因此,A 最终也支配 D 和 E。

至于"统领",可以这样简单定义:

(36) **统领**:如果 X 之上的第一个分叉节点支配 Y,而 X 和 Y 不互相支配,则 X 统领 Y。

以图(35)的 B 为例,B 之上的节点是 A,A 是 B 之上第一个也是唯一一个节点。A 之下有两个分叉(branching),即有两条线,一条线

[1] 我们原本按照克里斯特尔(2000)把 domination 译作"统制"(邓思颖 2003b),但由于 c-command 在该词典中已经译作"(组成成分)统领",为了避免混淆"统制"和"统领",本书采用文献中另一个比较通行的译法——"支配",以资识别。"统领"本来有"组成成分统领"(c-command)和"最大统领"(m-command)(Chomsky 1986)两种,不过由于"最大统领"在最简方案里已经停止使用,因此在术语上没有必要区分这两种统领。为了方便本书的讨论,"组成成分统领"一律简称为"统领"。

连接 B,一条线连接 C。我们刚才已经指出,A 支配 B、C、D、E 四个节点。根据(36)所给的定义,B 统领 C、D、E 这三个节点,因为 A 作为 B 之上的第一个分叉节点,同时支配 C、D、E。

至于图(35)的 D,它之上的第一个分叉节点是 C,C 只支配 D 和 E,但不支配 B,因此,D 只能统领 E,却不能统领 B。同样道理,E 之上的第一个分叉节点也是 C,E 只能统领 D,不能统领 B。

B 统领 D 和 E,但 D 和 E 却不能统领 B,它们处于一种不对称的关系,这可以称为"不对称统领"(asymmetric c-command)(Kayne 1994):B 不对称统领 D 和 E。我们可以进一步用统领(或不对称统领)这个概念来为句法层级的"高低"下定义:B 在句法层级上比 D 和 E 高。

让我们再考虑另外一种情况,请看树形图(37)。

(37)

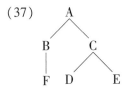

图(37)跟图(35)的最大区别是,B 支配了一个节点 F。如果将 F 和 E 比较,哪一个的层级会比较高? 我们先看 F 能统领什么成分。F 之上的第一个节点虽然是 B,但 B 并没有分叉。要考虑统领关系,必须找到分叉节点。按照树形图,F 之上第一个也是唯一一个分叉节点是 A。刚才我们已经指出,A 支配 E,因此,F 能够统领 E。至于 E,由于它不能统领 B,因此也没有办法统领 F。在句法层级上,F 应该比 E 高。虽然从视觉上看,F 和 E 好像处在同一个层次,但按照统领关系,F 和 E 的高低层级非常清楚。统领关系为定义句法层级的"高低"提供了一个科学的方法。

根据统领关系,短语内的指定语和补足语之间的层级关系是怎么样的? 请看图(38)。

(38)

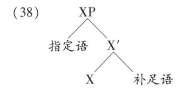

图中的 XP 是指定语以上的第一个分支节点,也同时支配补足语,因此指定语统领补足语。补足语之上的第一个分支节点是 X′,X′只支配 X 和补足语,不能支配指定语,因此补足语不能统领指定语。指定语和补足语处于这种不对称的统领关系之中,正好解释了这两个句法位置的不对称现象:指定语的句法层级永远比补足语高。

(36)的定义好像比较抽象,我们不妨这样来做:如果要考虑两个成分 X 和 Y 是否构成统领关系,可以先从其中一个成分 X 出发,沿着连接它的线往上走,一直走到第一个分叉的节点才停止;然后在那一点更换另一条线往下走,看看能不能一直走到 Y。按照这一做法,我们把图(37)探求 F 和 E 之间统领关系的步骤用虚线箭头表示如下,以便于读者参考。

(39) 步骤一

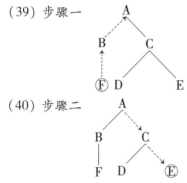

(40) 步骤二

如果要检查 E 能不能反过来统领 F,可以依从以下的步骤:先从 E 出发,沿着连接它的线往上走,一直走到第一个分叉的节点 C;然后在那一点更换另一条线往下走,原来只能走到 D,不能走到 F,因而 E 没有办法统领 F。

(41) 步骤一

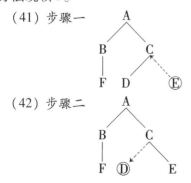

(42) 步骤二

统领是句法学的一个重要的概念,用来决定成分之间在句法层级上的"高低"关系,以及用来解释由此引申出来的相关现象,在句法语义接口扮演了重要的角色。[1]

## 4.5　小结

本章介绍了句法学的几个重要概念：短语、合并、层级、统领。

在句法内,短语是词以上的语法单位,也是句法内最大的语法单位。短语纯粹是一个用来描述结构层次的术语,跟结构本身的复杂性没有必然的关系。虽然结构"复杂"的往往是短语,但结构"简单"的并不一定不能成为短语。

合并是把两个成分组合在一起形成短语的句法操作。短语内有指定语、中心语和补足语等部分。短语可以缺少指定语和补足语,但不能没有中心语,中心语是短语的核心。每个词进入句法后都必须形成短语。

层级的"高低"和词序的"前后"是两个不同的问题。句法只考虑层级问题,树形图基本上反映层级结构。词序的"前后"属于句法音韵接口甚至是音韵部门内的问题。指定语一定在前,而中心语原则上在补足语的前边。

层级的"高低"主要依靠统领关系来定义。如果两个成分处于一种不对称的统领关系中,其中的一个成分必定位于句法层级较高的位置。统领是句法学的一个重要概念,用来决定成分之间在句法层级上的"高低"关系,以及用来解释由此引申出来的相关现象。

---

[1]　尽管 Chomsky(2000,2008)尝试用其他方法解释统领的现象,取消了统领在句法里的地位,但统领所呈现的现象仍然存在,统领的概念对某些句法语义接口的现象,例如语义的辖域(scope),提供了直接方便的解说。

# 第五章  名词性结构

名词性结构基本上可以分为四个大类：名词、量词、数词、限定词。这四个大类的词都可以形成自己的短语。限定词短语位于最高的层级，而名词短语则位于最低的层级。凡是指称的名词性结构都是限定词短语，没有限定词的名词性结构属于非指称。凡是有定名词性结构的限定词都不可以是"空"的，由空限定词组成的名词性结构一定是无定的。专有名词、普通名词原本是名词，通过中心语移位，移到限定词的位置，获得了有定意义。

## 5.1  名词性词类的句法组合

按照传统语法学的分析[1]，名词表示人或事物的名称，典型的例子包括普通名词/可数名词（例如"书、学生"）、物质名词/不可数名词（例如"水、肉、阳光"）、集合名词（例如"人民、父母、马匹"）、抽象名词（例如"道德、恩情"）、专有名词（例如"张三、长江"）等。此外，名词也包括处所名词（例如"中国、香港、学校"）、时间名词（例如"今天、星期一"）[2]、方位名词（例如"左、右、上面、下边"）等。

量词主要的作用是为名词分类，意义上表示计算单位。量词可以分为两个大类：名量词（或称为"物量词"）和动量词。名量词包括个体量词（例如"个、本、张"）、集合量词（例如"对、双、群"）、度量词（例如"斤、尺、米"）、不定量词（例如"些、点儿"）、临时量词（例如"一碗饭"的"碗"）；动量词的来源有专用的动量词（例如"下、次"）、借用名词（例如"切一刀"的"刀"）、重复动词（例如"看一看""想一想"）。

数词主要表示数目，可以分为两大类：基数词和序数词。基数词表示数目的多少，包括系数词（例如"一、二、两、三"）、位数词（例如"十、百、千、万"）、概数词（例如"二十来个"的"来"、"三百多本"的

---

[1] 名词性词类的小类划分及例子主要参考朱德熙（1982）和黄伯荣、廖序东（2002b）。
[2] "时间名词"是名词的一个小类，跟时间词 T 不一样。

"多")。序数词表示次序前后,例如"第一"的"第"。

限定词主要是指传统语法学所讲的代词。代词一般可以分为三大类:人称代词、指示代词、疑问代词。人称代词的语法功能跟名词相似,属于名词性词类,例如"你、他们";指示代词除了替代人和事物以外,还可以有指示的作用,例如"这、那、每、各、某";疑问代词主要表示疑问,例如"谁、什么"。在本书里,限定词是一个大类,这个大类可以分为好几个小类,包括传统语法所讲的人称代词、指示代词、疑问代词等。

名词、量词、数词、限定词这几种词类都应该属于名词性词类。对于这个分类,我们有以下几点说明。一、虽然动量词主要用来修饰动作行为,但从词类划分上仍然算作名词性成分。二、虽然有些代词用来替代动词性词类,例如所谓代谓词"怎么、怎么样、这样、这么样、那么、那么样"和代副词"多、这么、那么"(黄伯荣、廖序东2002b),但按照比较严格的词类划分,这些词都应该分析为限定词,跟指示代词"这、那"没有太大的区别,都属于名词性词类。三、我们认为形容词(即传统语法学所讲的"区别词")也属于名词性词类。由于形容词的作用主要用于修饰名词,以附接的方式加入到句法结构之中,因此它跟其他几种名词性成分的分布有异。有关附接的操作,我们会在第十章"偏正结构和联合结构"中详细讨论。我们在本章主要讨论名词、量词、数词、限定词的句法问题。[1]

对"名词短语"一词,文献中往往存在不同的理解。严格来讲,名词短语应该定义为由名词作为中心语所形成的短语,也就是一个"光杆名词"(bare noun),没有其他的修饰成分。不过,"名词短语"一词也有可能用来指包含数词、量词的"数量名"短语。为了避免歧义,只有由名词中心语所形成的短语才称为"名词短语",其他包含数量词或限定词的结构则称为"名词性结构"。

汉语的限定词(以指示代词为代表)、数词、量词和名词可以组成一个名词性结构,而且在这个结构内有一定的词序,不能乱。数词一般

---

[1] 虽然名词性结构不是"句",但研究名词性结构成分之间组合的问题仍然属于句法学的问题。除了研究"句"的问题之外,句法学还包括对名词性结构的研究。

不能直接跟名词组合,往往跟量词结合在一起,而限定词出现在数词和量词之前,形成"限定词+数词+量词+名词"的词序。(1)中,限定词"那"、数词"三"、量词"本"和名词"书"组成了合法的词序,而(2)的所有例子都不合语法。

（1）那三本书

（2）＊那本三书、＊那书三本、＊三那本书、＊三本那书、＊本三那书、＊书本三那……

数词通常要跟量词连用,而数词一般不直接跟名词组合,例如(3)和(4)是合语法的组合。名词和限定词可以省略不说,但(5)和(6)却是不合语法的组合,因为当有数词的时候,量词不能省略。

（3）我要<u>三本</u>书。

（4）我要<u>三本</u>。

（5）＊我要<u>三</u>书。

（6）＊我要<u>三</u>。

量词只能跟名词连用,例如(7)的"本+书",不能跟别的词类连用,例如(8)的"本+那"和(9)的"本+三"都不合语法。由此可见,"限定词+数词+量词+名词"在汉语里是一个需严格遵守的词序。

（7）<u>三本</u>书

（8）＊三本那

（9）＊本三书

传统汉语语法学一般认为数量词、指示代词等成分作为定语,用来修饰名词。即使在汉语生成语法学里,过去也有学者认为数量词等成分用作定语,在句法结构里是一个附接语(adjunct),附接到名词之上(Huang 1982：67)。不过,自从 Abney(1987)提出了"限定词短语假定"(DP Hypothesis)(即限定词等功能词可以作为整个名词性结构的中心语形成自己的短语)之后,汉语生成语法学的大多数学者都开始支持这种看法(C.-C. J. Tang 1990；Y.-H. A. Li 1997, 1998, 1999；Cheng and Sybesma 1999, 2005；程工 1999；Tang 1999；沈阳、何元建、顾阳 2001；石定栩 2002a, 2011；Au Yeung 2005；Borer 2005；Sio 2006；何元建 2007；Hsieh 2008；Huang, Li and Li 2009；Wu and Bodomo 2009；邓思颖 2009e 等），达成了共识。除了个别技术操作不同之外，他们对名词性结构的句法分析大致上是一致的。下面的介绍主要建立在有关共识的基础之上，并作适当的补充。

按照形式句法学的分析，所有词都能组成短语，作为该短语的中心语，包括词汇词和功能词。根据本书第三章"特征、词和词类"的讨论，名词（简称 N）属于词汇词，量词（简称 Cl）、数词（简称 Num）、限定词（简称 D）在词类上都属于功能词。在句法上，这些词都能够组成自己的短语，作为中心语：名词组成"名词短语"（简称 NP），量词组成"量词短语"（简称 ClP），数词组成"数词短语"（简称 NumP），限定词组成"限定词短语"（简称 DP）。简单来讲，名词是名词短语的中心语，量词是量词短语的中心语，数词是数词短语的中心语，而限定词是限定词短语的中心语。

如果只有一个名词从词库里选取出来，进入句法部门（简称"句法"）之后没有跟别的词类组合，那么在句法上就只形成一个名词短语。以汉语的"书"（即所谓"光杆名词"）为例，在（10）的树形图里，N表示了它的词类。由于没有跟别的成分合并，这个词最终形成一个短语——名词短语 NP。这个名词短语只有一个中心语，不包含指定语和补足语。从词类划分的角度来看，"书"是一个名词，但从句法结构的角度来看，"书"就是一个名词短语。"光杆名词"虽然从表面上看很"小"、很"简单"，但分析为一个短语是完全有可能的，而且也有理论上的必要性。一个成分身兼两职，既是词又是短语，是没有问题的。

（10） NP

如果量词和数词也从词库里选取出来，那么量词首先要和名词短语合并。例如量词"本"和数词"三"被选取出来，量词"本"首先要跟名词短语"书"合并。树形图（11）显示了量词"本"先跟名词短语合并。合并后所形成的短语，跟量词有密切的关系，并且以量词作为标签，形成量词短语 ClP。量词"本"是量词短语的中心语，名词短语作为它的补足语,形成了"本+书"的词序。

（11）

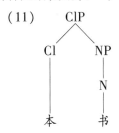

接下来,数词跟量词短语合并。（12）的树形图显示了数词"三"跟量词短语合并,组成了数词短语 NumP。数词是数词短语的中心语,而量词短语是数词的补足语,形成了"三+本+书"的词序。

（12）

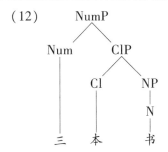

如果限定词"那"从词库里选取出来,进入句法,可以跟数词短语合并,组成限定词短语 DP,以限定词作为中心语,而数词短语作为限定词的补足语,形成了"那+三+本+书"的词序。（13）的树形图算是一个比较"复杂"而"完整"的名词性结构。严格来讲,汉语"那三本书"这个名词性结构是一个限定词短语,不能再称作"名词短语"。名词短语只不过是组成这个限定词短语的一个部分,只包括"书",并不包括整个结构。

（13）

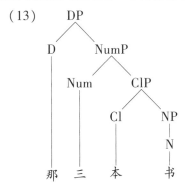

树形图(13)也可以用带标加括法表达如(14)。如果把每个词的词类标签省略掉,(14)可以简化为(15)。我们把这几种方式列在这里,让读者方便比较。

(14) $[_{DP}[_{D}那][_{NumP}[_{Num}三][_{ClP}[_{Cl}本][_{NP}[_{N}书]]]]]$

(15) $[_{DP}那[_{NumP}三[_{ClP}本[_{NP}书]]]]$

(13)这个"完整"的名词性结构可以概括化为(16)的树形图,或者概括为(17)的带标加括法表达式。我们认为包含四个层次的名词性结构应该是最完整,也是最复杂的结构。限定词选择一个数词短语作为补足语,数词选择一个量词短语作为补足语,量词选择一个名词短语作为补足语。从句法的层级关系上看,限定词处于最高的位置,而名词位于最低的位置;[1]从线性关系上看,限定词在最前的位置,而名词位于最后。(16)这样的层级结构正好形成了"限定词+数词+量词+名词"的词序。由此可见,合并是有次序的,每次把两个成分组合在一起,由低至高,一步一步地组成较大、较复杂的结构,先组成名词短语,然后依次组成量词短语、数词短语、限定词短语。这样有步骤的操作,在句法里最终形成了有层级的结构。最早进入句法的成分位于层级结构最低的位置(例如名词),而最迟进入句法的成分则位于最高的位置(例如限定词)。句法的层级关系通过有序的合并推导出来,而层级关系反映在语言中就是词序。汉语名词性结构内严格的"限定词+数词+量词+名词"词序,就是层级结构(16)的表现。虽然传统的汉语语法学早就注意到名词性结构内各个成分的线性关系,但形式语法学所强调的是各个成分的层级关系。

(16)

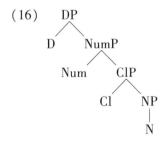

---

[1] 第四章"短语"详细介绍了层级关系由统领关系来定义。由于限定词统领数词、量词和名词,应该是位于最高层级的成分。

（17）[$_{DP}$ D[$_{NumP}$ Num[$_{ClP}$ Cl[$_{NP}$ N]]]]

除了上面提到的"限定词+数词+量词+名词"的词序外，汉语还允许没有数词的词序，限定词（指示代词）可以直接跟量词连用，例如：

（18）那本书

（19）每本书

（20）某本书

（18）的"那本书"、（19）的"每本书"、（20）的"某本书"可以理解为"那一本书""每一本书""某一本书"，其中的"一"经过了音韵省略（C.-C. J. Tang 1990）。换句话说，虽然表面上听不到"一"，但实际上数词在句法里仍然存在。理由有二：一、（18）的"那本书"和（20）的"某本书"只能指一本，不能指别的数量，而（19）的"每本书"也只能理解为"每一本书"；二、"那本书"和"那一本书"可以自由互换，不影响基本的意义。因此，（18）至（20）的限定词短语应该跟（13）的结构一样，如（21），我们用∅表示一个没有语音的数词。在这个结构里，数词仍然占有一个位置，只不过数词"一"在音韵的层面被省略了，限定词并非直接跟量词短语合并。

（21）

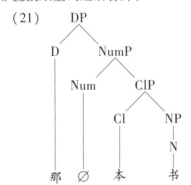

当量词是不定量词"些"的时候，数词只能是"一"，不能是别的数词，试比较（22）和（23）。"些"之前的数词"一"也可以省略，例如（24）。我们认为数词"一"在音韵的层面被省略，形成了（24）的词序，但数词在句法结构里仍然占有一个位置。（24）跟上述的（18）至（20）应该有相同的结构，即（25）。

（22）那一些书

（23）*那三些书

（24）那些书

（25）

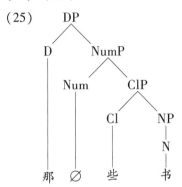

## 5.2 指称、有定、无定的句法分析

从意义上说，名词性结构可以是"指称"（referential）的或者"非指称"（nonreferential）的。指称的名词性结构指涉某种实体，而非指称的名词性结构往往有类指（generic）的用法（Li and Thompson 1981）。（26）的"那个语言学家"是指称，涉及某个语言学家，而（27）作为谓语的"（是）语言学家"和（28）作为宾语的"语言学家"是非指称的用法，只涉及一个类别。

（26）他认识<u>那个语言学家</u>。

（27）他是<u>语言学家</u>。

（28）他喜欢<u>语言学家</u>。

指称的名词性结构可以进一步区分为"有定"（definite）和"无定"（indefinite）两类。[1]按照 Li and Thompson（1981：130）的定义，说话人相信有定名词性结构所指的应该是听话人已知的事物，而无定名词性结构所指的应该是听话人未知的事物。比如，说（29）的人相信有定的"那个语言学家"对听话人而言应该是已知的一个人，而说（30）的人相信无定的"一位语言学家"对听话人而言应该是未知的某个人。非指

---

[1] definite 和 indefinite 或译作"定指"和"不定指"，又见第 75 页的注释[1]。

称的名词性结构由于只涉及类别,没有有定和无定的区别。

（29）他认识那个语言学家。

（30）他认识一个语言学家。

按照这样的分类,指称、非指称、有定、无定等的关系可以表达如下:

$$
（31）\begin{cases} 指称 \begin{cases} 有定 \\ 无定 \end{cases} \\ 非指称 \end{cases}
$$

根据以上的例子,我们可以初步认为非指称的名词性结构表面上没有数词、量词、限定词,即属于所谓"光杆名词",例如（27）和（28）的"语言学家"、（32）的"书";有量词的名词性结构表示指称,例如有量词"个"的（26）的"那个语言学家",有量词"本"的（33）的"一本书"、（34）的"这本书"、（35）的"某本书",都属于指称的名词性结构。[1]在指称名词性结构这个大类里,表面上只有数词而没有限定词的名词性结构一定是无定的,例如（33）的"一本书"。至于有限定词的名词性结构,按照限定词的小类划分,有指示代词"这、那"的名词性结构是有定的,例如（34）的"这本书";有指示代词"某"的名词性结构是无定的,例如（35）的"某本书"。

（32）他喜欢书。

（33）他喜欢一本书。

（34）他喜欢这本书。

（35）他喜欢某本书。

限定词作为一个功能词,主要的作用是表达指称意义（Abney 1987;Chomsky 1995：§4）。我们认为凡指称的名词性结构一定是由限定词组成的限定词短语 DP。作为中心语的限定词,就是用来表示那个短语是一个具有指称意义的短语。换句话说,没有限定词的名词性结构就不能表达指称意义（Y. -H. A. Li 1997;Li and Shi 2003;Huang,

---

[1] 这只是初步的观察,有量词的"数词+量词+名词"名词性结构也可以是非指称的,详见下文的讨论。

Li and Li 2009:§8）。因此,无论一个指称的名词性结构是有定还是无定,都必须包含限定词。

限定词可以独用,例如(36)和(37)的指示代词"这、那"。独用的限定词并没有跟任何的短语合并,在句法上形成限定词短语 DP,而限定词就是这个短语的中心语,也是这个短语内唯一的成员,形式表达如图(38)。

(36) <u>这</u>是句法学理论。

(37) 别说<u>那</u>。

(38)　　DP
　　　　｜
　　　　D
　　　　｜
　　　那／这

除了指示代词以外,能够独用的限定词还包括人称代词,例如"你、我、他"等。参考对英语代词的分析(Postal 1969, Longobardi 1994),Y.-H. A. Li(1999),沈阳、何元建、顾阳(2001:§14),何元建(2007)以及 Huang, Li and Li(2009:§8)等认为汉语的人称代词应分析为限定词。人称代词的结构可以用(39)那样的树形图表示。

(39)　　　DP
　　　　　｜
　　　　　D
　　　　　｜
　　　你／我／他

把人称代词分析为限定词可以解释下面不合语法的例子(40):限定词不能出现在量词的后面(Tang 1999,邓思颖 2002a),因为在句法上量词只跟名词短语合并,不能跟限定词短语合并。(41)的树形图也不合语法。[1]

(40) ＊一个他

───────────

[1] Huang, Li and Li(2009:302,注释 15)举了例子(i)说明代词可以冠上数词和量词。我们认为,这种非指称的代词是特殊的用法,应该跟后文提到的(70)"两个李逵"和(71)"两条长江"差不多。

　　(i) 镜子里有三个他。

(41)

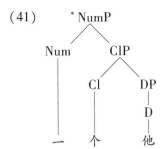

虽然人称代词前不能有数词和量词,但人称代词后面却可以有数词和量词的出现。Huang, Li and Li(2009:297)注意到像(42)这样的例子,并且利用这些例子来证明树形图(43)的合理性:人称代词属于限定词,位于名词性结构最高的位置。

(42) 他们两个流浪汉

(43)

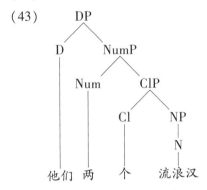

在汉语有定的名词性结构中,限定词不能是"空"的,即没有任何的语音形态。像"那三本书""那些书"等例子都是有定的名词性结构,上述(13)、(21)、(25)等树形图正好显示了限定词 D 的位置不是空的——限定词是一个实实在在听得到、看得见的词"那"。

除了人称代词外,有些时间名词也有有定意义,甚至有直指的(deictic)作用,例如"今天"(邓思颖 2002b)。[1]跟人称代词差不多,

---

[1] 我们曾把 deixis 译作"指示"(邓思颖 2002b),为了避免跟指示代词混淆,本书依从克里斯特尔(2000)作"直指"。有关直指的问题,参见 Lyons(1995:§10)的综述性介绍和 Fillmore(1997)的详细讨论。有关汉语的直指,可参见徐烈炯(1990:§13)和方立(2000:§1)。

"今天"也不能跟指示代词和量词连用,例如不合语法的(44)。事实上,从词法的角度来看,"今天"包含了具有直指作用的"今",这跟指示代词"这"的功能差不多。[1]因此,我们有理由把这一类的时间词分析为限定词,直接组成限定词短语,如树形图(45)。

(44) * 这个今天

(45)

当然,显性的限定词不一定是有定的。除了"这、那"这些显性的有定限定词外,汉语中还有显性的无定限定词,例如(20)的"某"。虽然"某"同样占据限定词的位置,如树形图(46)所示,但"某些书"却是无定的。

(46)

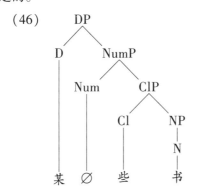

显性的限定词不一定是有定的,但空的限定词就一定是无定的,这是由于空的限定词本质上是无定的(Longobardi 1994)。换句话说,由空的限定词所组成的限定词短语是无定的。

以汉语的"一本书"为例,由于凡指称的名词性结构都包含限定词,如图(47)所示,无定的"一本书"由空的限定词∅组成,空语类作为

---

[1] 丁声树等(1961)、陆俭明(1987)、赵强(2000)等认为"今天"的"天"应该分析为量词。然而,"今"和量词的组合在现代汉语中并不自由,我们认为"今+量词"等时间名词应该分析为复合词,在词库里形成,属于词法的问题。在句法里,"今天"是一个词,并不包含两个词,跟"这一天"的地位不同。

中心语,空的限定词表达了无定的意义。

(47)

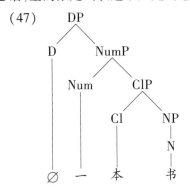

除了"数词+量词+名词"的无定名词性结构以外,汉语的宾语位置、存现句(如"有"字句)的宾语等位置还允许出现没有数词的"量词+名词"的无定名词性结构,例如(48)和(49)的"个学生"。使用这种无定的名词性结构,说话人对于名词性结构所指的对象往往不太清楚,所指的对象应该是未知的事物。比如,说话人对(48)的"个学生"的所指是不确定的,甚至连那个学生是否存在也不确定。对说话人而言,无定名词性结构还可以分为两个小类:"有指"(specific)和"无指"(nonspecific)。[1]按照这样的划分,(48)和(49)的"个学生"都可以诠释为无指。

(48)他想找个学生。

(49)有个学生来找你。

汉语的"量词+名词"的名词性结构往往表示无指,而无定的"数词+量词+名词"既可以表示有指(例如(30)的"一个语言学家"),又可以表示无指(例如(50)的"一个学生")。到底无定的"数词+量词+名词"表示有指还是无指,并不单由名词性结构本身的形式来决定,往往还需要通过语境来确定。(50)表示非现实意义(irrealis)的动词"想"让无定的"一个学生"比较容易被诠释为无指,而(51)表示现实意义(realis)的体标记"了"让无定的"一个学生"比较容易被诠

---

[1] 目前学界对于英语术语"definite、indefinite""specific、nonspecific"和汉语术语"有定(定指)、无定(不定指)""有指、无指"往往缺乏统一的认识,不同学派的学者对这些术语有不同的理解,请读者注意。

释为有指。

(50) 他想找一个学生。

(51) 他找了一个学生。

我们认为表面上缺乏限定词和数词的"量词+名词"名词性结构,仍然由限定词和数词组合而成,跟其他有定和无定的名词性结构一样,都属于限定词短语 DP,只不过限定词和数词在"量词+名词"名词性结构里是空的。(52)是(48)和(49)"个学生"的树形图,其中空的限定词表示这个短语是有指称意义的,无指意义或许跟空数词有密切的关系。[1]总之,我们认为只要有量词出现,名词性结构里就必须有数词。虽然(48)和(49)的"个学生"表面上没有数词,但句法结构里仍然有一个空数词。就如司马翎(2007:240)所说,汉语有了数词,才用量词,"量词的主要功能是为了便于数数"。

(52)

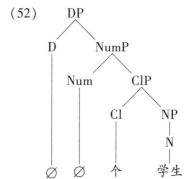

Y.-H. A. Li(1997,1998)注意到"数词+量词+名词"名词性结构除了表示无定意义外,还可以表示数量意义(quantity)。无定意义表示事物的存在,涉及某种实体,但数量意义纯粹表示量,不涉及任何实体。[2]比如说,(53)的"五个人"并非指话语中的某五个人,而是表达了"五"这个量。

---

[1] 我们认为无指的汉语"量词+名词"名词性结构包含了一个空数词,空数词必须受到句法上的允准(邓思颖 2003a,2006e)。

[2] Tsai(2001)也讨论过相关的现象,不过他提出了不同的分析方法,认为 Y.-H. A. Li(1997,1998)所讲的数量意义是"无指"(nonspecific)。蔡维天(2005a)对这个问题有更深入的讨论。有关这一问题,可详见邓思颖(2003a)。

（53）<u>五个人</u>吃得完十碗饭。

基于 Y. -H. A. Li（1997，1998）、Tsai（2001）等的讨论，我们曾经总结出表示数量意义的"数词+量词+名词"能够出现的语境（邓思颖 2003a），包括空动词句、表示情态的句子、表示特征的句子（characterizing sentences）和数学句等。

（54）<u>一个房间</u>两个人。　　　　　　　　（空动词句）

（55）<u>三个步兵</u>可以带九份口粮。　　　　（情态句）

（56）<u>一个小时</u>有六十分钟。　　　　　　（特征句）

（57）<u>两只松鼠</u>加三只松鼠一共有五只松鼠。　（数学句）

把"数词+量词+名词"名词性结构所表达的无定意义和数量意义区分开来是有一定的事实根据的。第一，Y. -H. A. Li（1998；1999：699—700）和 Huang，Li and Li（2009：290）观察到代词和反身代词不能指向表示数量意义的"数词+量词+名词"名词性结构，例如（58）和（59）；相比之下，代词和反身代词可以指向无定的"数词+量词+名词"名词性结构，例如（60）和（61）。在这些例子里，$i$ 是表示有相同指向的"标引"（index）。（58）的"三个人"和"他们"都有相同的标引，"他们"指向"三个人"，但这样的指向却不合语法。

（58）*三个人$_i$ 抬不起两架你给他们$_i$ 的钢琴。

（59）*张三知道三个人$_i$ 一定搬不动自己$_i$ 的钢琴。

（60）他明天会看到三个人$_i$，还会跟他们$_i$ 做朋友。

（61）张三叫三个人$_i$ 回去把自己$_i$ 的钢琴搬来。

第二，Y. -H. A. Li（1997；1998：700—701）和 Huang，Li and Li（2009：291）注意到表示数量意义的"数词+量词+名词"名词性结构在数量上并不会产生歧义，（62）的"三个人"表示"三"这个量，而"五碗饭"表示"五"这个量，给三个人吃的饭量就是五碗，这个句子没有歧义；而（63）的"三个人"表示无定意义，跟"五碗饭"有辖域（scope）的关系，这个例子可以表示那三个人总共吃了十五碗饭。

（62）三个人，我知道吃得完五碗饭。

（63）我让三个人吃五碗饭。

我们赞同 Y.-H. A. Li(1997,1998)的分析,认为表示数量意义的"数词+量词+名词"名词性结构是非指称的,跟指称的无定"数词+量词+名词"名词性结构不同。除了意义上的差异外,它们的句法结构也不相同,无定的"数词+量词+名词"名词性结构是一个限定词短语,由限定词组成;表示数量意义的"数词+量词+名词"名词性结构是一个缺乏限定词的结构,只有数词短语 NumP 一层,上述(53)"五个人"的树形图可以画为(64)。没有限定词说明了它具有非指称的性质,而以数词作为中心语表示这个短语的核心是数量:"五个人"指的是"五"这个数量,而不是指话语中的某五个人。

(64)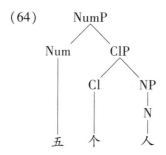

至于非指称的光杆名词,最简单的分析就是把它们当作缺乏任何功能词的名词短语。(27)和(28)的非指称的"语言学家",应该有以下(65)的句法结构。

(65)

时间名词可以分为两类,一类具备指称作用,另一类不具备指称作用。马庆株(1991)把有顺序义的时间名词分为两类:相对时间名词和绝对时间名词。前文提及的"今天"属于相对时间名词,所指是变动不居的,随着时间的推移,所指的时间在时间坐标轴上也跟着变动;绝对时间名词的所指是固定的,与时间推移无关,例如"星期一"。我们曾经比较过这两类时间词的差异,"今天"是有定的,具备直指作用,而"星期一"却没有直指作用,甚至可以冠上指示代词和量词(邓思颖2002b:219),试比较(66)和上面的(44)。我们认为绝对时间名词是名词,组成不具指称意义的名词短语,如树形图(67)。由于缺乏限定词,"星期一"没有有定意义,也没有直指作用。

(66) 这个星期一

(67)

根据上述讨论,汉语名词性结构的句法和语义有密切的关系,可以总结为以下两条:一、凡是有指称意义的名词性结构都是限定词短语DP,没有限定词的名词性结构都不具有指称意义。二、凡是有定名词性结构的限定词都不可以是"空"的,由空限定词组成的名词性结构一定是无定的。在名词性结构里,功能词扮演着重要的角色,尤其是限定词对指称/非指称、有定/无定意义的表达,起到了关键性的作用。从这个角度研究汉语名词性结构的问题,正是生成语法学所讲的"句法语义接口"的研究方向。形式句法学为我们提供了一个可操作的平台,窥探句法和语义之间的关系。

## 5.3　有定意义和中心语移位

除了前文提及的指示代词、人称代词外,有定的名词性结构还包括专有名词(也包括某些处所名词),例如"张三、北京"等。我们到底应该怎样来分析这些有定的名词性结构呢?专有名词具有指称意义,而且指向特定的、个别的人或处所,显然,专有名词的结构应该是限定词短语,而且限定词是有定的。虽然专有名词的限定词是有定的,但是这个有定的限定词却不能显示为看得见、听得到的指示代词,(68)的例子是不合语法的。

(68) *这张三、*那北京

从理论上说,一方面,专有名词作为有定的名词性结构必须有限定词,另一方面,凡是有定的限定词都不可以是"空"的。然而,专有名词的限定词既不需要显示为指示代词,也不能显示为指示代词,那怎样才可以同时满足这两个条件呢?

一个可能的办法是把专有名词直接分析为限定词的一种,就好像人称代词一样(Y. -H. A. Li 1997,1999;Wu and Bodomo 2009)。不过,人称代词和专有名词的语法特点不完全一样,人称代词基本上具备功能词的特点(Abney 1987),是一个封闭的类,缺乏描述意义,主要表示语法关系,意义比较"虚";而专有名词是一个开放的类,具有描述意义,可以与客观存在的事物相联系,意义比较"实"。由于人称代词具备功能词的特点,分析为限定词也就合情合理;而专有名词更像词汇词,把它们分析为限定词其理据实在不充分。

Huang, Li and Li(2009:316)认为专有名词可以直接作为限定词短语的指定语,如图(69)(不必要的细节从略),从而推导出有定意义。虽然这样的分析回避了把专有名词分析为限定词的问题,但仍然没有把专有名词本身的词类说清楚。

(69)
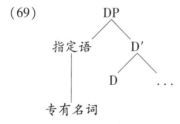

朱德熙(1982:42)曾举过一些例子,说明专有名词也可以跟数词和量词连用,例如(70)的"两个李逵"和(71)的"两条长江"。

(70) 有<u>两个李逵</u>,一个是真李逵,一个是假李逵。

(71) 中国要是有<u>两条长江</u>,情形就不同了。

量词后面的所谓"专有名词"事实上是用作了普通名词。比如说,(70)的"李逵"并不是指向《水浒传》里面独一无二的李逵,而是用作无定的用法;同样道理,(71)的"长江"并不是指向世界上那条独一无二的长江,"两条长江"是一种无定的用法。因此,严格来讲,(70)的"李逵"和(71)的"长江"应该理解为普通名词,组成名词短语,只是限定词短语的一个部分,正如图(72)所示。由于限定词短语的中心语是空的,整个短语表示无定,这就跟前文提及的无定名词性结构"一本书"的树形图(47)基本上是一样的。

(72)

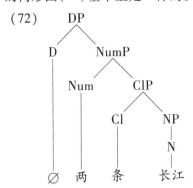

除了无定的用法,Huang, Li and Li(2009:§8)还注意到有些专有名词有非指称的用法,例如(73)的"阿 Q"。在鲁迅笔下,"阿 Q"本来是人的名字,属于专有名词,但现在这个词已经可以用来指具有阿 Q 特性的一类人,属于类指的用法。非指称意义的"阿 Q",无论从词类还是从句法结构上说,都应该跟非指称意义的普通名词"语言学家"一样,属于由名词组成的名词短语。(74)的树形图与(65)的是一样的。

(73)阿 Q

(74)

既要满足上述提及的两个条件(有定的专有名词必须有限定词,而且该限定词不可以是"空"的),又要解释专有名词的普通名词用法,一个办法就是假设词库里有两类专有名词。一类是限定词,具有有定意义;另一类是名词,有非指称的用法(Y. -H. A. Li 1997,1999;沈阳、何元建、顾阳 2001:§14)。不过,Borer(2005:73)指出,英语专有名词的句法分布跟限定词不同。此外,她还指出,下面英语的例子显示,如果沿着 Y. -H. A. Li(1997,1999)等人的思路,我们似乎要在词库里为所有的专有名词和普通名词都设定两套词类,英语 cat 和 dog 的最普遍的用法是用作普通名词,但在(75)和(76)里却可以用作专有名词;(77)的 Kim 是人名,属于专有名词,但(78)的 Kims 却用作普通名词。英语的 cat 和 Kim 好像都具备双重身份,有两个属于不同词类的同音词。不过,Borer(2005)认为这种双重身份的做法似乎并不可取。

(75) Cat came.

(76) I invited Dog/*dog.

(77) Tall Kim showed up here.

(78) Tall Kims are a rare sight.

既要照顾专有名词双重身份的特点,又不想设定两套同音的词类,那么该怎么办呢? 我们可以借鉴 Longobardi(1994)提出的移位分析。事实上,移位分析已为 Cheng and Sybesma(1999)、Borer(2005)、Sio(2006)等采用,作为分析汉语专有名词的方法。尽管这几位学者所分析的细节不尽相同,但基本精神是一致的。通过移位分析,我们认为专有名词的词类本来是名词,就像树形图(74)那样。为了表达有定意义,空的限定词(还有空的数词和量词)从词库里选取出来并加到句法内,情形跟(72)差不多,然后名词进行移位,一步一步地从原来的名词位置提升到限定词的位置,跟有定的限定词结合起来,最终形成有定的专有名词。(79)的树形图显示了专有名词"长江"的移位过程,$t$ 表示移位的语迹(trace),箭头是一种非正式的表达式,用来显示移位的方向和步骤,以方便阅读。[1]"长江"最终移到(79)的限定词位置,路经量词和数词。由于限定词、数词、量词都属于中心语,"长江"的移位只牵涉到中心语,因此,生成语法学称这种移位为"中心语移位"(head movement 或 $X^0$ movement)。[2]

─────────────

[1] 严格来讲,我们应该在(79)用 ∅ 表示空的限定词、数词和量词,而每一步移位的落脚点应该附接在每个中心语 ∅ 之上,最终形成"名词+∅+∅+∅"。不过,为了方便阅读,这些不必要的细节都从略了。

[2] 中心语移位跟短语移位的操作不一样,用合并理论(尤其是所谓的"内部合并"的操作)来解释中心语移位有一定的困难。中心语移位的性质非常特殊,可能属于一种音韵的操作,跟句法无关(Chomsky 2000,2001)。中心语移位的性质属于理论内部的问题,本书不作详细讨论,暂时沿用生成语法学惯用的说法。对中心语移位性质感兴趣的读者,可以参看 Boeckx and Stjepanović(2001)、Hornstein(2009)等的讨论。

（79）

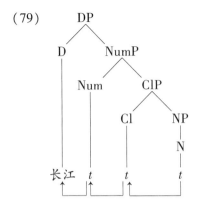

除了专有名词以外，光杆的普通名词也可以表示有定意义，例如
（80）和（81）的"狗"（Cheng and Sybesma 1999：510）。[1]

（80）狗要过马路。

（81）狗今天特别听话。

参考 Longobardi（1994）的移位理论，Y. -H. A. Li（1997）、Cheng
and Sybesma（1999）、Borer（2005）、Au Yeung（2005）、Sio（2006）以及
Huang，Li and Li（2009：§8）和 Wu and Bodomo（2009）、邓思颖
（2009e）等认为有定的光杆普通名词通过移位产生，跟专有名词的移
位方式基本一样。有定的"狗"可以表示为树形图（82）。[2]

（82）

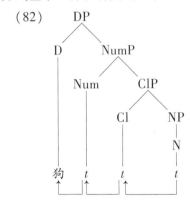

[1] （80）和（81）的"狗"是普通名词的有定用法，并不是专有名词，跟英语（75）和
（76）的 Cat 和 Dog 不一样。

[2] 如果"狗"表达类指意义，应该分析为名词短语，结构应该跟（65）的"语言学家"
一样。

通过中心语移位,原本不具备指称意义的光杆普通名词可以跟有定意义很好地结合起来,既不需要假设表示类指和有定的光杆普通名词分属于两个不同的词类,又可以维持有定的名词性结构必须有限定词的说法。

## 5.4 小结

本章主要介绍名词性结构的句法分析。

名词性结构基本上可以分为四个大类:名词、量词、数词、限定词。这四个大类的词都可以形成自己的短语:名词短语 NP、量词短语 ClP、数词短语 NumP 和限定词短语 DP。四类短语分别以这四类词作为中心语。最复杂的、最完整的名词性结构由名词短语、量词短语、数词短语和限定词短语组成,限定词短语位于最高的层级,而名词短语则位于最低的层级。句法的层级关系通过有序的合并推导出来,这四个短语在名词性结构中的层级关系是合并的结果。

从意义上分,名词性结构可以分为指称和非指称的。指称的名词性结构可以分为有定和无定的,而无定的名词性结构可以分为有指和无指的。汉语名词性结构的句法和语义有密切的关系:第一,凡是有指称意义的名词性结构都是限定词短语,没有限定词的名词性结构都不具有指称意义;第二,凡是有定名词性结构的限定词都不可以是"空"的,由空限定词组成的名词性结构一定是无定的。功能词扮演着重要的角色,尤其是限定词对指称/非指称、有定/无定意义的表达,起到了关键性的作用。

专有名词、普通名词既可以表示有定,又有非指称的用法,表面上好像有双重身份。为了解释这个现象,句法学认为专有名词、普通名词原本是名词,形成名词短语,不具备指称意义;通过中心语移位之后,名词移到了限定词的位置,获得了有定意义。通过中心语移位的方式,专有名词、普通名词可以跟有定意义很好地结合起来,既不需要假设表示类指和有定的专有名词、普通名词分属于两个不同的词类,又可以维持有定的名词性结构必须有限定词的说法。

# 第六章　主　谓　结　构

　　谓语主要表达的内容是事件意义和事件参与者,两者形成题元关系,每个事件的参与者都被赋予一定的题元角色。每个谓语由表示基础词汇意义的词根、表示事件意义的轻动词、表示事件参与者的论元组成。事件结构和论元结构的关系非常紧密,题元关系是从论元结构推导出来的,论元结构本身决定了论元所赋予的题元角色。

## 6.1　谓语的事件意义

　　什么是"谓语"? 汉语传统语法学所给的定义一般是这样的:"谓语是用来表述主语的"(张静等 1980:128),"谓语部分是对主语的陈述"(刘月华等 1983:263),"谓语是说明和陈述主语的"(张斌等 1988:271),"谓语则对主语加以陈述"(胡裕树等 1995:317),"谓语的作用是对主语进行叙述、描写或判断,能回答主语'怎么样'或'是什么'等问题"(黄伯荣、廖序东 2002b:78),"说话的人选来作主语的是他最感兴趣的话题,谓语则是对于选定了的话题的陈述"(朱德熙 1982:96)。由主语和谓语所组成的主谓结构表示"陈述关系"(北大中文系 2004:307)。

　　什么是"陈述"? 朱德熙(1982:96)分析得比较清楚,他认为"陈述"是从表达角度说的。如果从语义的角度说,主语和谓语的关系是很复杂的,主语可以是施事、受事等。主语、宾语等概念属于"结构平面",施事、受事等概念属于"语义平面",而话题、陈述等概念属于"表达平面"(朱德熙 1985:37)。陆俭明(2003:26)认为主语和谓语构成一种"语法结构关系",而动作跟施事、受事之间的关系是一种"语义结构关系"。简单来讲,既然谓语的作用是陈述,那么句子中就一定有被陈述的对象,有谓语就一定有主语,主语和谓语所形成的主谓结构表示了一种语法关系;至于谓语陈述的内容,往往跟动作、行为、性状有关,主语所指的事物跟这些动作、行为、性状所构成的关系就是语义关系。

所谓"动作、行为、性状"就是谓语所陈述的语义内容。一言以蔽之,谓语主要表达的内容就是事件意义。"事件意义"(eventualities),文献中有时称为"情景意义"(situations),指一个谓语所表达的情况,这是语义上的概念,是根据时间特点来分的类。Vendler(1967)、Verkuyl(1972,1993)、Dowty(1979)、Smith(1997)等都是研究事件意义的重要著作。我们根据Vendler(1967)的经典理论,把事件意义分为四个大类:"状态"(state)、"活动"(activity)、"完结"(accomplishment)、"达成"(achievement)。[1]

**状态** 表示一个情况的存在,主要描述静态(stative)、静止的关系,例如(1)的"是中国的首都"和(2)的"喜欢语言学"等谓语,它们所表示的事件意义属于状态。

(1) 北京是中国的首都。

(2) 我喜欢语言学。

**活动** 是动态的(dynamic),有过程的,但没有一个自然的终结点。(3)的"哭"和(4)的"推车"在理论上都可以无休止地进行下去,这些句子并没有提供任何语言线索,让我们知道谓语所表示的动作行为到什么时候结束。因此,这种事件称为"无终体"(atelic),是无界的。[2]

(3) 小孩子在哭。

(4) 他推车。

**完结** 是动态的,有过程的,有一个自然终结点,称为"终结体"(telic),是有界的。(5)的"杀死那只鸡"、(6)的"跑到宿舍"已经提供了清晰的语言信息,谓语所表达的事件有一个自然的终结点。(5)的结果补语"死"表示了"杀"的动作随着那只鸡的死亡而结束,(6)的介词结构"到宿舍"限定了动作"跑"的时间范围,只要到了宿舍,"跑"的动作就会结束。有自然终结点,事件就有变化,像杀、跑这些动作,由进

---

[1] 我们只考虑谓语表达的最基本的事件意义,并不考虑事件转移(shift)的问题。事件转移比较复杂,可详看Smith(1997)的讨论。对事件意义感兴趣的读者,可以参看李宝伦、潘海华(2005)的介绍。

[2] "终结体/无终体"的概念跟"有界(bounded)/无界(unbounded)"接近,详见沈家煊(1995)的讨论。

行到结束就是一种变化。

（5）他杀死了那只鸡。

（6）他跑到宿舍。

**达成**　是动态的，但对一般人来说，事件的过程极短，好像事件一发生就马上结束了。既然事件能够结束，就必然有自然终结点，这种事件也属于终结体。（7）的"死"是极短暂的，生死存亡往往是一瞬间的变化；（8）的"碰到你的同学"就是讲碰到的那一点，过程是极短暂的。

（7）他死了。

（8）我碰到你的同学。

综上所述，状态是静态的，活动、完结、达成是动态的。[1]在动态的事件当中，完结和达成有自然终结点，而活动没有自然终结点。这四大类的事件覆盖了谓语所能表达的所谓"动作、行为、性状"等意义，既有语义和认知上的依据，又可以凭借语言的形式进行分类。事件意义为分析谓语提供了比较客观、科学的理论基础，而且由此归纳出了具有可操作性的准则。

## 6.2　轻动词

根据主张词汇分解（lexical decomposition）的语法学理论（McCawley 1968, 1976; Dowty 1979 等），四大类的事件意义可以进一步概括化，由几个数量有限但具有高度抽象化的概念以及概念的组合来代表。这些抽象化的概念可以称为"事件述语"（eventuality predicates），并且习惯用英语大写词来表示：BE、DO、BECOME、CAUSE。[2]这些事件述语应该分析为语法单位，组成一个独立的词类——轻动词（light verbs）（Chomsky 1995：§4; Huang 1997; Lin

---

[1] Vendler(1967)把活动、完结、达成合在一起，统称"事件"（events），跟状态对立。我们所说的"事件意义"比 Vendler(1967)所说的"事件"要宽，本书的"事件意义"包含状态，但 Vendler 的"事件"并不包括状态。为了避免混淆，本书不采用定义较为狭窄的"事件"。

[2] 事件述语是表示事件意义的抽象化语法学概念，并不等同于英语的动词 be（是）、do（做）、become（变成）、cause（使）。关于事件在各种语法理论里的表达方式和分析方法，可参看沈园(2007：§3、§8)的介绍。

2001 等),可以充当句法成分。轻动词之所以称为"轻",是由于相对于动词来说,轻动词的意义比较"虚",只表示特定的事件意义。

BE 表示一种静止的状态,或者一种静态的关系。[1]DO 表示活动的进行,有一个动态的过程。BECOME 所表达的也是一个动态的过程,但主要强调事件的变化,而事件变化后呈现出某种状态。CAUSE 是表示使役、致使的概念。在一个事件里,凡是出现使役,就一定有结果的产生。因此,CAUSE 和 BECOME 是一对,前者表示因,后者表示果,"CAUSE+BECOME"共同表达了事件的因果关系。在一个完整的事件里,我们可以光有 BECOME,表示事件的变化,但不能光有 CAUSE 而没有 BECOME。语言可以只强调果,但不能只说因不说果。

如果利用这几个轻动词,上述四大类的事件可以重新分析为三个类别:BE 代表了状态,是静态的关系;DO 代表了活动,是一种动态、无终体的事件;完结和达成都包含了 BECOME,表示事件的变化、状态的转变,而变化的结果就是事件具有一个自然终结点,属于有终体的事件。无论有没有使役意义,完结和达成都不能缺少 BECOME 这个元素。(9)的分类表示了三种基本的事件意义:(9a)是静态的,(9b)是无终体,(9c)是终结体。因此,凡是静态的谓语都有 BE,凡是动态但属无终体的谓语都有 DO,凡是动态并且是终结体的谓语都有 BECOME,这三类轻动词基本上能够覆盖所有的谓语,具有一定的涵盖性和普遍性。

(9) a. BE: 状态

b. DO: 活动

c. BECOME:完结、达成

谓语主要表达的内容就是事件意义,按照事件意义为谓语分类,特别是按照状态、活动、完结、达成四大类的事件意义进行分类,可以反映出谓语的语义特点。把事件意义概括为数量有限的轻动词 BE、DO、BECOME 等,并且利用这些轻动词为谓语分类,则

---

[1] BE 也可以称为 HOLD(Parsons 1990,Huang 1997)。

可以反映出谓语的句法特点,属于句法学研究的问题。

## 6.3　题元关系

谓语除了表达事件意义外,还包括一些必要的成分,那就是事件的参与者。作为事件的参与者,在事件中扮演一定的角色,形成了一定的关系。"题元关系"(thematic relation)就是用来描述这种语义关系的,而"题元角色"(thematic role)是用来描述每个事件参与者在事件中所扮演的角色。[1]事件参与者跟事件之间的关系构成了事件结构(event structure)。

事实上,题元关系或题元角色等概念并不新鲜。在传统语法学里,题元关系就是"语义结构关系"(陆俭明 2003:26),题元角色就是"意义类型"(黄伯荣、廖序东 2002b)。基于生成语法学,并结合传统语法学的分析,我们首先选取几个相关的题元角色,综合文献中较为普遍的一些观点,[2]简单介绍如下。

**施事(Agent)**　动作的发出者,执行动作的人,动作是自愿、自发、积极发起的。典型的施事是人、有生命的物体等(Dowty 1991),例如(10)的"张三"、(11)的"小孩子"、(12)的"那只猫"。

(10) 张三看小说。

(11) 小孩子在哭。

(12) 那只猫跟踪一只老鼠。

**受事(Patient)**　也称为"客体"(Theme),动作、行为所涉及的对象,往往指存在、移动位置或发生变化的人或事物,例如(13)的"小说"、(14)的"一只老鼠"、(15)的"句法学"。

(13) 张三看小说。

(14) 那只猫跟踪一只老鼠。

(15) 我们学习句法学。

**感事(Experiencer)**　经历动作或状态的人或生命体,受感于谓语或述语所表达的动作或状态,是非自愿、非自发、消极的参与者,在与知

---

[1] 在汉语的语言学文献里,"theta""thematic"或称为"论旨"(汤廷池 1992a,b 等)。

[2] 用汉语写的介绍性文献,我们主要参考汤廷池(1992a,b;1994),并且引用他所下的定义。

觉、感官、心态等有关的事件中受到影响，[1]例如(16)的"张三"。按照黄正德(2007：7)的分析，(17)的"我"也属于感事。事实上，感事可以当作受事的一个小类来处理。

(16) 张三听到枪声。

(17) 小二，给我来碗炸酱面。

**致事(Causer)** 促使一个事件或状态发生的人或物，是造成结果的原因，[2]例如(18)的"张三"是导致手帕哭湿的原因，(19)的"这瓶酒"是导致张三喝醉的原因。

(18) 张三哭得手帕都湿了。

(19) 这瓶酒喝醉了张三。

题元角色用来描述事件参与者的身份，实际上反映了事件参与者和事件的关系。这里介绍的题元角色在一般情况下跟事件意义应该有以下的关系：一、施事是活动事件的发出者，执行活动的人。二、致事是使一个有终体事件发生的人或物。三、受事和感事往往可以参与多类型的事件，在状态、活动、完结、达成这四大类的事件中都可以参与，参与的条件比较自由。总之，除了不能作为活动和有终体事件的发出者外，其他的情况受事和感事好像都可以参与。[3]

## 6.4 论元结构

谓语表示一个特定的事件结构，构成事件结构的必要成分是事件

---

[1] 除了"感事"一词外，沈家煊也把"experiencer"译作"感受格"(克里斯特尔 2000)。在文献里，这个词也曾译作"感受者"(汤廷池 1992b,1994；温宾利 2002；吴刚 2006；梅德明等2008)、"经事"(石定栩 2002a)、"历事、经验者"(黄正德 2007)、"历事"(马志刚 2008a)、"当事"(王玲玲、何元建 2002，熊仲儒 2004，何元建 2007)。"当事"一词在汉语语法学里有不同的理解，黄伯荣、廖序东(2002b)把"主谓谓语句"的主语(即话题句的话题)也当作"当事"。周一民(2006：347)甚至把"感事"和"当事"分开，前者"表示心理活动的主体"，后者"表示非自主动作变化的主体"。

[2] "causer"没有统一的翻译，汤廷池(1992b)译作"起因"，王玲玲、何元建(2002)以及熊仲儒(2004)、何元建(2007)、黄正德(2007)、马志刚(2008a)等译作"致事"，我们曾译作"使役者"(邓思颖 2004a；2008a,b,c)。如果"causative"叫"使役句"，"causer"叫"使役者"也很合理。不过，采用"致事"的好处是可以跟施事、受事、感事等术语形成一个系统"~事"，看起来比较一致。

[3] 这种条件可以借用音系学的术语来描述——"别处条件"(elsewhere condition)，即除了受制于具体的条件外，在别处都适用，出现条件比较自由。

和事件参与者。如果从句法学的角度考虑,按照词汇分解理论的观点,每个谓语都包含两个核心的部分,一个表示基础词汇意义,例如动作、行为、性状等词汇意义,称为"词根"(root);另一个表示事件意义,那就是轻动词。词汇词(例如动词)充当词根,而轻动词属于功能词,两者合起来组成谓语的核心部分。如果只考虑述语的部分,表示事件意义的谓语可以分解为(20)的表达式。(20a)的词根是一个静止的状态,(20b)的词根是动作的内容,(20c)的词根表达了事件变化后呈现的结果。

(20) a. 状　态:BE + 词根

　　 b. 无终体:DO + 词根

　　 c. 终结体:BECOME + 词根/CAUSE + BECOME + 词根

　轻动词作为一种独立的词类,在句法里能够形成短语,轻动词就是该短语的中心语。轻动词可以是显性的,即有语音形态,也可以是"空"的,即没有语音形态。在句法里,作为词根的动词组成动词短语VP,在动词短语之上,还有一个由轻动词所组成的轻动词短语$v$P。[1]轻动词跟动词短语合并,组成轻动词短语,而动词短语作为轻动词的补足语。换句话说,每个谓语可以拆分为两个部分:表示基础词汇意义的动词短语和表示事件意义的轻动词短语,如(21)的树形图所示。在这个图里,由于动词短语的内部结构跟这里的讨论暂时不相关,因而从略,我们用一个大三角形代表,并且加上省略号;轻动词短语的指定语是主语的位置。

(21)

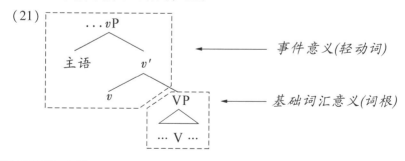

事件意义(轻动词)

基础词汇意义(词根)

---

[1] 我们在这里先讨论动词谓语的情况,名词谓语的结构在第九章"句型和主要的句式"中讨论。

如果只考虑谓语的核心部分,上述(20)的三类谓语在句法里可以有以下(22)的简单的句法结构,为了节省篇幅,我们用带标加括法来表示。轻动词 $v$ 的位置直接由 BE 等事件述语替代。包含轻动词 CAUSE 的是使役句(也称为"致使句""使成句"),由两个不同的轻动词 CAUSE 和 BECOME 构成,在动词短语之上,有两个不同的轻动词短语,分别用 $v$P1 和 $v$P2 表示。正如前文所说,CAUSE 和 BECOME 是一对,凡有因必有果,这类短语应该算是谓语中最复杂的结构。

(22) a. 状　态:$[_{v\mathrm{P}}\ \mathrm{BE}[_{\mathrm{VP}}\ldots\mathrm{V}\ldots]]$

　　b. 无终体:$[_{v\mathrm{P}}\ \mathrm{DO}[_{\mathrm{VP}}\ldots\ \mathrm{V}\ldots]]$

　　c. 终结体:$[_{v\mathrm{P}}\ \mathrm{BECOME}[_{\mathrm{VP}}\ldots\ \mathrm{V}\ldots]]$

　　d. 终结体:$[_{v\mathrm{P}1}\ \mathrm{CAUSE}[_{v\mathrm{P}2}\ \mathrm{BECOME}[_{\mathrm{VP}}\ldots\ \mathrm{V}\ldots]]]$

谓语除了拥有动词、轻动词等述语外,必要的成分还包括"论元"(argument)。[1]论元跟述语发生关系,论元和述语的关系构成了论元结构(argument structure)。按照论元的数目,述语可以划分为一元、二元、三元。在语法学的文献里,一元述语称为"不及物"(intransitive),二元述语称为"及物"(transitive),三元称为"双及物"(ditransitive)。从论元所处的不同位置考虑,论元可以划分为主语、宾语等句法成分。按照论元的性质,动词可以划分为"非作格"(unergative)系列和"非宾格"(unaccusative)系列(Perlmutter 1978,Burzio 1986 等)。前者描述动作,以施事为基础论元,由施事担任主语;后者指涉状态,主要表示存在、出现或消失,以受事为基础论元,由受事等作宾语。汉语的动词可以分为四个小类:一元非作格动词(或称为"不及物动词")、二元非作格动词(或称为"及物动词")、一元非宾格动词(部分或称为"起始动词")、二元非宾格动词(或称为"使役动词")(黄正德 2007)。不及物的(22b)形成一元非作格动词,及物的(22b)形成二元非作格动词,(22a)和由

---

[1] 我们曾参考沈家煊译的克里斯特尔(2000)把"argument"译为"主目"(邓思颖 2003b)。本书依从目前语言学界一般的习惯,把"argument"称为"论元"。

BECOME 组成的(22c)形成一元非宾格动词,而(22d)形成二元非宾格动词。至于双及物动词,我们会在第七章"述宾结构和述补结构"中讨论,它们可以再分为三元非作格动词和三元非宾格动词两类。

所谓"主谓结构"就是由以下(23)的句法框架组成的。[1]轻动词短语的指定语是主语,轻动词和位于补足语位置的动词短语共同组成谓语,即树形图(23)方框内的部分。狭义上说,主语和谓语的关系是一种指定语和中心语的关系,中心语决定了谓语的某些性质(如事件意义),也是陈述主语的部分。换句话说,主语是由轻动词来定义的。主语在前,谓语在后,是一个句法的问题,这个词序是从指定语在前的结构推导出来的,正好回应了朱德熙(1982:95)所说的:"从结构上看,在正常的情况下,主语一定在谓语之前。"

(23)

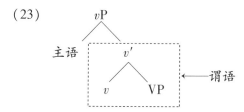

事件结构说的是事件和题元角色的关系,属于语义关系;论元结构说的是述语和各个句法成分的关系,属于功能性语法关系。两种结构虽然有重叠的现象,但不是同一套概念。事件结构和论元结构重叠的现象可以简单描述如下:一、表示活动的轻动词 DO,主语是施事。二、表示使役意义的轻动词 CAUSE,主语是致事。三、受事和感事除了不能作为轻动词 DO 和 CAUSE 的主语外,可以出现在其他的论元位置,分布相对比较自由。

我们先讨论第一种情况,即施事主语和轻动词 DO 的关系,用树形图(25)展示例(10)(重复在(24))谓语部分的结构。动词"看"是一个二元非作格动词,首先跟"小说"合并,组成动词短语

---

　　[1] 这里只讨论在谓语层面的主谓结构,在第八章"句子"中,我们才讨论主语和谓语在小句层面的关系。

VP。轻动词DO进入句法后，跟动词短语合并，动词短语作为DO的补足语。[1]"张三"进入句法后，跟DO合并，共同组成轻动词短语vP，"张三"所处的位置是轻动词短语的指定语位置。由于"张三"和"小说"的内部结构跟这里的讨论无关，暂时从略，详见第五章"名词性结构"的讨论。

（24）张三看小说。

（25）

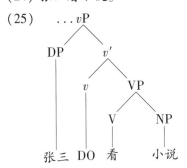

由树形图（25）所产生的词序"张三+DO+看+小说"有一定的道理，可以诠释为"张三做了一件事情，那件事情就是看小说"。"做"这个动作是一个活动事件，由轻动词DO表示，"张三"作为主语，就是这个事件的施事，而事情的内容由词根"看"来表达。至于"小说"，它也是这个事件的一个参与者，属于动作所涉及的对象，即受事，作为动词的宾语。轻动词DO是一个没有语音形态的空语类，动词"看"进行了移位，填补了轻动词的位置，形成了"张三看小说"的词序。图（26）的 $t$ 是语迹，即动词原来的位置，箭头显示了动词移位的方向，以方便阅读。[2]虽然从表面上看动词移位不移位好像并没有显著的差别，但动词到轻动词的移位这个假设还是必须的，这通过后面所举的例子就可以察觉出来。

---

　　[1] 我们暂时不考虑DO的补足语是不是动名词（gerund）的问题，详见黄正德（2008）的讨论。

　　[2] 严格来讲，DO在（26）中并没有消失，动词最终的落脚点应该是附接在DO之上的，跟DO重合成为一个"DO+动词"（或"动词+DO"）的复合成分。不过，为了方便表述，凡中心语的附接结构在本书中都从略，直接把中心语填补在空的位置上。

（26）

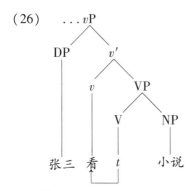

　　按照传统语法学的分析，动词"看"是一个二元述语，即必须有主语和宾语两个论元。不过，按照上述词汇分解理论的分析，作为词根的动词"看"只有一个论元，那就是宾语"小说"，严格来讲，"张三"是轻动词 DO 的主语，属于 DO 的论元，而不算是"看"的论元。因此，"张三"和"小说"分别属于两个不同述语的论元，即"张三+DO"和"看+小说"。如果我们说"看"是二元述语，其实我们所考虑的是一个由轻动词和词根组成的复合成分，即"DO+看"（见本书第 94 页注释[2]），只不过 DO 在表面上听不到、看不见而已。词根"看"和轻动词 DO 都是一元，"DO+看"才算是二元。

　　至于表示活动的一元述语，例如上述的（11）（重复在（27）），我们认为它所形成的结构可以表达为树形图（28）。"在"的位置跟这里的讨论无关，我们暂时不考虑。（28）显示了作为词根的一元非作格动词"哭"并没有任何的论元，DO 表示了这个事件是活动，而"小孩子"是这个事件的施事，作为 DO 的主语。这个谓语实际上表示了这样的意思："小孩子做了一件事情，那件事情就是哭。"最后动词"哭"进行中心语移位，移到 DO 的位置，情形跟（26）的情况差不多。这个树形图反映出，作为施事的"小孩子"是轻动词 DO 的论元，而不算是词根"哭"的论元。位于轻动词补足语的动词短语 VP，由一个一元述语组成，构成了这个谓语的词根。严格来讲，位于轻动词短语指定语位置的"小孩子"原本只跟 DO 有关系，并不属于动词短语的一部分。

　　（27）小孩子在哭。

（28）

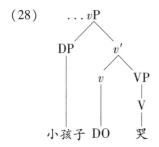

表示终结体的事件必须由轻动词 BECOME 组成,表示事件的变化,有自然的终结点。先来看由一元非宾格动词组成的表示终结体的谓语,例如(7)(重复在(29))。在这个例子里,"他"是动作行为所涉及的对象,是一个呈现变化的人,题元角色应该分析为受事。(30)的树形图表达了这种关系:"他"是轻动词 BECOME 的主语,词根"死"和体标记"了"在词法里形成一个动词"死了",在句法里则形成动词短语,作为 BECOME 的补足语。(30)的结构可以诠释为:"他经历了事件的变化,变化的结果就是死了。"占据 BECOME 主语的成分往往指存在、移动位置或发生变化的人或事物,甚至具有一种受影响的意义(邓思颖 2008b,c)。[1]动词"死了"进行移位,移到 BECOME 的位置,情形跟(26)的情况差不多。

（29）他死了。

（30）

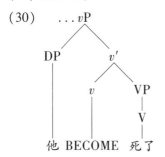

至于由二元非宾格动词组成的表示终结体的谓语,例如使役句(19)(重复在(31)),应该拥有一个最复杂的结构,由两层轻

---

[1] （29)的"死"是一个非宾格动词(unaccusative verb)。Chomsky (1995:§4;2000)原本假设非宾格动词缺乏轻动词,Chomsky(2001)及之后的著作认为轻动词也可以跟非宾格动词合并。

动词短语组成,正如(32)的树形图所示。动词"喝醉了"先形成动词短语,轻动词 BECOME 进入句法后跟动词短语合并,再加上"张三",组成了轻动词短语 $v$P2,以 BECOME 作为中心语。如果光考虑 $v$P2,结构基本上跟(30)差不多,可以诠释为"张三经历了事件的变化,变化的结果就是喝醉了"(即"张三喝醉了")。当轻动词 CAUSE 进入句法后,CAUSE 跟 $v$P2 合并,再加上"这瓶酒",最终组成了轻动词短语 $v$P1,以 CAUSE 作为中心语,"这瓶酒"是 CAUSE 的主语,$v$P2 是 CAUSE 的补足语。整个主谓结构可以诠释为:"这瓶酒促使一件事情发生,这件事情是张三经历了事件的变化,变化的结果就是喝醉了。""这瓶酒"是 CAUSE 的主语,属于致事;"张三"是 BECOME 的主语,属于受事;"喝醉了"是词根,表示了事件变化的结果。或者我们可以用另外一种方式把(32)的意思说出来:谓语表示了一个事件,"这瓶酒"是这个事件的致事,"张三"是受到这个事件影响的受事,而这个事件就是"喝醉了"。[1]

(31) 这瓶酒喝醉了张三。

(32)

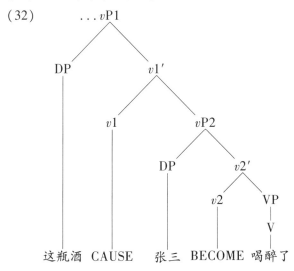

当然,树形图表面上的"这瓶酒张三喝醉了"的词序不正确,在

---

[1] 这种说法其实就是用文字的方式描述 Parsons(1990)的逻辑式。

汉语中是不能说的,为了推导出正确的词序,动词必须移位。动词"喝醉了"进行了中心语移位,第一步移到 BECOME,然后再移到 CAUSE,如下图所示,最终形成了"这瓶酒+喝醉了+张三"的词序。由此看来,"喝醉了"不算是二元述语,所谓"喝醉了"的两个论元其实分别是轻动词 CAUSE 和 BECOME 的论元。词根"喝醉了"本身并没有任何论元,[1]由轻动词和词根通过中心语移位组成的复合成分,即"CAUSE + BECOME + 喝醉了"(见本书第 94 页注释[2]),才算是二元述语。"张三"是 BECOME 的主语,勉强可以说是复合成分"CAUSE+BECOME+喝醉了"的宾语,但并非词根"喝醉了"的宾语。

（33）

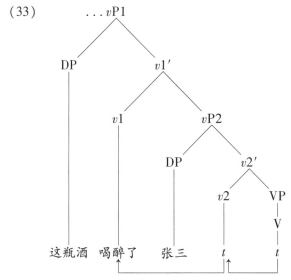

汉语轻动词 CAUSE 可以体现为"把"字(Huang 1992;Sybesma 1999;Lin 2001;邓思颖 2004a,2008c 等)。既然 CAUSE 的位置已经有"把",动词"喝醉了"就只需移到 BECOME,并停在那里,不需再往上爬,就如(35)那样的结构,形成了(34)的词序。"把"往往对受事加以处置,表达了一种处置意义。由于"把"的出现,(34)的处置意

---

[1] 表示结果的"喝醉了"或许也有一个指"张三"的论元。一个可能性是假设"喝醉了"包含了一个空语类(Huang 1992),另一个可能性是假设"张三"原来跟"喝醉了"合并,然后移到 BECOME 的主语位置(Huang 2006)。

义增强了,传统汉语语法学一般称(34)这种句式为"处置句"("处置式"),或索性把它称为"'把'字句"。[1]

(34)这瓶酒把张三喝醉了。

(35)

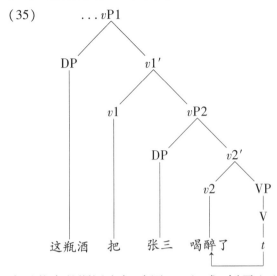

表示状态的谓语由轻动词 BE 组成,例子(2)(重复在(36))的结构可以由(37)的树形图来表示。轻动词 BE 表示一种静止的状态,"我"是 BE 的主语,受感于 BE 所表示的状态,表示在心理上受到一定的影响,"我"的题元角色可以理解为受事的一个小类,或称为感事。由词根"喜欢"形成的动词短语,说明了这个静止状态的内容;宾语"语言学"是"喜欢"所关涉的对象,应该理解为受事。(37)的树形图可以诠释为:"我受感于一个状态,这个状态就是喜欢语言学。"[2]

(36)我喜欢语言学。

---

[1]讨论处置句的文献非常丰富,比较全面的总结(包括对句法分析的介绍)可以参看 Y.-H. A. Li(2006)和 Huang, Li and Li(2009:§5)。

[2]静态动词如"喜欢"不一定能进行移位,比如移到轻动词 BE 的位置。Huang(1997:63)注意到跟动态动词不同,静态动词不能形成"形义错配句",如(i)和(ii)。有关"形义错配句"的讨论,见第十章"偏正结构和联合结构"的介绍。

(i) *我喜欢我的数学。

(ii) *我喜欢了三次的数学。

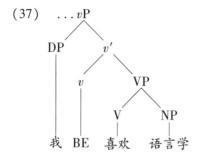

(37)　...vP

以下的例子显示了论元的数目和对事件意义的诠释并非纯粹由动词词根决定。同一个动词,例如(38)和(39)的"丰富"是一元述语,但(40)的"丰富"却是二元述语(黄正德 2008:228)。[1]

(38) 他的知识很丰富。

(39) 他的知识丰富了。

(40) 此行丰富了他的知识。

按照词汇分解理论的分析方法,这三个例子虽然有相同的词根,却有不同的轻动词,组成不同的论元结构,表达了不同的事件意义。[2](41)的谓语由 BE 组成,表达了状态;(42)的谓语由 BECOME 组成,表达了状态的转变;(43)的谓语由 CAUSE 和 BECOME 共同组成,表达了使役意义。轻动词数目和类型的不同,造成了"丰富"在(38)、(39)和(40)中的差异。

(41) [$_{vP}$他的知识[BE[$_{VP}$丰富]]]

(42) [$_{vP}$他的知识[BECOME[$_{VP}$丰富]]]

(43) [$_{vP1}$此行[CAUSE[$_{vP2}$他的知识[BECOME[$_{VP}$丰富]]]]]

事件结构和论元结构虽然属于两个不同的范畴,前者是语义的,后者是句法的,但两者的关系非常紧密。如果我们站在句法学的立场来看这个问题,可以认为题元关系是从论元结构推导出来的,论元结构本

---

[1] 轻动词决定了动词(词根)的事件意义在古汉语里也相当普遍,详见冯胜利(2005a)的讨论。此外,例子(38)至(40)的"知识"在黄正德(2008:228)中作"常识"。

[2] Lin(2001)提出汉语的词根可以自由地跟不同类型的轻动词搭配,这造成汉语的题元关系有一定的灵活性。Huang, Li and Li(2009:§2)详细讨论了词根和轻动词之间的关系,他们的分析比 Lin(2001)更具限制性。

身决定了论元所赋予的题元角色。[1]目前我们有四个类型的论元结构,即表示状态的(44)、表示无终体的(45)、表示终结体的(46)和(47)。题元角色的分布跟这四类的论元结构有以下的关系:一、DO的主语是施事。二、CAUSE 的主语是致事。三、受事(包括感事)的分布比较自由,除了 DO 和 CAUSE 的主语位置以外,受事可以在任何一个论元位置出现。从(44)到(47),括号里的部分是"可有可无"的,没有括号的论元是必不可少的。

(44) $[_{vP}$受事$[BE[_{VP} V(受事)]]]$

(45) $[_{vP}$施事$[DO[_{VP} V(受事)]]]$

(46) $[_{vP}$受事$[BECOME[_{VP} V(受事)]]]$

(47) $[_{vP1}$致事$[CAUSE[_{vP2}$受事$[BECOME[_{VP} V(受事)]]]]]$

施事和致事的分布是有条件的,只能作为轻动词的主语,不能在别的论元位置出现;受事的分布相对比较自由,既可以作为轻动词的主语,又可以作为动词的补足语(宾语)。换句话说,施事和致事的出现离不开轻动词,但受事却没有这样的要求(邓思颖 2008a,b)。

## 6.5 小结

本章主要通过对事件结构和论元结构两方面的讨论,说明了主谓结构的句法问题。

从事件结构的角度来看,谓语主要表达的内容就是事件意义,即状态、活动、完结、达成。除了表达事件意义外,谓语还包括事件的参与者。事件和事件参与者形成了题元关系,每个事件的参与者都被赋予一定的题元角色。主要的题元角色包括施事、受事(包括感事)、致事。施事是活动事件的发出者,执行活动的人。致事是使一个有终体事件发生的人或物。受事和感事往往可以参与多类型的事件。

从论元结构的角度来看,谓语包含两个核心的部分:一个是表示基础词汇意义的词根,另一个是表示事件意义的轻动词。轻动词包括BE、DO、BECOME、CAUSE。凡是静态的谓语都有 BE,凡是动态但属无

---

[1] 有关论元结构决定题元关系的论述,详见 Hale and Keyser(2002)。

终体的谓语都有 DO,凡是动态并且是终结体的谓语都有 BECOME。除了词根和轻动词外,谓语还包括论元。

事件结构和论元结构虽然属于两个不同的范畴,前者是语义的,后者是句法的,但两者的关系非常紧密,题元关系是从论元结构推导出来的,论元结构本身决定了论元所赋予的题元角色。DO 的主语是施事,CAUSE 的主语是致事,受事(包括感事)的分布比较自由,除了 DO 和 CAUSE 的主语位置以外,受事可以在任何一个论元位置出现。

# 第七章　述宾结构和述补结构

　　补语是动词性成分，主要的作用是用来说明动作的结果、状态等事件意义，只能作为动词的补足语；其他不作为主语的论元可以理解为宾语，分布相对比较自由。述宾结构是把动词和宾语合并在一起的结构。给予义双宾语的间接宾语位于一个比直接宾语高的位置。述补结构的补语只包括状态补语、趋向补语、时间和处所补语。状态补语可以进一步分为描写补语和结果补语。补语和其他的动词性成分必须出现在补足语位置上，只能有一个，而且必须在句末。

## 7.1　宾语和补语

　　什么是"宾语"和"补语"？《中学教学语法系统提要》认为"动宾""动补"等属于"成分之间的结构关系"。朱德熙（1982：110）对宾语有这样的定义："主语是对谓语说的，宾语是对述语说的，主语和宾语没有直接的联系。……宾语前头必须有述语。"至于补语，朱德熙（1982：125）认为"补语和宾语的位置都在动词之后。宾语可以是体词性成分，也可以是谓词性成分；补语只能是谓词性成分，不能是体词性成分。从意念上说，宾语的作用在于提出与动作相关的事物（受事、与事、工具等等），补语的作用在于说明动作的结果或状态"。（1）的"苹果"是名词性词类（体词），显然属于宾语；（2）的"很好"和（3）的"很清楚"都属于动词性词类（谓词），朱德熙（1982：122,125）把前者分析为"谓词性宾语"，把后者分析为"状态补语"。按照他所给的定义，我们可以这样理解：（2）的"很好"是与"觉得"相关的事物，而（3）的"很清楚"是说明"说"的状态。

　　（1）吃<u>苹果</u>

　　（2）觉得<u>很好</u>

　　（3）说得<u>很清楚</u>

　　胡裕树等（1995：330）对于宾语和补语的区分提出了这样的意见："动词和形容词的后边都可以带补语，形容词不能带宾语，所以形容词

103

谓语句没有宾语和补语纠缠的问题。动词后边是宾语还是补语,一般也不难区分。名词或名词性词组只充当宾语,不充当补语;表示动量的数量词组只充当补语,不充当宾语;表示物量的数量词组只充当宾语,不充当补语。只有表示时间的数量词组,有时充当宾语,有时充当补语。"他们认为(4)可以转换成"两三年过去了",但(5)不能这样转换,前者是宾语,后者是补语。

(4)时间已经过去了<u>两三年</u>了。

(5)这个小组成立了<u>两三年</u>了。

至于宾语和补语的区别,黄伯荣、廖序东(2002b:100)认为"补语、宾语都位于动词后,一般说来,补语是谓词性成分,宾语多数是名词性成分。但是宾语也可能用谓词性成分,补语可能用表示时段的名词性成分,此外宾语和补语都可以用量词短语充当,由于这种种原因,就有个补语和宾语的划界问题"。他们提出了三个划分宾语和补语的标准。一、看关系:宾语可以用"什么"来问,补语可以用"怎么样"来问,例如"喜欢安静"→"喜欢什么","考虑得很清楚"→"考虑得怎么样"。此外,状态补语之前可以插入"得"字,例如"睡得很好""笑得站不起来"。二、看成分的词性:用名量词的成分一般是宾语,例如"看几本";用动量词的成分是补语,例如"看几遍"。三、"把"字句的变换:某些表示时间的成分既可作补语,也可作宾语,作宾语时往往可以变换成"把"字句,例如"他浪费了两个钟头"→"他把两个钟头浪费了",但"他干了两个钟头"却不能说成"﹡他把两个钟头干了"。

虽然学者提出过区分宾语和补语的标准,但往往难以操作,甚至有标准不一的问题。如果说宾语多数是名词性,但也可以是动词性,补语既可以是动词性,也可以是名词性,那么,操作上肯定有一定的困难。比如说,为什么(2)的"很好"是宾语,但(3)的"很清楚"却是补语? 显然,光靠词类来解决这个问题是不够的。事实上,如果用黄伯荣、廖序东(2002b)的测试,认为宾语可以用"什么"来问,补语可以用"怎么样"来问,那么,上述(2)的"很好"和(3)的"很清楚"都可以用"怎么样"来提问,例如(6)和(7)。因此,"谓词性宾语"和补语不能通过这样的测试区分开来。[1]

（6）觉得怎么样？

（7）说得怎么样？

有关补语是不是名词性的问题，争议的焦点主要在那些包含数词和量词的动量词、时量词上。丁声树等（1961：38）把部分表示次数的数量词（如"一回、两趟"）和部分表示行为经历时间的词（如"一辈子、三天"）分析为"准宾语"。朱德熙（1982：116）把（8）的"一次"、（9）的"一个月"、（10）的"一百倍"分别分析为"动量宾语""时量宾语""数量宾语"，合称为"准宾语"，作为宾语的小类。北大中文系（2004：322）把由时量词和动量词组成的数量宾语称为"准宾语"。张斌等（1988：307）认为动量词的短语作补语，物量词的短语作宾语，时量词的短语有时作宾语，有时作补语。由于（9）不能把时量词"一个月"提前，只能分析为补语。胡裕树等（1995：330）明确表示"表示动量的数量词组只充当补语，不充当宾语"，由于他们认为"形容词"不能带宾语，[2]因此（10）的"一百倍"显然应该分析为补语。黄伯荣、廖序东（2002b：97）把（8）的动量词和（9）的时量词分析为补语，合称为"数量补语"。把数量词分析为补语的还有张静等（1980）、刘月华等（1983，2001）、邢福义等（1991）、周一民（2006）、冯志纯等（2008）等。

（8）看一次

（9）住一个月

（10）好一百倍

假如采用语义的标准而不采用形式的标准来区分宾语和补语，上述问题仍然存在。从意义上说，宾语主要"表示动作、行为直接支配、关涉的人或事物"，也包括表示处所、时间、工具、方式、原因、目的、类别、存在等宾语（黄伯荣、廖序东2002b：83—84），而补语"可以用来说明动作、行为的结果、状态、趋向、数量、时间、处所、可能性或者说明性状的程度、说

---

[1] 当然，黄伯荣、廖序东（2002b）的测试只说补语可以用"怎么样"来问，并没有说凡是用"怎么样"提问的都是补语。详见石定栩（2011）有关疑问词测试和指称、陈述关系的讨论。

[2] 胡裕树等（1995）所讲的"形容词"即本书的"静态动词"，属于动词的小类。

明事物的状态等"(黄伯荣、廖序东 2002b：94)。黄伯荣、廖序东(2002b：84,97)把(11)表示处所的"南方"、(12)表示时间的"中秋节"当作"当事宾语",而把(13)表示处所的"在何处、在何方"、(14)表示时间的"在1949年"当作"时间、处所补语"。光从意义上说,为什么有些表示处所、时间的成分是宾语,有些却是补语?为什么表示数量的成分一定要划分为补语?理据何在?

（11）回<u>南方</u>

（12）过<u>中秋节</u>

（13）人们都知道自己<u>生在何处</u>,却不知道<u>死在何方</u>。

（14）这事就<u>出在1949年</u>。

宾语和补语难以区分,除了标准不一的问题外,最核心的问题是宾语和补语要不要区分。Chao(1968：§5.4.1)注意到"有些中国文法学家管上面所说的宾语跟刚才提到的动—补式都叫'补足语'"(赵元任2002：398)。他(Chao 1968：§5.6.2)把"补语"进行了狭义和广义的区分,"咱们把'补语'一词作广义的用法,连宾语也包括在内(5.4.1 节)比方：'我看书。'跟'狗咬人。''书'跟'人'都算是广义的补语"(赵元任2002：427),这就将宾语和补语合在了一起;"但不管怎么样,对于中心之后的成分,像'拿东西'跟'拿走'里的'东西'跟'走',在形式上总得加以区分,所以咱们就用狭义的'宾语'跟'补语'两词,因为这两个在动词词语里功用十分不同的第二成分在一起提到的机会到底不多"(赵元任2002：399)。

把传统语法学所讲的宾语和补语合成一个大类,对汉语的形式句法分析好像并没有什么大的影响。不过,为了照顾传统语法学的习惯,以及讨论上的方便,我们仍然把宾语和补语这两个术语分开来。至于区分的标准,我们大致上赞同朱德熙(1982)的处理方法,即补语只能是动词性成分,主要的作用是用来说明动作的结果、状态等事件意义。至于其他不作为主语的论元,可以理解为宾语。[1]按照这样的区分,像

---

[1] 音系学"别处条件"(elsewhere condition)的概念也适用于区分宾语和补语,即除了受制于具体的条件外,在别处都适用,出现条件比较自由。宾语的分布应该属于这一种"自由"的情况。

上述(8)的"一次"、(9)的"一个月"、(10)的"一百倍",都应该分析为宾语,不属于补语。吕叔湘(1979:65)的意见很有道理,他认为"其实只要稍微一琢磨,就会发现,'学一遍|学三年'跟'学理论|学手艺'固然不一样,可是跟'学好|学通|学透'又何尝相似,也许还相去更远。如果要合并,还宁可把'一遍|三年'合并于'理论|手艺',因为同是名词性词语"。

宾语和补语在句法上也应该可以区分开来。补语只能作为动词的补足语,不能位于指定语的位置;宾语的分布相对比较自由,既可以作为动词的补足语,又可以在动词短语内的指定语位置出现,如树形图(15)所示。[1]由此可见,补语和补足语有紧密的关系。虽然如此,我们也不能把补语跟补足语等同起来。理由很简单,出现在补足语位置并不是补语的专利,宾语也可以出现在补足语位置。此外,在句法学里,补足语所指的范围要广得多。以树形图(15)为例,除了"宾语/补语"的那个位置叫作补足语外,动词短语 VP 是轻动词 $v$ 的补足语,显然这个动词短语跟传统语法学所讲的补语毫无关系。

(15)      ...$v$P

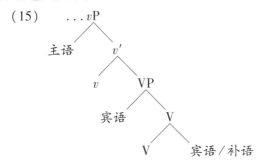

## 7.2　述宾结构

宾语和述语组成述宾结构。"主语是对谓语说的,宾语是对述语说的,……宾语前头必须有述语"(朱德熙 1982:110)。在传统汉语语法学里,述宾结构也称为"动宾结构"(丁声树等 1961:12)、"动宾短

---

[1] 有关汉语述宾结构和述补结构的句法分析,请参看 Huang(1994)以及 Huang, Li and Li(2009:§3)等。

语"(邢福义等 1991：300；黄伯荣、廖序东 2002b：60；冯志纯等 2008：103)、"动宾词组"(张静等 1980：77；胡裕树等 1995：303；周一民 2006：318 等)，表达的关系也称为"动宾关系"(刘月华等 1983：5；2001：6)。胡裕树等(1995：325)认为"动宾谓语"由动词和宾语组成。黄伯荣、廖序东(2002b：82)认为"动语和宾语是共现的两个成分，句内有宾语，就必有动语，有动语就必有宾语"。

把述语称为"动词"，不符合把词类"～词"和句法成分"～语"两套系统分开的原则。汤廷池(1992a：33，注释 73)指出："'述语'(predicate；predicator)与宾语是表示'语法关系'(grammatical relation)或'语法功能'(grammatical function)的观念，而'动词'(verb)却是表示'语法范畴'(grammatical category)的概念，……又'谓语'(predicate(phrase))一词，通常除了述语(动词)以外，还包括宾语、补语、状语等，所以我们也避免'谓宾'的名称。"因此，考虑到术语的一致性和普遍性，我们采用"述语"一词。

组成述宾结构最简单的方法，就是把动词 V 和一个作为宾语的成分 XP 合并在一起，形成(16)的动词短语。X 是一个概括化的表示，原则上可以指任何一种词类。动词是动词短语的中心语，XP 是动词的补足语，在这个结构里，动词和 XP 构成了一种特定的语法关系，动词是述语，XP 是宾语。

（16）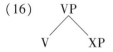

可以出现在 XP 位置上的宾语是各种各样的。按照朱德熙(1982)对宾语的分类，能够出现在上述结构 XP 中的包括(17)典型的受事宾语"玻璃"、(18)表示处所的"北京"、(19)表示存现的"一个人"、(20)表示动量和时量的"一次、一天"、(21)属于虚指的"什么"等。

（17）擦玻璃

（18）飞北京

（19）来了一个人

（20）走一次／一天

（21）笑<u>什么</u>？别笑了。

除了上述名词性的宾语外，动词性的成分（包括小句）也可以作为（16）的 XP，例如（22）的动词短语"骑马"、（23）的名词谓语句或称为"小小句"（small clause）的"张三傻瓜"、（24）省略了主语的成分"明天骑马"、（25）的小句（标句词短语 CP）"张三明天骑马"，这些成分分别作为"喜欢""当""打算""知道"的宾语。[1]虽然这些成分都属于动词性，但并不表示动作行为"喜欢""当""打算""知道"的结果或状态，不算补语。

（22）喜欢<u>骑马</u>

（23）当<u>张三傻瓜</u>

（24）打算<u>明天骑马</u>

（25）知道<u>张三明天骑马</u>

述宾结构除了可以按照宾语的性质分类外，还可以按照宾语的数目来分类。在上述例子里，宾语只有一个。如果有两个宾语，可以称为"双宾语"，例如（26）是一个表示给予义的双宾语结构，"张三"是间接宾语，"一本书"是直接宾语。

（26）我送<u>张三一本书</u>。

这两个宾语到底有怎么样的结构？朱德熙（1982：121）曾认为"双宾语构造是一个述语同时带两个宾语。这两个宾语各自跟述语发生关系，它们互相之间没有结构上的关系。按照这种看法，双宾语格式只能三分（述语、近宾语、远宾语），不能二分"。显然，这种"三分"的方法在目前句法学的合并理论中是不可接受的。每次的合并只能把两个成分组合起来，不能同时把三个成分合并在一起。因此，每个短语内的中心语只能拥有一个补足语，不可能拥有一个以上的补足语。动词、间接宾语、直接宾语三者不能同时进行合并，无法形成一个"三分"的格式。

不过，朱德熙（1982：121）也提出另外一种观点，"即把双宾语格式看成是述宾结构带宾语的格式"。跟"三分"不同，所谓"述宾结构带宾

---

[1] 小句（标句词短语）的句法结构在第八章"句子"中讨论，名词谓语句的句法结构在第九章"句型和主要的句式"中讨论。

语”的格式是有层次结构的,间接宾语和直接宾语不在同一个层次上。按照层次分析,动词和间接宾语先组合成一个成分,然后在这个成分之后才出现直接宾语。如果利用我们熟悉的树形图,我们可以把朱德熙(1982)的这个观点描绘成(27)。在这个树形图里,动词和间接宾语先合并,组成一个成分,然后再跟直接宾语合并。

(27)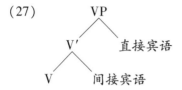

在树形图(27)中,间接宾语和直接宾语之间没有直接的关系,它们并不组成一个成分。然而,在联合结构的测试里,这两个宾语可以组成一个成分,例如(28)的“张三一本书”和“李四一枝笔”(邓思颖2003b:131)。由此可见,所谓的“述宾结构带宾语的格式”是有问题的。

(28) 我送[张三一本书],[李四一枝笔]。

事实上,根据 Barss and Lasnik(1986)的研究,他们发现在英语双宾语结构里,间接宾语的层次必须比直接宾语高。我们在汉语里也能找到相关的例子,证明间接宾语和直接宾语不能处于同一个层次上(邓思颖2003b:134—135)。

第一个证据来自反身代词的约束。(29)的“他自己”是一个反身代词,位于直接宾语之内。根据约束理论(binding theory),反身代词必须受到所指称的先行语(antecedent)的约束,而反身代词的先行语必须处于一个结构上比较高的位置,即先行语必须统领反身代词。[1](29)的“他自己”受到间接宾语“张三”的约束,$i$ 是一个指称标引(index),表示“他自己”能够指向“张三”,它们有相同的指称,说明了“张三”能统领“他自己”。(30)不合语法是因为间接宾语的“他自己”不能被位于直接宾语内的“张三”所统领,因此“张三”不能作为约

---

[1] 有关“统领”的定义,详见第四章“短语”。

束"他自己"的先行语,"他自己"不能指向"张三"。[1]

(29) 我给张三ᵢ 一本关于他自己ᵢ 的书。

(30) *我给他自己ᵢ 一本关于张三ᵢ 的书。

第二个证据来自量化词(quantifier)的约束。[2]在以下的例子里,"每一个人"是量化词,代词"他"是变项(variable)。变项必须被量化词所约束,句法上后者必须统领前者。(31)和(32)语感的不同正好说明了汉语的间接宾语和直接宾语不是处于同一个结构层次上的,(31)的间接宾语"每一个人"可以约束位于直接宾语之内的"他",但(32)位于直接宾语之内的"每一个人"却不能约束位于间接宾语内的"他"。根据以上分析,间接宾语句法上必须高于直接宾语,前者能够统领后者。由此可见,把汉语双宾语结构分析为(27)是有问题的。

(31) 我给每一个人ᵢ 一顶他ᵢ 戴过的帽子。

(32) *我给他ᵢ 的妈妈一顶每一个人ᵢ 都戴过的帽子。

我们曾论证过汉语双宾语结构的两个宾语之间有一个功能词,这个功能词表达了拥有的意思,而形态上可以显示为"给",跟动词在句法上形成一个复合词"~给"(邓思颖 2003b)。[3]除了这个功能词以外,汉语给予义的双宾语结构应该由轻动词 CAUSE 组成,应分析为使役句(Cheng, Huang, Li and Tang 1999;邓思颖 2003b;黄正德 2007等),例子(26)的结构可以表示为树形图(33)。既然双宾语结构属于使役句,而表示使役意义的轻动词 CAUSE 和轻动词 BECOME 是一对,双宾语结构就应该由 CAUSE 和 BECOME 共同组成,像"送、给"这类动

---

[1] 希望多了解约束理论的读者,必须先掌握好基本的短语结构理论和"统领"等概念,可以参考语言学教科书对这个理论的介绍。此外,生成语法学有关反身代词的研究成果非常丰富,用汉语写的相关介绍,请参看徐烈炯(1999;2009:§3),用英语写的相关介绍,请参看 Huang and Li(1996)以及 Huang, Li and Li(2009:§9)。

[2] 沈家煊把"quantifier"译作"量词"(克里斯特尔 2000),不少著作都采用这一译法(徐烈炯 1988,1990,2009;石定栩 2002a;梅德明等 2008)。为了与汉语的量词(classifier)相区别,我们按照另一种常见的译法译作"量化词"(宋国明 1997,汤廷池 1994,邓思颖 2003b,温宾利 2002 等)。量化词的词类是限定词 D,例如"每"。

[3] 沿着邓思颖(2003b)的思路,徐德宽(2004:139)也提出过一个相似的分析,认为汉语给予义双宾句包含了一个表示"使……得到"的空轻动词。何晓炜(2008a,b,c)认为双宾语结构所包含的功能词表示传递意义,又见何晓炜(2009)对双宾语结构研究的综合介绍。

词也应该分析为三元非宾格动词(黄正德2007)。位于间接宾语和直接宾语之间的功能词,正好由 BECOME 来充当,并且被赋予拥有的意义。(33)的结构可以诠释为"我促使一件事情发生,而这件事情是张三受到一本书送给他的影响,结果就是张三拥有这本书",或者更简单地说:"我使张三拥有一本书。"主语"我"是事件的致事,直接宾语"一本书"是受事,而间接宾语"张三"是受到影响的感事(黄正德2007:10)。按照我们以往的分析(邓思颖2003b),间接宾语"张三"原本跟介词"给"组成介词短语,作为动词的补足语,情况就像本章(110)"在桌子上"那样的结构,只不过在双宾语结构里"给"并没有出现,间接宾语"张三"直接作为动词的补足语,动词短语内的"一本书送(给)张三"可以分析为组成与格结构(dative construction)"送一本书给张三"的核心部分,因此汉语的双宾语结构是由与格结构推导出来的。表面上,"张三"通过移位移到轻动词短语 $v$P2 的指定语位置,形成间接宾语在上、直接宾语在下的结构。

(33)    ...$v$P1

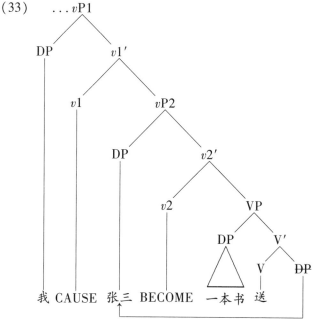

为了推导出正确的词序,动词"送"进行中心语移位,先移到轻动词 BECOME 的位置,然后移到轻动词 CAUSE 的位置,如图(34)。间接

宾语"张三"能够统领直接宾语"一本书",句法层次上前者比后者高,符合前面讨论过的反身代词约束和量化词约束的现象。此外,"张三"和"一本书"组成了一个成分(即轻动词短语vP2),这就可以解释为什么"张三一本书"能够进入(28)的并列结构。

(34)

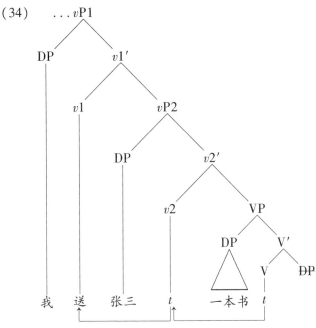

另一种双宾语结构是表示取得义,例如(35),"张三"和"一本书"仍然被称为间接宾语和直接宾语。陆俭明(1997,2002)、N. Zhang(1998)、张宁(2000)、徐杰(1999b;2001:§4)、蔡维天(2005b)等详细论证了取得义双宾语结构的确有两个宾语,并非只有一个宾语。[1]

(35)我偷张三一本书。

我们赞同黄正德(2007:11)的观点,认为取得义的双宾语结构并没有使役意义,句法上不应该由轻动词CAUSE组成。[2]他进一步认为

---

[1] 不过,张伯江(2009:148)指出,当取得义双宾语结构"V+N1+N2"的N2前没有数量成分的时候,在"N1的N2"处于内嵌结构的条件下,"V+N1+N2"之间实现的是V和N2之间的单及物关系,N1是N2的定语,例如(i)的"偷他东西"。

(i)后来有一天,我舅舅在派出所里遇上了那个偷他东西的贼;他俩并排蹲在墙下。

[2] 我们受到N. Zhang(1998)、张宁(2000)的启发,曾把表示取得义的双宾语分析为使役句,结构跟给予义的一样(邓思颖2003b),跟本书的分析不同。

取得义的双宾语结构跟以下的例子基本一样,都属于同一类的句子。(36)的"他"和"一个耳光",(37)的"他"和"两堂课"看起来都像间接宾语和直接宾语,像这两句中的动词应该分析为三元非作格动词(黄正德2007)。

（36）我打了他一个耳光。

（37）我只听了他两堂课。

表示取得义的(35)和(36)、(37)等双宾语结构,都应该有以下的结构。"张三""偷""一本书"组成一个动词短语,"偷"是中心语,"一本书"是动词的补足语,"张三"是指定语。表示活动的轻动词DO跟动词短语合并,"我"跟DO合并,可理解为事件的施事。"张三"和"一本书"都属于受事,不过"张三"有点"蒙受"的意味,为了区别这两种受事,(35)的"张三"可以分析为受事的一个小类——"间接受事"(Indirect Patient)或"蒙事"(Affectee)(蔡维天2005b,黄正德2007)。张国宪(2001:516)认为取得义双宾语结构(即他所讲的"索取义双宾语结构")跟"吓我一跳""烫我一哆嗦""扒了他个精光"等例子都有一个共同的特点,那就是表示了一种"消极语义"。这种"消极语义"应该是"蒙受"意味的一种体现。(38)的结构可诠释为"我做了一件事情,那件事情就是从张三那儿偷了一本书"。

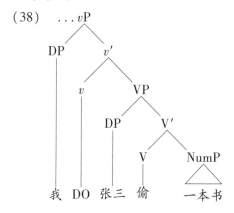

动词"偷"进行了中心语移位,形成了"我+偷+张三+一本书"的词序,如(39)所示。

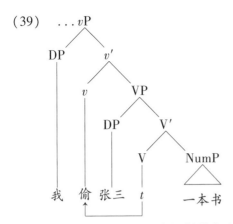

（39）　...*v*P

　　　　DP　　　*v*′

　　　　　　　*v*　　VP

　　　　　　　　　DP　　V′

　　　　　　　　　　　V　　NumP

　　　　我　偷　张三　*t*　　一本书

虽然给予义和取得义的双宾语结构都包含两个宾语,但它们的句法结构却不一样。给予义双宾语结构的间接宾语(即(26)的"张三")是轻动词短语的指定语,取得义双宾语结构的间接宾语(即(35)的"张三")是动词短语的指定语,两者的句法位置是不一样的。(40)和(41)两组例子的差异显示了给予义双宾语结构的直接宾语可以被动化,而取得义双宾语结构的情况刚好相反(张国宪2001:514)。根据这些被动化的例子,张国宪(2001:514)认为(41a)取得义双宾语结构的"李四"比(40a)给予义双宾语结构的"李四""更有资格充当宾语"。上述(33)和(38)两个树形图应该可以解释为什么这两种双宾语结构有差异。

（40）a. 张三给了李四一本书。

　　　b. 那本书被张三给了李四。

　　　c. *李四被张三给了一本书。

（41）a. 张三抢了李四一个钱包。

　　　b. *那个钱包被张三抢了李四。

　　　c. 李四被张三抢了一个钱包。

给予义和取得义双宾语结构除了间接宾语的句法位置有差异以外,它们的直接宾语也有语法上的差异。张伯江(2009:§8)详细比较了这两种双宾语结构直接宾语的区别。首先,取得义双宾语结构的直接宾语有"计量性"的特点。张伯江(2009:142)基于陆俭明(1997:42)的观察,注意到给予义双宾语结构的"数量名"直接宾语是个体性的(individuated),可以受领属性定语修饰,例如(42)的"三个我的苹果";取得义双宾语结构(43)从表面上看跟(42)相仿,但"吃了"的宾语是非个体性的,不能受领属性定语和限定性定语修饰,例如(44)的"三个他的苹果"和(45)的"三个红的苹果"。因此,取得义双宾语结构的"数量名"名词性成分表示计量,仅仅是强调数量。沿着这个思路,(38)的"一本书"应该分析为数词短语 NumP。

(42) 只给了他三个我的苹果。

(43) 只吃了他三个苹果。

(44) ?只吃了三个他的苹果。

(45) *总共吃了三个红的苹果。

其次,取得义双宾语结构的直接宾语具有"弱启后性"的特点。张伯江(2009:144)注意到个体性强的"数量名"名词性成分具有较强的被回指能力,有"启后性"(persistence)的作用,例如给予义双宾语结构(46)的直接宾语"一根绳"可以在下文中被回指;但表示计量的"数量名"名词性成分,例如取得义双宾语结构(47)的"一盏蛤蟆灯",找不到回指的成分,也不可能有(显性的)回指成分,(48)是不能接受的。[1]

(46) 一个兵送我一根绳$_i$,我用绳$_i$将鞋和脚扎住,使不脱落。

(47) 我每年要买他一盏蛤蟆灯,接连买了好几年。

(48) *我每年要买他一盏蛤蟆灯,接连买了好几年这盏灯。

第三,给予义双宾语结构的直接宾语可以进行关系化,但取得义双宾语结构却不能。给予义双宾语结构可以形成关系小句,修饰直接宾语,例如(49);但取得义双宾语结构却不可以形成关系小句,例如不合语法的(50)(张伯江 2009:145)。

(49) 我用[[那个兵送我]的那根绳]将鞋和脚扎住。

(50) *我喜欢[[我买他]的那盏蛤蟆灯]。

此外,上述(40)和(41)两组例子的对立说明了给予义双宾语结构的直接宾语可以进行被动化(例如(40b)),但取得义双宾语结构的直接宾语却不能(例如(41b))(张国宪 2001),进一步显示了这两种双宾语结构的差异。

---

[1] 有关数词短语 NumP 的回指问题,请参看本书第五章"名词性结构"的讨论。

基于这四点差异,我们认为给予义双宾语结构的直接宾语是典型的受事宾语,作为动词的一个论元,用朱德熙(1982)的术语来讲,是"真宾语";而取得义双宾语结构的"数量名"名词性成分是"数量宾语",用朱德熙(1982)的术语来讲,可以理解为"准宾语"。[1] "真宾语"可以出现在动词短语的指定语位置(例如(33)的"一本书"),而"准宾语"往往在补足语的位置出现(例如(38)的"一本书")。

除了取得义双宾语结构以外,其他表示动量和时量的"准宾语"也可以形成貌似双宾语结构的句子。(51)的"他"是受事宾语,"三次"是动量宾语;(52)的"他"是受事宾语,"三个钟头"是时量宾语。如果受事宾语是指人的,往往是受事宾语在前,动量和时量宾语在后(朱德熙1982:119)。这两个例子的结构都应该跟上述取得义双宾语结构一样(Huang 1994),如(53)。组成这种双宾语结构的轻动词是 DO,"我"是这个事件的施事,意思就是说"我做了一件事情,那件事情就是对张三批评了三次/三个小时"。动词"批评了"进行中心语移位,移到 DO的位置,情形就像(39)那样,为了节省篇幅,树形图从略。

(51) 我批评了他三次。

(52) 我批评了他三个钟头。

(53)

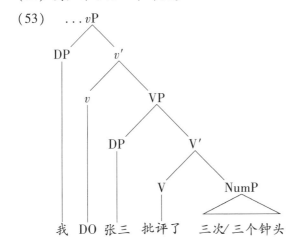

[1] 张国宪(2001:514)甚至认为取得义双宾语结构贴近动词的宾语才是"直接宾语",而远离动词的宾语反而是"间接宾语"。

动词性宾语也可以进入双宾语结构,例如(54)和(55)。(54)的
"你"是受事宾语,"张三明天骑马"是小句宾语(即标句词短语 CP),也
应该属于"告诉"的一个论元,表示受事。(55)的"李四"是受事宾语,
小句"王五明天去不去"是另外一个宾语。(54)的结构如(56)所示,小
句宾语作为动词"告诉"的补足语,它的内部结构跟这里的讨论无关,
只用一个大三角形来表示,不作详细说明。(56)的结构可以诠释为
"我做了一件事情,那件事情就是向你说张三明天骑马"。"告诉"进行
移位,移到 DO 的位置,形成正确的词序。

(54) 我告诉你张三明天骑马。

(55) 张三问李四王五明天去不去。

(56)

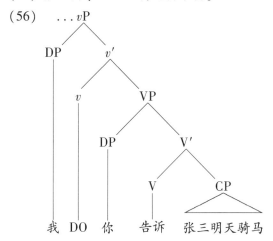

## 7.3　述补结构

　　补语是动词性成分,主要的作用是用来说明动作的结果、状态等事
件意义,补充动词所表示的事件,强调了"补充"的作用。按照传统语
法学的分析,汉语的述补结构一般划分为六类,包括结果补语、程度补
语、可能补语、状态补语、趋向补语、时间和处所补语。(57)的"赢"是
结果补语,"表示动作、行为产生的结果,与中心语有因果关系"(黄伯
荣、廖序东 2002b:94);(58)的"极"是程度补语,"表示达到极点或很
高的程度"(黄伯荣、廖序东 2002b:96),其他常见的程度补语还包括
"很、透、慌、死、坏"等;(59)的"得+到"是可能补语,用"得/不得"充

当,或在述语和结果补语、趋向补语之间插进"得/不",用来"表示有无可能进行,或表示动作结果能否实现,……动作的结果、趋向可能不可能实现"(黄伯荣、廖序东2002b:98);(60)的"累死了"是状态补语,"表示由于动作、性状而呈现出来的状态"(黄伯荣、廖序东2002b:96),"得"出现在述语和补语之间;(61)的"出来"是趋向补语,"表示动作的方向或事物随动作而活动的方向"(黄伯荣、廖序东2002b:97),趋向补语由趋向动词充当,例如"来、去、进、出"等;(62)的"到这会儿"是时间补语,"到邮局"是处所补语,这种补语由介词短语来表示"动作发生的时间和处所,包括表示动作的终止地点"(黄伯荣、廖序东2002b:97)。

(57) 我们打赢了球。

(58) 心里痛快极了。

(59) 我哪里猜得到他们的心思?

(60) 我走得累死了。

(61) 张三拿一本书出来。

(62) 他们走到这会儿/到邮局。

形态上,结果补语、程度补语、可能补语的补语与述语的关系非常密切,朱德熙(1982:125)认为由述语和结果补语组成的述补结构是"黏合式",即"补语直接黏附在述语后头"。[1]程度补语仅限于上述提及的几个例子,而且有些程度补语已经虚化,失去了原来的意义,例如"笑死人"的"死"不等于"死亡",可以当作组成复合词的一个语素(汤廷池1992b)。朱德熙(1982)虽然把可能补语当作"组合式述补结构",不属于"黏合式",但他也注意到宾语的位置总是在整个述补结构的后头,宾语放在述语之后(例如"拉他不住")或在"得"字之后(例如"岂能瞒得我过")属于宋元白话的格式,除了一些熟语性的说法(例如"放心不下")之外,这种格式在现代汉语里已经很少见(朱德熙1982:132),可见"动+得+动"的述补结构在现代汉语里可以重新分析为一

---

[1] 对这种"黏合式"结果补语,生成语法学界有不同的意见,Huang(1992)主张由句法移位推导而来,Yafei Li(1990,1993)、Cheng and Huang(1994)等认为是复合词,属于词法的现象。有兴趣的读者可以参看熊仲儒(2004:§4.3)的介绍和评述。

个词,直接带宾语。Cheng and Sybesma(2004)虽然提出过一个句法分析方案,认为"动+得+动"可能补语通过句法移位产生,[1]但仍然需要依赖一种所谓"音韵合并"(phonological merger)的手段,把"得"和两个动词组合起来。"音韵合并"或许是属于句法音韵接口的操作,甚至是音韵形态接口的操作,已经超出了句法部门的范围,没有音韵部门的帮助,"动+得+动"可能补语就形成不了。基于这些考虑,结果补语、程度补语、可能补语这些述补结构应该分析为复合词,在词法里形成,在句法内操作的短语结构理论并不适用于这三类述补结构的产生。

至于剩下的三类述补结构,即状态补语、趋向补语、时间和处所补语,都应该在句法内产生,形成短语。"广义的述补结构"包括上述六种类型,即包括述补式复合词和短语;"狭义的述补结构"只包括短语,即由状态补语、趋向补语、时间和处所补语这三种补语所构成的结构。以下的讨论只关注狭义的述补结构的句法问题,而不讨论属于词法现象的结果补语、程度补语、可能补语。

状态补语表示由于动作、性状而呈现出来的状态,"得"出现在述语和补语之间,也叫作"情态补语"(刘月华等1983,2001;冯志纯等2008:162)。朱德熙(1982:134)注意到状态补语可以分为两个小类,第一类"A式"是由"单个儿的形容词"充当,例如(63)的"高";第二类"B式"是由"程度副词+形容词"和"状态形容词"充当,[2]例如(64)的"很高、高高的"。前者是断言,是静态的,不包含量的概念;后者是描写,是动态的,包含量的概念。黄伯荣、廖序东(2002b:96)也有相似的分类,认为"A式"用作评价,"B式"用作描写。

(63)飞得高

(64)飞得很高/高高的

虽然这两个小类的区别是事实,但"A式"不属于状态补语,应该

---

[1] 虽然 Cheng and Sybesma(2004)主要分析粤语的可能补语,但他们的分析也基本上适用于普通话。

[2] 即本书所讲的"静态动词",属于动词的小类。

从状态补语中剔出去。汤廷池(1992b：36—37)认为"A式"实际上是可能补语,不含量的概念,属于静态,表示涉及过去、现在、未来的"一切时"(generic time)的能力,在叙述的性质上属于断言而不属于描写,只有"B式"才算是真正的状态补语。如果"A式"是可能补语,应该分析为复合词,并非由句法产生。只有"B式"才组成短语,归句法管,因此,以下有关状态补语的讨论只考虑所谓"B式"的情况。

除了朱德熙(1982)的分类外,文献中一般把状态补语划分为"描写补语"和"结果补语"两类。(65)的补语"很快"和述语"跑"之间有一种方式(manner)的关系,"跑"呈现了一种静止的状态,"很快"就是用来描写这种静止状态的方式,(66)的"很好"也是描写"睡"的方式。因此,这种状态补语的功用是用来描写静止状态的方式,由这种补语所构成的述补结构是静态的(Li and Thompson 1981：624—625),可以称为"描写(descriptive)补语"(Huang 1988)。

(65)他跑得很快。

(66)我们睡得很好。

至于下面两个例子,情况有点儿不同。(67)"跳"的动作到了一个程度后,呈现出一个状态,即动作产生了一个结果,"很累"就是表达了这种结果状态;(68)的补语"睡不着觉"表达了"高兴"到了某个程度后所产生的结果。因此,这种状态补语的功用是表达事件到了某个程度后所呈现的结果状态(Li and Thompson 1981：626),可以称为"结果(resultative)补语"(Huang 1988)。这里所讲的结果补语跟传统语法学所讲的不一样,前者是状态补语的一类,属于短语,后者是述补式复合词(例如(57)的"打赢")。由于述补式复合词并不在我们讨论的范围内,"结果补语"一词在本书里只用来指(67)的"很累"和(68)的"睡不着觉"一类的补语,不会引起混淆。

(67)他们跳得很累。

(68)他高兴得睡不着觉。

有些状态补语有歧义,既可以理解为描写补语,又可以理解为结果补语,例如(69)和(70)(Li and Thompson 1981:627—628)。如果(69)的"很开心"是描写"吃"的方式,侧重在静态的描写,"很开心"就是描写补语;如果"很开心"所指的是"吃"到了某个程度的结果,"很开心"就是结果补语。同样道理,如果(70)的"很伤心"是描写"哭"的方式,它就是描写补语;如果"很伤心"指的是"哭"到了某个程度的结果,它就是结果补语。

(69)我们吃得很开心。

(70)他哭得很伤心。

事实上,这两类状态补语在香港粤语的形式上有明显的区别,跟"得"连用的是描写补语,跟"到"连用的是结果补语。普通话的(69)和(70),用粤语可以表示为(71)—(74)。跟"得"连用的(71)的"好开心"和(73)的"好伤心"是描写补语,是静态的描写;跟"到"连用的(72)的"好开心"和(74)的"好伤心"是结果补语,表达了动作的结果,两者分得很清楚。

(71)我地食得好开心。(我们吃得很开心。)

(72)我地食到好开心。

(73)佢喊得好伤心。(他哭得很伤心。)

(74)佢喊到好伤心。

这两类状态补语的主要区别不在于它们本身的句法结构,而是跟轻动词的选择有关。以(69)为例,如果"很开心"理解为描写补语,应该由(75)的树形图产生。"吃得"是一个动词,"得"是这个动词的后缀(Huang 1992:140,注释1),[1]"很开心"是一个包含了空主语 e 的结构(时间词短语 TP),空主语 e 指向"我们"。[2]"吃得"和"很开心"合并后组成动词短语——述补结构。表示状态的轻动词 BE 跟动词短语和主语"我们"合并后,组成轻动词短语——主谓结构。轻动词 BE 让这个述补结构表达静态的事件,"我们"是这个事件的受事。词根

---

[1] 文献曾把"得"分析为一个功能词,作为短语的中心语。Yue-Hashimoto(1971)、Sybesma(1992)把"得"分析为 Extent,Huang(1982:§2)、C. -C. J. Tang(1990)、司富珍(2009:§2)把"得"分析为标句词 C,我们曾把这个功能词笼统地称为 F(Tang 1997)。不过,本书认为"V 得"在词法产生,并非在句法产生,"得"不是功能词。

[2] 有关时间词短语 TP 的句法分析,请看第八章"句子"的讨论。

"吃得"（或应该理解为"轻动词+词根"）是主要谓语，而处于动词补足语位置的描写补语是"次谓语"（secondary predicate）（Huang 1988），两者共同组成一个比较"复杂"的谓语。（75）可以诠释为"我们处于一种状态，那就是吃得很开心"。

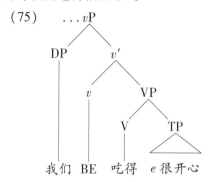

动词"吃得"进行移位，移到 BE 的位置，形成（76）的结构。"吃得"移到 BE 的原因可能跟"得"的性质有关，动词移位后，让 BE 和"得"走在一起，共同表达了一种静态的事件。

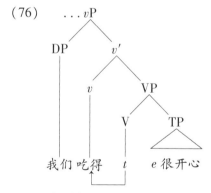

至于理解为结果补语的"很开心"，它的句法位置跟描写补语基本一样，只不过跟动词短语合并的是轻动词 BECOME，表示了一个状态的转变，例如(77)。"我们"虽然也理解为受事，但带有一种受影响的意义，经历了状态的变化，或许可以理解为感事。跟(75)的结构一样，"吃得"（或"BECOME+吃得"）是主要谓语，处于动词补足语位置的结果补语是次谓语，主要谓语表示一个变化的动作，而次谓语表示了动作的结果。

(77)

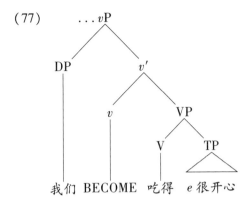

我们 BECOME 吃得 *e* 很开心

跟(76)的情况差不多,动词"吃得"移到 BECOME 后,形成了(78)的结构。

(78)

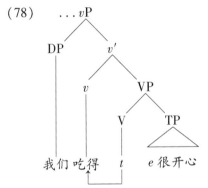

我们 吃得 *t* *e* 很开心

到底是由轻动词 BE 还是由轻动词 BECOME 组成包含状态补语的述补结构,我们认为这应该跟动词"动+得"有密切的关系,尤其是跟"得"的特征有关。我们不妨假设有两个"得",一个是静态的"得$_1$",一个是动态的"得$_2$",得出两类的"动+得$_{1/2}$",BE 只选择以静态的"动+得$_1$"作为中心语的动词短语,BECOME 只选择以动态的"动+得$_2$"作为中心语的动词短语。[1]只不过在普通话里,这两个"得"同音,表面上分不出来。粤语静态的"得"和动态的"到"分得很清楚,BE 选择以"动+得"组成的动词短语,BECOME 则选择以"动+到"组成的动词短语,不会产生歧义。粤语"得"和"到"的分野,反映了它们对于静态事

---

[1] 有学者甚至假设动态的"得"就是轻动词 BECOME( Lin 2001,熊仲儒 2004,Huang 2006)。

件和动态事件的分别是敏感的,动词移位后,轻动词和"动+得/到"合在一起,共同表达了静态、动态的事件。

（79）的状态补语由主谓结构"谁也看不懂"组成,朱德熙（1982：135）注意到主谓结构做状态补语有两类。（79）和（80）叫"A 组",（81）和（82）叫"B 组"。

（79）写得谁也看不懂。

（80）热得满头大汗。

（81）走得我累死了。

（82）吓得那孩子直哭。

朱德熙（1982：136）发现只有"B 组"才可以转换成主谓结构,例如（83）和（84）。

（83）我走得累死了。

（84）那孩子吓得直哭。

虽然这些状态补语都表达了动作的结果,属于结果补语,但对这些述补结构之前所隐含的主语却可以有不同的理解。"A 组"的（79）隐含了一个受事主语,可能指语境里的某些字体或符号;（80）也隐含了一个受事主语,指向语境里的某个人或某些人。（79）的结构可以表达如（85）。"谁"是作为次谓语的小句主语,属于状态补语的一部分,是"真正"的主语。轻动词 BECOME 的主语是一个小代词 *pro*,这是一个可以有指称作用但没有语音的空语类。（85）可以诠释为"某事物呈现一个状态的变化,那就是写出来以后,谁也看不懂"。

（85）

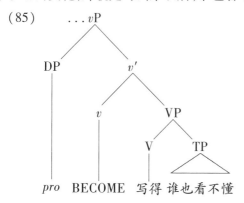

至于"B组",(81)和(82)动词前所隐含的成分,都可以理解为致事,例如促使我走累的某人某事、促使那孩子吓哭的某人某事,都可以理解为致事。至于充当"B组"状态补语的主谓结构,"真正"的主语并非(81)的"我"和(82)的"那孩子",而是在状态补语外面的成分。"B组"的例子应该分析为使役句,(81)的"我"只是轻动词 BECOME 的主语,句子"真正"的主语是 CAUSE 的主语——小代词 *pro*,指向语境里某个致事,状态补语(即树形图(86)的时间词短语 TP)之内有一个空主语 *e*,指向"我"(Huang 1992 等)。[1] (86)可以诠释为"某人或某物促使一件事情发生,而这事情是我经历了走路事件的变化,变化的结果是我累死了"。

(86)

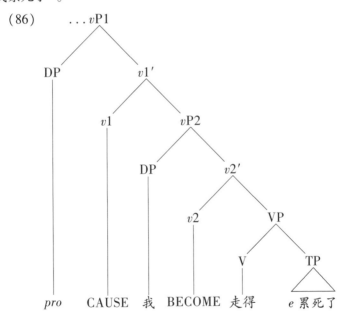

轻动词 CAUSE 和 BECOME 是没有语音形态的空语类,吸引动词移位。能够满足 CAUSE 和 BECOME 的要求,就是作为词根的"走得"。动词"走得"先移到 BECOME,然后移到 CAUSE 的位置,例如(87),最

---

[1] 状态补语内空主语 *e* 指向最邻近的论元,Huang(1992)将其分析为"大代词"(PRO),但 Huang(2006)又提出了移位的分析,那么空主语就应该是一个语迹。有关这个空主语的具体性质,我们不作讨论。

后形成(81)"走得我累死了"的词序。

（87）

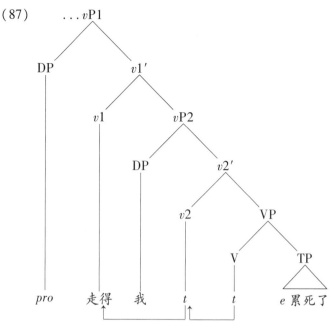

如果没有加入轻动词 CAUSE，只有 BECOME 那一层，就会像（88）那样，形成（83）的词序。事实上，（83）与（81）相比较，前者缺乏使役意义，意义上反而跟"A 组"的（79）接近，结构上也相同（比较（88）和（85））。（83）的"我"和（79）隐含的空语类（小代词）都是受事，作为 BECOME 的主语。朱德熙（1982）说只有"B组"才可以转换成主谓结构，其实"A 组"本来就是一个主谓结构，只不过主语是空的。

（88）

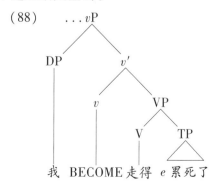

朱德熙(1982：121)把(89)的"个痛快"和(90)的"个落花流水"分析为"程度宾语",认为"个"可以把动词性成分变成名词性成分,充当宾语。熊仲儒(2004：181—182)从句法学的角度认为,这个"个"是直接跟动词短语合并的量词。

(89)玩儿个痛快

(90)打了个落花流水

张庆文(2009：19)注意到"个"跟程度副词"很"有相同的分布,都可以出现在(91)和(92)的"得"之后、"干净"之前,而且呈现互补现象,(93)是不合语法的。此外,"个"和"很"可以跟表示状态的静态动词(或称为"状态形容词")"干净"连用,但不能跟非谓形容词"粉红"连用,例如(94)。因此,"个干净"和"很干净"都应该有相同的语法性质,属于动词性成分。

(91)吃得个干净

(92)吃得很干净

(93)＊吃得个很干净

(94)＊他的手冻得个粉红/很粉红。

虽然句法上"个"和"很"有相同的分布,但语义上却扮演着不同的角色。跟"个"连用的成分往往表达一种"极性对立"(polarity)的意义,即状态已经到了极限,例如(95)的"个"可以跟"一干二净"连用,但(96)的"很"却不可以(张庆文 2009：19)。"一干二净"所表示的意义是"彻底、完全干净",是"干净"的一种极性意义。

(95)他们把饭吃得个一干二净。

(96)＊他们把饭吃得很一干二净。

"个"有极性对立的含义,但"很"却没有,它们的区别可以进一步在(97)和(98)中显示出来(张庆文 2009：20)。(97)的"个"强调醉到了极限状态,如果到了这个地步,应该认不出人,#表示这个例子在语用上说起来好像不太合理,比较别扭;但(98)的"很"没有极限的含义,说起来就很自然。

(97)#他喝得个醉,不过还能认出我来。

(98) 他喝得很醉,不过还能认出我来。

由此看来,(89)的"个痛快"和(90)的"个落花流水"属于动词性的成分,用来表示由于动作、性状而呈现出来的极限状态,应该具备分析为状态补语的条件。

位于句末的趋向补语,是由趋向动词组成的动词短语,直接跟词根合并。上述的(61)(重复在(99))可以形成树形图(100)。"出来"分析为一个动词短语,VP1 是由词根组成的主要谓语,VP2 是由趋向补语充当的次谓语,加上数字以资识别。"一本书"是受事宾语,"张三"是致事主语。

(99) 张三拿一本书出来。

(100)

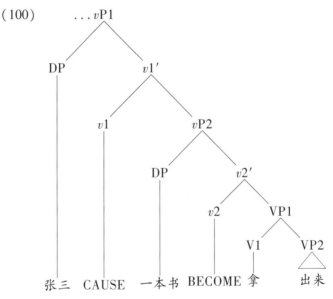

动词"拿"先移到 BECOME,然后再到 CAUSE,一步一步移到了最高的位置,如树形图(101),形成了(99)的词序。请注意,在这个树形图里,虽然动词短语 VP1 看起来好像拥有两个动词(即 V1"拿"和 V2"出来"),但事实上只有 V1"拿"才算是这个动词短语 VP1 的中心语,作为整个谓语的词根。趋向补语"出来"是"拿"的补足语,构成了另一个动词短语 VP2,充当次谓语,有别于由 V1 组成的 VP1。轻动词 CAUSE 和 BECOME 只吸引词根移位,不能吸引次谓语移位。

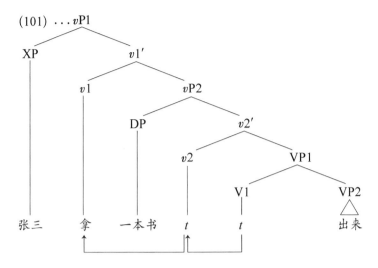

(101) ...$v$P1

如果将动词"拿"和趋向补语"出来"重新分析为一个复合词"拿出来",[1]如图(103)所示,"拿出来"移到轻动词 CAUSE 的位置,就产生出(102)的词序。严格来讲,(103)所形成的轻动词短语"拿出来一本书"实际上是一个述宾结构,"拿出来"是述补式复合词,充当述语,不再属于"狭义的述补结构"。

(102)张三拿出来一本书。

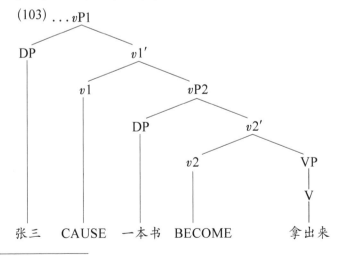

(103) ...$v$P1

---

[1] "动词+趋向补语"的重新分析不排除在词法内进行的可能性。当进入句法的时候,"拿出来"已经是一个复合词。

至于像（104）的词序，应该由树形图（105）推导出来。在图（105）中，真正的趋向补语应该是"来"。"拿"和"出"重新分析为一个述补式复合词"拿出"，不属于"狭义的述补结构"。主要谓语 VP1 以"拿出"为中心语，而次谓语 VP2 以"来"为中心语。动词"拿出"移到轻动词 CAUSE 的位置后，形成了（104）的词序。

（104）张三拿出一本书来。

（105）...vP1

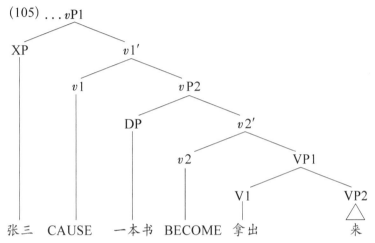

由介词短语充当的时间和处所补语，跟其他的补语一样，可充当谓语动词的补足语。（62）（重复在（106））的句法结构可以表达为图（107）。"到"是介词，"到"跟表示时间的"这会儿"和表示处所的"邮局"组成介词短语 PP，跟动词"走"合并，形成动词短语。在这个述补结构内，动词"走"是主要谓语，动词性的介词短语是次谓语，两者共同组成一个比较"复杂"的结构。

（106）他们走到这会儿/到邮局。

（107）...vP

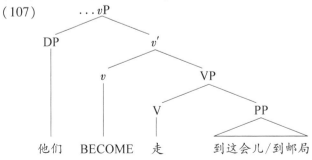

至于其他的介词短语，例如（108）表示处所的"在桌子上"，
（109）表示目标、终点的"给他"，也应该可以做同样的分析。（110）的
"在桌子上"是动词"放了"的补足语，说明了动作的处所。动词"放
了"移到轻动词 CAUSE 的位置后，就会形成（108）的词序。（110）这样
的结构可以诠释为"我促使一件事情发生，而这件事情是一本书参与
了有变化的事件，结果就是在桌子上"。[1]

（108）我放了一本书在桌子上。

（109）我送了一本书给他。

（110）

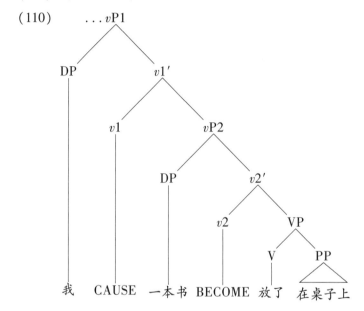

动词"放了"进行移位后，形成树形图（111）。作为词根的"放了"
首先移到 BECOME，然后再移到 CAUSE，位于动词补足语位置的介词
短语 PP"在桌子上"则留在原来位置，形成了"放了+一本书+在桌子
上"的词序。至于（109）也有相似的情况，词根"送了"进行移位，而介

---

[1] 我们曾讨论过双宾语结构（如（26））和与格结构（dative construction，如
（109））的区别，其中，区别之一就是前者有一个"额外"的功能词（邓思颖 2003b）。按照本
书的分析，双宾语结构和与格结构都有一个功能词——轻动词 BECOME。要区别两者，我
们可以说双宾语的 BECOME 被赋予了拥有的意义，是一个"BECOME+HAVE"的复合词。
粤语只有单纯的 BECOME 而没有复合的"BECOME+HAVE"，这就造成了普通话和粤语双
宾语结构的差异。

词短语"给他"留在句末的位置。

（111）

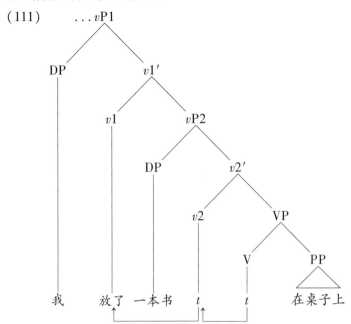

如果谓语内有宾语和作为次谓语的补语,宾语一定在补语之前。（112）和（114）符合宾语在前、补语在后的词序,违反了这个词序的（113）和（115）不合语法。解释的理由很简单,作为次谓语的补语必须出现在补足语位置上,而动词的补足语是在句末的位置,因而只有（112）和（114）才合语法。

（112）那次意外愁得[他][吃不下饭]。

（113）*那次意外愁得[吃不下饭][他]。

（114）张三骑得[那匹马][很累]。

（115）*张三骑得[很累][那匹马]。

句法对补语的要求也可以解释为什么我们有"双宾语"却没有"双补语"。（116）有两个状态补语(结果补语),（117）有两个趋向补语,（118）也有两个补语,一个是时间补语,一个是处所补语,它们都不合语法。由于动词的补足语只有一个,因此整个谓语只能有一个补语,不能有两个。

（116）*他愁得[吃不下饭][很伤心]。

（117）＊张三拿一本书［出来］［上来］。

（118）＊他们走［到这会儿］［到邮局］。

上述对补语的限制似乎同样适用于动词性的宾语。前文提过（54）的小句"张三明天骑马"和（55）的小句"王五明天去不去"都是动词性宾语（重复在（119）和（121）），如果把"名词性宾语＋动词性宾语"的词序颠倒过来，例如（120）和（122），就不合语法。

（119）我告诉［你］［张三明天骑马］。

（120）＊我告诉［张三明天骑马］［你］。

（121）张三问［李四］［王五明天去不去］。

（122）＊张三问［王五明天去不去］［李四］。

除了补语外，凡是动词性的句法成分只能出现在补足语的位置上。汉语谓语的基本词序可以描述为（123）。

（123）谓语内的动词性成分只能有一个，必须在句末的位置。

黄伯荣、廖序东（2002b：99）认为宾语和补语的顺序有三种可能性：先补后宾（例如（124））、先宾后补（例如（125））、宾在中间（例如（126））。

（124）我在八里之外，就闻到香味了。

（125）陈老五劝我回屋子里去。

（126）拿出书来。

（124）的补语"到"在前，宾语"香味"在后，他们认为这类是"最常见的顺序"。然而，"到"是述补式复合词"闻到"的一个语素，只算是"广义的述补结构"，属于词法的现象，不是"狭义的述补结构"，跟句法无关。（125）的补语"去"是"真正"的补语，能够组成"狭义的述补结构"。（126）的宾语"书"夹在补语"出"和"来"的中间，正如黄伯荣、廖序东（2002b：99）所指出的，"来"是"拿出书"的补语，而"出"是"拿"的补语，"属不同的层次"。根据上述（105）的树形图，"拿出"应该分析为述补式复合词，是"广义的述补结构"，只有"来"才算是"狭义的述补结构"，"出"在词法形成，"来"在句法形成，属于不同的层次。因此，严格来讲，（126）应该分析为"先宾后补"，不存在什么"宾在中间"。所谓"先补后宾"和"宾在中间"等现象都跟句法无关，"先宾后补"才是典型的、唯一的合语法的"狭义述补结构"的词序,符合(123)的描述。黄伯荣、廖序东(2002b:99)认为"先宾后补"的顺序"很有限制",这个结论反而不准确。

## 7.4 小结

本章讨论宾语、补语以及跟宾语和补语相关的述宾结构和述补结构。

宾语和补语的区分标准是,补语只能是动词性成分,主要的作用是用来说明动作的结果、状态等事件意义;其他不作为主语的论元,可以理解为宾语。句法上,补语只能作为动词的补足语,不能位于指定语的位置;宾语的分布相对比较自由,既可以作为动词的补足语,又可以在动词短语内的指定语位置出现。补语和补足语有紧密的关系。

述宾结构里最简单的结构就是把动词和宾语合并在一起,组成动词短语。宾语的种类是多种多样的,既包括典型的受事宾语,也包括表示处所的、表示存现的、表示动量和时量的、表示虚指的宾语等。除了名词性的宾语以外,动词性的成分(包括小句)也可以作为宾语。在双宾语结构里,间接宾语位于一个比直接宾语高的位置。表示给予义的双宾语结构的间接宾语是轻动词 BECOME 的主语,可诠释为感事,而表示取得义的间接宾语位于动词短语指定语的位置,可诠释为间接受事(或蒙事)。

述补结构可分为"广义"和"狭义"两种,"狭义的述补结构"只包括状态补语、趋向补语、时间和处所补语三种,在句法内产生,形成短语,而其他的述补结构应该分析为复合词,在词法里形成。状态补语可以进一步分为描写补语和结果补语,前者用来描写静止状态的方式,后者表达了事件到了某个程度后所呈现的结果状态。补语和其他的动词性成分必须出现在补足语的位置上,而动词的补足语只有一个,位于句末,因此,谓语内补语和动词性的成分只能有一个,必须在句末,在名词性的宾语之后。

# 第八章　句　　子

"句"分为句子和小句。小句被赋予特定的时间意义和句类,带上语气的小句成为句子。时间在句法内体现为时间词,具有承载移位后的主语的功能。表示汉语句类的最基本的形式手段是语调,句法上体现为标句词。语气主要表达了话段意义,跟说话时的语境有关,可以体现为语气词。汉语的语气词分为焦点、程度、感情三类,只在根句出现。

## 8.1　句子和小句

什么是"句子"?《中学教学语法系统提要》作了以下的定义:

(1) 句子是语言的使用单位。句子由词或短语组成。每个句子都有一定语气、语调。在正常的连续说话中,句与句之间有较大的停顿,在书面上用一定的标点(句号、问号、叹号)表示出来。一个句子表示一个相对完整的意思,能够完成一次简单的交际任务。

(1)点出了"表示一个相对完整的意思"是句子的特点,不少学者都强调用"意义完整"来为句子下定义。朱德熙(1982:21)认为"句子是前后都有停顿并且带着一定的句调表示相对完整的意义的语言形式"。黄伯荣、廖序东(2002b:4)认为"句子是具有一个句调、能够表达一个相对完整的意思的语言单位"。除了"意义完整"这个因素外,语调(或句调)也是一个重要成分,要构成一个"意义完整"的单位,语调是不能缺少的。张静等(1980:79)认为句子除了是独立的语法单位和能够表达一个完整的意思外,还必须有一个语调,"语调是句子独有的,一个孤独的词或词组是没有语调的;如果带上语调,就能表达完整的意思,就是句子"。陆俭明(2003:21)认为句子"一定有句调,前后停顿可看作是一个完整句调的起点和终点"。胡裕树等(1995:313—314)对句子的定义比较详细,引录在(2)。

(2) 句子是语言的基本运用单位。在交际和交流思想的过程中,词和词组只能表示一个简单或复杂的概念,句子才可以表达一个完整的意思。……词和词组不就是句子,但是词或词组都可以成为句子。……词、词组同句子的区别不在"量"的上边,而在它们的性质不同。一个句子不仅具有一定的结构成分和结构方式,为了适应具体环境中的交际需要,它还必须有特定的语调。因为有了语调,才能使句子中词语所叙述的内容同现实发生特定联系。……因为句子同现实有了特定的联系,具有特定的内容,所以才能作为语言的基本运用单位。我们说话的时候,每个句子都带有特定的语调,表示某种语气;句子和句子之间有较大的停顿。

由此看来,语调在句子的定义里扮演着重要的角色。传统语法学所讲的短语(或称为词组)和句子的区别,关键就在语调之上。黄伯荣、廖序东(2002b:59)有这样的描述:"短语是意义上和语法上能搭配而没有句调的一组词,所以又叫词组。它是大于词而又不成句的语法单位。"比如说,主谓结构是短语,不算是句子,加上了语调之后意义才变得完整。语调的作用就是让短语所叙述的内容同现实发生特定联系,只有具有特定的内容,才可以作为语言的基本运用单位,成为句子。

某些语调可以在书面上体现为标点符号,借助一定的标点符号表示出来。常见的句号、问号、叹号往往表达了特定的意义,例如句号跟陈述式(declarative)有关,问号跟疑问式(interrogative)有关,叹号跟感叹式(exclamative)、祈使式(imperative)有关。这些概念属于句类的问题,即句子的分类。句类的划分,"口语中可以凭着全句的语调来分别"(胡附、文炼1990:96)。如果把语调理解为句类的一种形式的表现,那么,语调对定义句子的重要性也就不难理解:每个句子必须被赋予特定的句类,按照句类来分,没有句类的成分就不算是句子。

胡裕树等(1995:314)提到"句子中词语所叙述的内容同现实发生特定联系",张斌等(1988:291)以作为句子的"当心"为例,认为"当心"可以"指称路上滑,需要小心。或者指称别的什么意外情况,应该多多留神。总之,它叙述的内容跟客观现实有特定的联系",这种联系可以理解为一种"直指"(deictic)的关系,而句子具有直指特性的部分就是"时"(tense)。具有直指作用的成分在说出话段时直接指向人物、时间或者地点,以说话者为中心,把话语跟某人物、时间或者地点发生直接的联系,而指向是相对于使用这些成分时的语境而言的,由语境决定,随着语境的变化而变化。[1]按照 Reichenbach 的经典分析,"时"由三部分组成:说话时间(speech time)、事件时间(event time)和指称时间(reference time)。显然,说话时间由语境决定,随着语境的变化而变化。当句子被赋予特定的时,句子就可以"同现实发生特定联系"。时应该是构成句子的一个重要部分,也是区分句子和所谓短语的一个重要特点。

语气只出现在句子的层面。《中学教学语法系统提要》在(1)的定义里还指出了"每个句子都有一定语气"。邢福义(1996:16—18)在讨论短语和小句/句子的关系时认为:"句子语气不包含于词和短语,词和短语不带有句子语气。……词和短语同语气之间没有直接联系。词或短语,一带上语气,便成为小句。……准确点说,句子语气黏附于小句直接构件,从而形成小句。"[2]我们认为"语气"是一个笼统的大类,可以作一个比较宽松的理解,是"各种情绪的表示方式"(王力1985[1943/1944]:160),可以包括语态(mood)、[3]言语行为(speech act)或其他跟话语(discourse)相关的特点。语态指说话人对语句事实内容的态度,例如不肯定、确定等。言语行为跟说话人的示意语力(illocutionary force)相关,指承诺、指令、宣告等,联系了语言、说话人、话语等方面。因此,语气主要表达了"话段意义"(utterance-meaning),跟说话时的语境有关,属于语用的层面。像语态、言语行为等话语特点在传统汉语语法学里也称为"口气"(张斌等1988:§4.8;胡裕树等1995:§4.11 等),表达思想感情色彩,甚至与修辞有关。[4]虽然语气对句类的划分有一定的参考作用,但语气和句类并不一样,吕叔湘

---

[1] 有关直指的理论背景,见 Lyons(1995:§10)的综述和 Fillmore(1997)的详细讨论。用汉语介绍直指理论的文献,可见徐烈炯(1990:§13)和方立(2000:§1)。

[2] 有关"小句中枢说"和形式句法学的比较,请详见邓思颖(2005a)的讨论。

[3] 语义学对"mood"有比较狭窄的定义,也可以翻译为"语气"。

[4] 有关"语气"的定义以及"语气"在汉语语法学中的历史沿革,请参看石定栩(2009b)的相关介绍。

（1982）、王力（1985［1943/1944］）早就注意到这个问题，并作过详细的论述。

　　形式方面，语气可以体现为"语气词"（或称为"语气助词""句末助词"），作为构成句子的一个部分。除了语气词以外，语气还可以体现为语调。句调属于语调，汉语的句调包括四种形式：升调、降调、平调、曲调（黄伯荣、廖序东2002a：128）。升调表示"反问、疑问、惊异、号召"等语气，降调表示"陈述、感叹、请求"等语气，平调表示"严肃、冷淡、叙述"等语气，曲调表示"含蓄、讽刺、意在言外"等语气。至于句子的前后停顿，也应该属于语调的一种表现，而且可以表达一定的意义（黄伯荣、廖序东2002a：124）。由此可见，语气可以体现为语气词、语调（包括停顿）等，作为区分句子和短语的一种方式。

　　在以下的例子里，"孩子们喜欢听故事"是主谓结构。按照上述分析，（3）的前后都有停顿，是一个由主谓结构组成的句子。（4）的"孩子们喜欢听故事"后头没有停顿，（5）的"孩子们喜欢听故事"前头没有停顿，朱德熙（1982：21）认为（4）和（5）中的"孩子们喜欢听故事"都不算句子，只是一个主谓结构的短语。

　　（3）孩子们喜欢听故事。

　　（4）<u>孩子们喜欢听故事</u>吧？

　　（5）我知道<u>孩子们喜欢听故事</u>。

　　如果按照朱德熙（1982）等人的标准，（6）的括号部分"孩子们昨天为什么喜欢听故事"的前头没有停顿，只能算作短语，不是句子。不过，这个有括号的部分具有一定的句类，疑问词"为什么"的出现让我们清楚知道这个部分应该理解为疑问式；而时间副词"昨天"也清晰地说明这个有括号的部分能赋予时的意义，具备一定的直指特性。既然（6）的"孩子们昨天为什么喜欢听故事"有比较"完整的意义"，可以"同现实发生特定联系"，为什么不算是句子呢？

　　（6）张三想知道［孩子们昨天为什么喜欢听故事］。

　　（7）是朱德熙（1982：210）所举的例子，他认为这个例子有歧义，可以有三个意思：一、你去过了，我知道（原来就知道），"了"在（8）的括号内；二、我原来不知道，现在知道了，"了"在（9）的括号外；三、我原来不知道你已经去过了,现在知道了,实际上有两个"了",一个在(10)的括号内,一个在(10)的括号外,只不过实际说话时,两个"了"融合成了一个。按照朱德熙(1982:210)的分析,(7)的"了"是"语气词"。那么,这个"语气词"的出现可不可以将(8)和(10)的括号内部分"你去过了"诠释为句子?

(7) 我知道你去过了。

(8) 我知道[你去过了]。

(9) 我知道[你去过]了。

(10) 我知道[你去过了]了。

为了解决上面遇到的难题,我们把"句"的概念分为两类:"句子"(sentence)和"小句"(clause)。定义如下(邓思颖 2010a:60):

(11) 小句被赋予特定的时间意义和句类,带上语气的小句成为句子。

根据(11)的定义,传统语法学所讲的"句"(句子、小句)和"短语"(如主谓结构的短语)的最主要的差别就在于"句"拥有句类和时间意义这两个特点。"句"(句子和小句)能够划分句类,可以表示特定的时间意义,但"短语"不具备这些功能。句类跟陈述式、疑问式、感叹式、祈使式等有关,在某些情况下可以通过特定的语调反映出来,例如表示疑问的升调,或者通过书面上的标点符号反映出来,例如用问号表示疑问,但句类跟语调、标点符号的使用并没有必然的关系。"短语"不是"句",也就谈不上句类。

不能表示时间意义的"短语"不能成句。黄伯荣、廖序东(2002b:48)注意到"有些语气词不止有语气意义,还有成句的作用。一般来说,大多数实词和短语加上语调就能成为句子。但是,有时候还要求加上语气词才可以成为句子,否则站不住"。他们所讲的"语气词",其实就是本书的时间词,例如"了"(即"了$_2$")。没有"了"的(12)不能成为句子,[1]加上了"了"的(13)才能成为独立的句子。[2]

---

[1] (12)的"??"是本书所加的,并非黄伯荣、廖序东(2002b:48)原本所有。

[2] 这是文献中所说的完句条件的问题,详见孔令达(1994)、黄南松(1994)、竟成(1996)、Tang and Lee(2000)、Tang(2001c)以及胡建华、石定栩(2005)等的讨论。

（12）?? 他做完作业。

（13）他做完作业了。

虽然句子和小句同样属于"句"，但两者是有差别的。根据（11）的定义，能够表达语气的"句"是句子，不能表达语气的"句"是小句。语气主要表达了话段意义，跟说话时的语境有关。张斌等（1988：291—292）以"当心"为例，认为"作为一个词，它不表示任何主观意识。作为句子，它包含了说话人的目的、意图之类"，他们所讲的"目的、意图"应该跟语气有关。小句只具备表示时间意义的功能，但缺乏表达语气的功能。如果只有包含语气的成分才算有"完整的意义"，那么，小句所表达的意义还不够"完整"。从形式方面来考虑，语气可以体现为语气词（例如"吗、吧"等）和语调，语调包括停顿以及前文提及的四种句调（黄伯荣、廖序东2002a：128），在书面上可以通过特定的标点符号表示出来，例如句号、问号、叹号等，正如吕叔湘等（1980：5）所说，"一个句子的末尾有一定的语调标志，在书面上有句号（或问号、叹号）"。

根据（11）的定义，（4）和（5）的"孩子们喜欢听故事"、（6）的"孩子们昨天为什么喜欢听故事"、（7）的"你去过（了）"有特定的句类和时间意义，所缺乏的是语气，形式上它们不包含语气词，[1]前或后没有停顿，因此，这些部分不是句子。然而，它们具备表示时间意义的能力，能够按照句类分类，因此，应该属于小句。（3）是由主谓结构形成的小句，而这个小句也可以用作句子。为了方便讨论，句子可以称为"根句"（root clause），例如（3）；用作宾语的小句则称为"嵌套小句"（embedded clause），例如（5）的"孩子们喜欢听故事"。[2]

时间有直指性，以说话者为中心，使话语跟某时间发生直接的联系，让句子跟客观现实产生特定的联系。语气跟语态、言语行为等话语特点相关，可以表示说话人的目的、意图等主观意识。这两个特点，张

---

[1] （7）的"了"是时间词，不是语气词。

[2] 讨论到复句内分句的句法地位时，朱德熙（1982：215，注释1）曾建议把"去掉了作为一个独立的句子时前后的停顿和句调以后剩余下来的东西"称为"句子形式"。他所讲的"句子形式"跟我们"小句"的概念接近。

斌等(1988：292)总称为"表述性"："表,指的是表达客观现实；述,指的是陈述主观意图。"沿着这种"表述性"的思路,"句"和"短语"的区别可以简单总结为："句"具有"表述性"的功能,而"短语"缺乏"表述性"的功能。"句子"和"小句"的区别则可以简单总结为：句子有"表"和"述"两个特点,小句只有"表"而没有"述"。

不具备"表述性"功能的"短语"能表示什么呢？以主谓结构为例,我们在第六章"主谓结构"中详细论述过,主谓结构所表达的核心内容是事件意义。因此,由主谓结构所组成的小句也应该包含事件意义,只不过多了时间和句类的信息。同样道理,由小句组成的句子也应该包含事件意义、时间、句类等信息,只不过多了语气一项。按照这样的理解,主谓结构(即传统语法学所讲的"短语层次")、小句、句子(即传统语法学所讲的"句")所包含的内容可以表达为(14),以方便比较它们之间的异同。

(14) a. 句子：事件、时间、句类、语气

　　　b. 小句：事件、时间、句类

　　　c. 主谓结构：事件

所谓具有"表述性"功能的时间、句类、语气在语法里可以组成一个系统,而不具备"表述性"功能的事件在语法里则可以组成另外一个系统。这两个系统的形成可以称为"阶段"(phase)的形成。句子的推导过程以阶段为单位,分阶段进行(derivation by phase)。语义方面,阶段是一个命题(proposition),包括完整的小句和有完整论元结构的主谓短语。所谓完整的小句,包含了我们在前文所讨论的时间和句类,也就是主要具有"表"的功能的部分。[1]这两类的阶段是形成一个小句的主要阶段,可以总结在(15a)和(15b)。至于组成句子的语气,应该有理由把它分析为一个有别于"阶段$_2$"的更高层次,可称之为"阶段$_3$",作为形成根句的阶段。Chomsky(2004：125,注释 17)参考 Jon Nissenbaum 的提议认为根句之上或许有一个像 John R. Ross 所假设的

---

[1] Chomsky(2001：12)假设阶段包含语力。事实上,生成语法学文献对"语力"(force)有不同的解释,有时"语力"也用来指句类(Chomsky 1995：§4；Rizzi 1997),对这个词并没有统一的定义。我们认为语力跟语气有关,而构成阶段的必要成员是句类,不是语力(语气)。

"施行句"(performative),作为引导根句。所谓"施行句",应该是跟语态、言语行为或其他话语特点相关的部分,即属于我们所讲的语气系统。沿着这个思路,主谓结构(即传统语法学所讲的"短语")和具有"表述性"的部分,在语法里构成不同的阶段,除了表达不同的意义外,阶段的分野还得到句法证据的支持,能够推导出语言的"循环性"(cyclicity)特点,解释一系列的句法现象。[1]由此看来,把主谓结构和具有"表述性"的部分区分开来,无论在传统语法学上还是在生成语法学上都是有一定的理论依据的。

(15) a. 阶段$_1$:事件

  b. 阶段$_2$:时间、句类

  c. 阶段$_3$:语气

至于同属于"表述性"的"阶段$_2$""阶段$_3$",可以按照句法的特点进一步把它们划分为两个小类(Rizzi 1997):属于(16a)"屈折层次"(inflectional layer)的时间和属于(16b)"标句层次"(complementizer layer)的句类、语气。功能上,前者跟动词的屈折成分有密切关系,往往负责处理跟论元(例如主语)相关的"格"(Case)、"一致关系"(agreement)等特征;而后者在句法上负责安放算子(operator)(例如疑问算子)、话题(topic)、焦点(focus)等成分,为它们提供句法上的位置。

(16) a. 屈折层次:时间

  b. 标句层次:句类、语气

形成这两个层次的词类都是功能词。时间词 T 是形成屈折层次的主要成员,而形成标句层次的句类在句法里体现为标句词 C,语气则体现为语气词 Force(简称为 F)。[2]这些功能词在句法里能够形成短语,构成像(17)那样的树形图,论元的位置跟这里的讨论无关,暂时从略。至于时间词和标句词的词序,我们暂时以中心语居前的方式表示。我们在"主谓结构"和"述宾结构和述补结构"两章讨论过,轻动词 $v$ 和动

---

[1] 有关阶段性推导的问题,详见邓思颖(2009d)。

[2] 把 ForceP 简写为 FP 的好处是,如果读者不同意把构成句子的短语称为"语气词短语",FP 也可以权宜地理解为"功能词短语",F 表示一个有概括性的抽象"功能词"(functional word)。此外,F 也可以代表"焦点词"(Focus),见下文的讨论。

词短语 *VP* 组成轻动词短语 *v*P,主要表达事件意义,构成论元结构。当时间词进入句法后,时间词跟轻动词短语合并,组成时间词短语 TP,轻动词短语作为时间词的补足语。当标句词进入句法后,标句词跟时间词短语合并,组成标句词短语 CP,时间词短语则作为标句词的补足语。最后,语气词加进来,跟标句词短语合并,形成语气词短语 FP。图中 FP*的星号 * 表示语气词短语没有特定的数量,可以只有一个或多于一个。

(17)

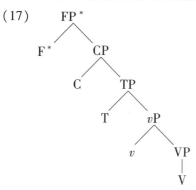

用传统语法学的术语来讲,轻动词短语 *v*P 所代表的部分叫“短语”,不能成句,语气词短语 FP 才算是句子,没有语气词短语的标句词短语 CP 只能算作小句。按照阶段的概念来划分,轻动词短语包含一个完整的论元结构,属于一个阶段,即(15a)的“阶段₁”;标句词短语包含时间和语类,属于另一个阶段,即(15b)的“阶段₂”。推导过程在句法内先形成“阶段₁”,然后形成“阶段₂”,推导过程分阶段进行,由下而上。至于同属于“阶段₂”的时间词和标句词,前者形成的时间词短语是屈折层次,后者形成的标句词短语是标句层次。到了根句的层面,语气加进来了,构成了“阶段₃”。总体来说,(17)所勾画的句法结构描述了组成句子最基本的成分,例如包括轻动词短语 *v*P、时间词短语 TP、标句词短语 CP、语气词短语 FP 等。从词汇分解的语法学理论角度来考虑,我们注意到,在(17)的结构里,表示所谓词汇意义的词根——动词,位于树形图的最底层,跟表示事件意义的轻动词结合在一起,作为句子的“核心”部分;而具有“表述性”,可以“同现实发生特定联系”的时间词、标句词、语气词,位于树形图的最高层。由于时间词短语、标句词短语、语气词短语等句法位置正是句子的“边缘位置”,应该是句子与外部打交道的地方,因此具有联系句内和句外的功能,属于句法语用接口的位置。

## 8.2　小句的主谓关系

时间词除了表示事件意义以外,还可以被赋予一种特征,[1]可以吸引主语,让主语从原来位于主谓结构内的位置移到时间词短语之内,最终作为小句的主语。因此,时间词的另一个作用就是负责承载主语,时间词短语的指定语位置是预留给主语的。以(18)为例,主语原本位于轻动词短语 $v$P 的指定语位置,当时间词 T 引进到句法以后,时间词的特征诱发了主语移位,主语最后跟时间词合并,共同组成时间词短语TP,而主语的落脚点是时间词短语的指定语位置。假设主语原本跟轻动词合并,位于轻动词短语之内,然后在句法上通过移位移到时间词,跟时间词合并,这种分析方式在生成语法学中被称为"内部主语假定"(Internal Subject Hypothesis)(Fukui and Speas 1986, Kuroda 1988, Koopman and Sportiche 1991, Huang 1993 等)。要求主语出现在时间词短语的指定语位置上,原则上反映了生成语法学一直以来所假设的一个原则——"扩展投射原则"(Extended Projection Principle, 简称EPP)(Williams 1980;Chomsky 1981, 1986;Rothstein 1985 等),也就是说时间词短语的指定语是小句的主语,那个位置不可以是空的。[2]主语原本跟轻动词合并,这是论元结构的要求,让主语可以获得题元角色(例如施事),把它诠释为事件的参与者;主语跟时间词合并,则是小句的要求,让小句有主语,成为合格的小句。[3]

---

　　[1]　诱发主语移位的特征在生成语法学文献中有不同的名称,如"强名词短语特征"(strong NP-feature, Chomsky 1995:§3)、"强限定词特征"(strong D-feature, Chomsky 1995:§4)、"扩展投射原则特征"(EPP feature, Chomsky 2001)、"不可解释的屈折特征"(uninterpretable inflectional feature, Chomsky 2007)、"一致关系特征"(agreement feature, Chomsky 2008)等。
　　[2]　时间词短语在 20 世纪 80 年代的著作中一般被称为"屈折词短语"(IP),因此扩展投射原则要求屈折词短语的指定语是主语的位置。Chomsky(1995:§2—3)把屈折词拆分为时间词 T、一致关系词 Agr 等一系列功能词。Chomsky(1995:§4)及之后的著作把主语的位置确定为时间词短语的指定语位置。
　　[3]　不过,目前生成语法学对扩展投射原则的本质仍然不太了解,有待探讨。

（18）

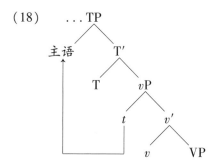

　　现在让我们用汉语的例子来说明主语移位的运作。（19）是一个由主谓结构组成的小句，它的句法结构可以表示为（20）的树形图。[1]"师傅"跟轻动词 DO 合并，成为轻动词短语的指定语，作为施事。动词"夸"进行移位，移到 DO 的位置，这是形成（19）的第一步。

（19）师傅夸你来着。

（20）

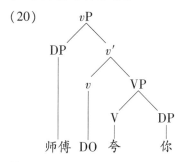

　　第二步，就是引入时间词"来着"。首先，"来着"跟轻动词短语合并。按照汉语的词序，"来着"出现在句末，为了方便阅读，我们在树形图（21）把时间词放在轻动词短语之后，直接推导出中心语居后（head final）的词序。[2]时间词赋予了一个诱发主语"师傅"移位的特征，"师傅"移位后，跟时间词合并，组成时间词短语，形成了（19）。"来着"表示事件意义，它的覆盖范围涵盖整个轻动词短语，点出了"师傅夸你"这个事件所发生的时间。[3]时间词短语在上、轻动词短语在下的结构，

　　[1]　这个例子来自《红楼梦》，转引自陈前瑞（2008：141）。
　　[2]　如果严格按照中心语居前（head initial）的假设，时间词应该在轻动词短语之前，然后"来着"和时间词短语相继进行移位，产生出（19）的词序。详见邓思颖（2000；2003b：§3）的介绍。
　　[3]　在树形图（21）中，时间词 T 统领轻动词短语 vP 以及轻动词短语内的各个成分。

正好说明了时间词的辖域是包括整个事件的,它的作用就是把句内的事件跟外面的现实世界联系起来,具备了直指的特性。[1]

(21)

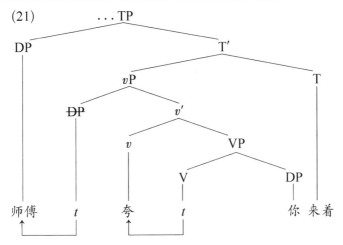

时间词"了"(即文献中所讲的"了₂")应该有相同的推导过程。例子(22)的主语"我"原本位于轻动词短语之内,跟轻动词 DO 合并,时间词"了"跟轻动词短语合并,然后"我"进行移位,跟时间词组合成时间词短语,详见(23)的树形图。

(22)我吃饭了。

(23)

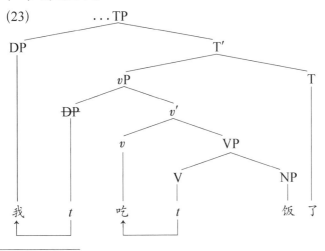

---

[1] 由于汉语的时间词 T 可以体现为看得见、听得到的词,而动词缺乏移位的动机,这就造成汉语没有由动词到时间词的移位(Tang 1998,2001b)。

Huang(1993)以反身代词和代词的指称作为证据,证明汉语的主语原本位于轻动词短语之内,后来进行移位,移到时间词短语的指定语位置,并在原来的位置上留下一个语迹。汉语的反身代词"他自己"必须指向位于相同小句内的主语,以(24)为例,"他自己"只能指向嵌套小句的主语"李四",不能指向根句的主语"张三"。"张三"和"李四"分别有指称标引 $i$ 和 $j$,但"他自己"只能有 $j$ 而不能有 $i$,代表了这个反身代词只能受到最邻近的"李四"的约束而不能受"张三"的约束,"李四"和"他自己"有相同的指称。(25)位于宾语内的"他自己"也有相同的表现。[1]Huang(1993:119)注意到如果把含有"他自己"的宾语提前,进行话题化,(26)的"他自己"既可以指向嵌套小句的主语"李四",又可以指向根句的主语"张三";如果"他自己"连同整个谓语(即(27)的述宾结构"批评他自己")进行移位,提到句首,"他自己"仍然只指向嵌套小句的主语"李四",不能指向根句的主语"张三"。

(24)张三$_i$ 说李四$_j$ 常常批评他自己$_{*i/j}$。

(25)张三$_i$ 希望李四$_j$ 能管一管他自己$_{*i/j}$ 的事。

(26)他自己$_{i/j}$ 的事,张三$_i$ 希望李四$_j$ 能管一管。

(27)批评他自己$_{*i/j}$,张三$_i$ 知道李四$_j$ 绝对不会。

Huang(1993)认为(27)提前到句首的述宾结构,虽然从表面上看是普通的述宾结构"批评他自己",但实际上是一个主谓结构,包含了主语移位后留下来的语迹,即下图(28)方框内的部分(轻动词短语除了指定语的位置外,其他的细节从略)。(27)进行移位的实际上是整个轻动词短语,带着主语留下来的语迹一起走,而这个语迹仍然具有约束力,能够约束宾语的"他自己"。无论轻动词短语移到哪里去,"他自己"都只能受到"李四"的语迹约束,不能指向别的论元。至于(26),移位的部分只不过是一个名词性成分,不包含主语的语迹,"他自己"的

[1] 在生成语法学的文献里,反身代词的指称属于约束理论(binding theory)的问题。希望多了解约束理论具体操作的读者,必须先掌握好基本的短语结构理论和"统领"等概念,可以参考语言学教科书对这个理论的介绍。此外,生成语法学关于反身代词的研究成果非常丰富,用汉语写的介绍性文献请参看徐烈炯(1999;2009:§3),用英语写的介绍性文献请参看 Huang and Li(1996)以及 Huang, Li and Li(2009:§9)。

指向相对比较自由。[1]

（28）

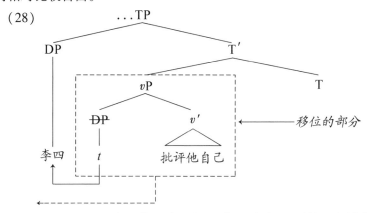

Huang（1993）进一步比较了名词性的宾语移位和所谓述宾结构移位的差异，下面的例子都呈现了所谓"强跨越"（strong crossover）的效果，即代词所指向的成分不能从代词右边的位置移到代词的左边，形成一个"跨越"代词的现象。比如，位于主语的代词"他"指向原本位于宾语的"张三"，移位后"张三"在"他"的左边，跨越了"他"，这就形成了强跨越。然而，Huang（1993：119）注意到（29）和（30）名词性宾语"张三的朋友"的移位比（31）和（32）述宾结构"批评张三的朋友"的移位在语感上稍微好一点。（30）的"张三"和"他"的距离远一点，可以稍微减轻强跨越的效果。相比之下，无论"张三"和"他"在（32）中的距离有多远，语感都不好，进一步证明了（32）移位的述宾结构其实是主谓结构，包含了主语"他"留下来的语迹。不管这个主谓结构移到哪里，主谓结构内都仍然带着"他"的语迹，约束着位于宾语位置的"张三"。如果（32）的"张三"受到这个语迹的约束，则违反了所谓约束理论的"约束条件C"：专有名词"张三"在任何情况下都不能受到约束。没有违反约束条件的（29）和（30）尚可挽救，语感可以改善，但违反了约束条件的句子却没有任何可以补救的方法，因此，（32）不合语法。

[1]　请参考 Huang（1993）对（26）的分析。从阶段理论的角度来看这个问题，（26）应该反映了推导过程是以阶段的方式进行的。

（29）？*张三ᵢ的朋友，他ᵢ知道我常常批评。

（30）？张三ᵢ的朋友，我知道他ᵢ常常批评。

（31）*批评张三ᵢ的朋友，他ᵢ知道我绝对不会。

（32）*批评张三ᵢ的朋友，我知道他ᵢ绝对不会。

Huang（1993）的讨论说明了汉语主语原本位于轻动词短语之内，然后提升到时间词短语，并在原来的位置上留下了一个语迹，支持了"内部主语假定"。主语首先跟轻动词合并，形成轻动词短语，这是论元结构的要求，只有这样才可以形成一个完整的论元结构。主语进行移位，跟时间词合并，这是小句的要求，只有这样才可以具备形成完整小句的条件。从传统语法学的角度来看，轻动词短语内的主语所形成的主谓结构，属于"短语"的层面；主语提升到时间词短语，形成了"主谓"的关系，属于小句的层面。

## 8.3　句类

什么是"句类"？《中学教学语法系统提要》给"句类"下的定义是这样的："句子的基本的交际职能，也就是平常说的句子的基本用途。"朱德熙（1982：23）认为句类是按"句子的功能"来划分的。刘月华等（1983：11）认为句类按"表达功能"划分，他们（刘月华等 2001：25—30）在增订本中进一步按照"交际功能"把句子作详细的分类。张志公等（1985：38）认为句类是"按用途，即按照基本的交际职能"来划分的。汉语语法学的教科书一般都认为句类是根据"句子的语气"来划分的（张静等 1980，张斌等 1988，胡裕树等 1995，黄伯荣、廖序东 2002b，周一民 2006 等）。

"语气"一词，我们已经用来指语态、言语行为或其他跟话语相关的特点。语气主要表达了话段意义，跟说话时的语境有关；而句类的划分是按照"句子意义"（sentence-meaning）进行划分的，由句子的语法特点决定，独立于语境（Lyons 1995）。句类和语气分属两个不同的范畴，不能混在一起，把它们区分开来是有语义上的根据的。

依照传统语法学的一般分类，汉语的小句可以分为四类：陈述句、疑问句、祈使句、感叹句。[1]

陈述句是用来"叙述或说明事实的具有陈述语调的句子",是"思维的最一般的表现形式,也是用得最广泛的一种句子"(黄伯荣、廖序东 2002b：110),例如(33)、(34)等句子。

(33) 收获不小呢。

(34) 今天星期天。

疑问句是"具有疑问语调表示提问的句子","提问的手段,有语调、疑问词、语气副词、语气词或疑问格式,有时只用一种手段,有时兼用二三种。其中语调是不可或缺的"(黄伯荣、廖序东 2002b：112)。按照传统语法学的分类,汉语的疑问句一般分为四类：特指问句、是非问句、正反问句、选择问句。

特指问句包含了疑问代词,例如(35)的"谁"、(36)的"怎么样",语调方面,"句子往往用升调"(黄伯荣、廖序东 2002b：113)。[2]

(35) 你喜欢谁?

(36) 张三怎么样修车?

是非问句的"结构像陈述句,只是要用疑问语调或兼用语气词'吗、吧'等(不能用'呢')。它一般是对整个命题的疑问。回答是非问句,只能对整个命题作肯定或否定,用'是、对、嗯'或'不、没有'等作答复,或用点头、摇头回答"(黄伯荣、廖序东 2002b：112),例如用语调表示的(37)、用"吗"的(38)、用"吧"的(39)。

(37) 你真要带我走?

(38) 这事你知道吗?

(39) 你们下星期能来吧?

正反问句,文献中又称为"反复问句"。这一类的问句"由谓语的肯定形式和否定形式并列构成"(黄伯荣、廖序东 2002b：113)。汉语

---

[1] 除了这四类外,朱德熙(1982：24)还提出一类叫"称呼句",例如："老王!""同志们!"北大中文系(2004：304)则把它称为"呼应语",用作"呼唤或应答"。刘月华等(1983：11)把句子分为四类,他们(刘月华等 2001：30)在增订本里增加了"呼应句"一类。事实上,这种用法应该属于"呼语"(vocative),跟句类无关。

[2] 汉语特指问句的研究是生成语法学的一个重要的课题,可参考 Huang and Li(1996)、石定栩(1999b)以及 Huang, Li and Li(2009：§7)的介绍和所引的文献。

的正反问句大致上可以分为几种句型,以述宾结构 VO 形成的正反问句为例,如(40)的"VO 不 VO"、(41)的"VO 不 V"、(42)的"V 不 VO"、(43)的"VO 不"(朱德熙 1982,1991)。[1]

(40) 你吃饭不吃饭?

(41) 你吃饭不吃?

(42) 你吃不吃饭?

(43) 你吃饭不?

选择问句用几个并列的项目"提出不止一种看法供对方选择"(黄伯荣、廖序东 2002b:113)。选择问句主要用"还是"连接选择的部分,例如(44),也有不用的,例如(45)。

(44) 他们打篮球还是打排球?

(45) 他们打篮球打排球?

祈使句是"要求对方做或不要做某事的句子"。语调方面,有急降而且很短促的语调(表示命令)或往往比较平缓的降语调(表示请求)(黄伯荣、廖序东 2002b:115)。谓语只能是表示动作或行为的动词或动词性结构,主语往往是第二人称代词"你、您、你们",但常常略去不说,例如(46)(朱德熙 1982:205)。如果"我们"也包括听话人在内,跟"咱们"的用法差不多,也可以进入祈使句,例如(47)(朱德熙 1982:205)。

(46) (你们)说吧!

(47) 我们/咱们快走吧!

感叹句是"带有浓厚感情的句子","表示快乐、惊讶、悲哀、愤怒、厌恶、恐惧等浓厚感情","一般用降语调"(黄伯荣、廖序东 2002b:116)。有的感叹句由叹词构成,例如由感叹词"哎哟"构成的(48);有的常有"多、多么、好、真"等副词,例如由"多"构成的(49)。

(48) 哎哟!救命哟!

(49) 那该多好哇!

虽然有些感叹句跟疑问句的词序一样,形式很相似,例如感叹句的

---

[1] 有关汉语正反问句和选择问句的句法分析,可参考黄正德(1988)、Huang (1991)以及 Cheng, Huang and Tang(1996)和 Huang, Li and Li(2009:§7)。

（50）和疑问句的（51）都用了副词"多"，但二者的语调却不同。

（50）他多胖！

（51）他多胖？

综上所述，汉语的句类由句子意义来划分，并且由一些显著的语法特点来决定，例如疑问代词、感叹词、特殊句型、主语和谓语的选择等，但最重要的判断标准似乎是语调。每种句类都有特定的语调，例如陈述句的"陈述语调"，祈使句的"急降而且很短促的语调、比较平缓的降语调"，感叹句的"降语调"，而疑问句的语调是"不可或缺的"，例如用"升调"的特指问、用"疑问语调"的是非问句等。因此，表示汉语句类最基本的形式手段应该是语调。

汉语表示句类的语调性质比较特殊，形式比较清晰，虽然属于超音段的成分，但应该可以自成一类，在汉语的词库里作为一个独立的词类。这个词类，我们称为标句词 C。[1]标句词从词库中选出来，进入到句法以后，跟时间词短语 TP 合并，形成标句词短语 CP，时间词短语则作为标句词的补足语。虽然语调原则上贯穿整个句子，但"在句末音节上的表现特别明显"（黄伯荣、廖序东 2002a：127）。因此，我们认为标句词出现在时间词短语之后，形成以下的树形图，在词序上体现为句末的现象。[2]我们用∅来代表表示句类的语调。

（52）

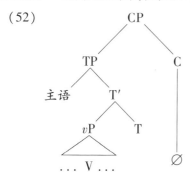

---

[1] 标句词只包括表示句类的语调，表示语气的语调应该属于语气词。

[2] 在"中心语居前"（head initial）的理论模式下，我们曾假设标句词原本出现在时间词短语之前，后来诱发时间词短语移位，产生了"时间词短语+标句词"的词序（Tang 1998；邓思颖 2000，2003b）。如果汉语的标句词体现为语调，诱发时间词短语移位的动力应该来自语调，由音韵特征驱使移位。

推导过程到了（52）这个步骤，形成了标句词短语，这个短语包含了表示事件的轻动词短语 vP、表示时间的时间词短语 TP、表示句类的标句词短语 CP，应该具备了一个比较完整的结构。按照（14）的分类，这个结构可以称为小句。上述的例子（5）和（6）的嵌套小句、（8）和（10）的"你去过了"、（9）的"你去过"等部分，都应该分析为小句。以（8）的嵌套小句为例（重复在（53）），树形图（54）描绘了嵌套小句的结构，其中轻动词短语内的语迹是主语"你"移位后留下来的。标句词在这个结构里的主要功能就是用来表示嵌套小句的句类——陈述句。（53）的动词"知道"选择了一个小句/标句词短语作为宾语，"知道"和"你去过了"组成了述宾结构，这种宾语也可以称为动词性的宾语。

（53）我知道[你去过了]。

（54）

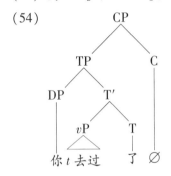

表示句类的语调可以成为一个词类，并且在句法里能够组成短语，成为小句，这应该符合汉语的事实。标句词在句法里有两大任务：对内负责为由时间词短语组成的部分划分句类，赋予其特定的句子意义；对外则跟阶段以外的成分接触，例如在（53）中跟别的动词合并，让小句成为别人的宾语，或者跟一些"更高层次"的成分接触，例如语气，把小句带入句法语用接口。

## 8.4 语气

语气是指语态、言语行为或其他跟话语相关的特点，主要表达了话段意义，跟说话时的语境有关。按照胡明扬（1987：76）的分类，[1] 语

---

[1] 胡明扬（1987）是根据发表在《中国语文》上的题为"北京话的语气助词和叹词"一文（胡明扬 1981）扩充而成的。

气可以包括：一、表情语气：由周围的事物或对方的说话内容引起的某种感情，如赞叹、惊讶、诧异、不满等。二、表态语气：对自己的说话内容的态度，如肯定、不肯定、强调、委婉等。三、表意语气：向对方传递某种信息，如祈求、命令、提问、追诘、呼唤、应诺等。汉语的语气可以通过语气词、语调、其他表示语气的词（如副词"一定"）等表达。

汉语语气词常见的例子有"吗、吧、噻、啊、哎、呕"等（胡明扬 1981，1987；朱德熙 1982 等）。通过连读和合音，这几个语气词还可以产生出好几个"合成语气词"，例如"呗"（bei/bai）（＝"吧"ba+"哎"ei/ai）、"嘛"（ma）（＝"噻"me+"啊"a）等（胡明扬 1981：348；1987：77）。以下我们简论"吗、吧、啊"三个语气词。

一般认为"吗"表示疑问，用来形成是非问句，例如上述（38）。事实上，胡明扬（1987：89—90）注意到有些用"吗"的句子并不是简单的是非问句，例如表示怀疑和反诘的（55），实际上表示肯定的（56），表示反诘和理所当然、没有疑问语气的（57）。"吗"表示表意语气，用作向对方提问，要求回答。

（55）白布有掉色的吗？

（56）呸！你还不该死吗？

（57）这不是废话吗。

陆俭明（1984：331）注意到有"吗"的疑问句也有"降调"，跟陈述句的句调相同，因此他认为"吗"应该负载"疑问信息"。不过，我们认为这种"疑问信息"并不等同于句类，"疑问信息"应该可以用别的方式推导出来，例如通过表意语气，向对方传递提问信息。事实上，探询信息、要听话人回答在语用学里算是一种特殊的指令（directive）。"吗"的"疑问信息"属于语气的现象，跟句类无关。左思民（2009：360）指出，表示疑问的"吗"只在书面语中存在，跟口语中陈述句和祈使句中的"嘛"并没有区别。如果句子是陈述语调，"吗"就应该理解为表示"当然如此"的"嘛"。

"吧"表示表态语气，赋予句子不肯定的口气，肯定的陈述加上不肯定的语气就是"传信"，否定的陈述加上不肯定的语气就是"传疑"（胡明扬 1987：87—88）。吕叔湘（1982：297，309）认为"吧"表示测度、拟议、将信将疑以及商量、建议等语气。"吧"可以用在各种句类的句子里,(58)和(59)等例子引自胡明扬(1987:87)。朱德熙(1982:211)指出,是非问句可以用"吧",例如(60)。不过,胡明扬(1987:87)认为"疑问语气是由疑问语调决定的,和'吧'无关,'吧'只是使原来的肯定句变得不肯定,因而疑问句是希望得到肯定的答复"。由此可见,"吧"并不是表示句类的标记,只不过是用它来表达说话者的语气。

(58) 啊,这大概就是下雪吧!

(59) 二哥,给我吧!

(60) 李先生在家吧?

邵敬敏(1996:69)注意到疑问句的"吧"常常跟一些表示猜测、揣度、不肯定语气的词连用,例如(61)的"大概"、(62)的"也许"、(63)的"好像"等。由此可见,"吧"跟说话不肯定的语气有密切的关系。

(61) 你大概是没有关好窗户吧?

(62) 这也许是两种制度的两个基调吧?

(63) 撕了好像不太好吧?

陆俭明(1984:336)曾指出,"当带'吧'的句子受某种语境的制约,作为疑问句出现时,句子的语气'疑多于信',这时'吧'就起着负载疑问信息的作用;当带'吧'的句子受某种语境的制约,作为非疑问句出现时,句子的语气就'信多于疑',这时'吧'就侧重表示测度或祈使的语气"。看来"吧"本身并不表示任何句类的信息,疑问和非疑问的用法由别的因素决定。

"吗"和"吧"都用来表示语气,它们甚至可以用在相同的句类里,例如(64)和(65)都表示疑问。朱德熙(1982:211)认为"吗"和"吧"的区别在"吗"是"不知而问",而"吧"是"表示说话的人已经知道是怎么回事,只是还不能确定,提问是为了让对方证实"。以(64)和(65)为例,前者不一定能预测答案,但后者已经有一个预测,似乎已经知道了答案。据此,B. Li(2006)认为"吗"和"吧"这一组语气词主要是用来反映语气的程度级别(degree)的,前者较高,即有较高的疑问程度;后者较低,即疑问程度较低。

(64) 张三在办公室吗?

（65）张三在办公室吧？

文献中，对"啊"（和它的变体）的意思和功能争议不大，它是一个表情语气的语气词，表示说话人的感情，具体的感情色彩随说话内容和语言环境而定（胡明扬1987：86）。"啊"可以增加感情色彩（张斌等1988：350；胡裕树等1995：376；黄伯荣、廖序东2002b：46），使语气舒缓（黄伯荣、廖序东2002b：46），可以"加强句中原有口气的作用"（左思民2009：365）。在所有的语气词里，"啊"（和它的变体）的分布最广，可以在各种句类出现（朱德熙1982：212），例如陈述句（66）的"呀"（"啊"的变体）、疑问句（67）、祈使句（68）、感叹句（69）的"哪"（"啊"的变体）。

（66）他不去呀。

（67）你去不去啊？

（68）你吃啊！

（69）真好看哪！

Cheng（1991）曾把"呢"分析为标句词，作为一个标示疑问句的"疑问助词"（Q-particle，Q表示question），例如特指问句（70）、正反问句（71）、选择问句（72）等疑问句中的"呢"。

（70）张三喜欢什么呢？

（71）张三来不来呢？

（72）他们打篮球还是打排球呢？

事实上，除了用于疑问句外，"呢"还可以在别的句类里出现，把"呢"定性为疑问助词显然不太恰当。朱德熙（1982）把"呢"分为三个，把上述疑问句（70）至（72）中的"呢"称为"呢$_2$"，把（73）表示持续状态的"呢"和（74）表示夸张语气的"呢"分别称为"呢$_1$"和"呢$_3$"。如果按照这个三分法，只有"呢$_2$"才算是疑问助词。然而，三个"呢"之间区分的条件是什么？

（73）下雨呢。

（74）他会开飞机呢！

胡明扬（1987）对"呢"作了详细的讨论，他首先认为表示所谓持续状态的"是其他有关的词语而不是'呢'"（胡明扬1987：91），不表示持续状态的句子可以用"呢"，例如（75），表示持续状态的句子也可以不加"呢",例如(76)。因此,胡明扬(1987：90)认为只有一个"呢",核心功能就是"提请对方特别注意自己说话内容的某一点,表示这一点的词语往往带强调重音"。疑问句的"呢"表示"请你特别注意这一点",疑问句的句类仍然由疑问语调决定。持续状态的"呢"在提醒对方"这种情况你可能不知道,我现在提请你注意"。左思民(2009：364)也指出"呢"有"你不知道吧,让我告诉你"的意味。至于感叹句的"呢",其实是由强调重音引起的。邵敬敏(1996：21)甚至认为"呢"在任何疑问格式中都不负载疑问信息。

(75) 我们昨儿还提到你呢。

(76) 笑不滋儿地在那儿躺着。

"呢"并非只选择疑问句,它跟句类没有必然的关系,显然,把"呢"分析为标句词或疑问助词是有问题的。B. Li(2006：14)注意到"呢"不能在嵌套小句内出现,例如(77),这个限制跟其他语言可以用来标示句类的标句词或助词的情况不同,例如日语的-ka、朝鲜语的 ci、Navajo 语的-lá/-sh 等标句词/疑问助词既可以在根句出现,又可以在嵌套小句内出现(根据 Cheng(1991)的观察)。

(77) 张三想知道[李四喜欢什么书(*呢)]。

陆俭明(1984：333)注意到有"呢"的问句的语调跟是非问句的一样都是"上升"的,例如(78)。我们认为如果上升的语调表示句类,"呢"就不应该分析为表示句类的成分。事实上,只要有上升的语调,补不补"呢"对句子的影响都不大,邵敬敏(1996：26)觉得(79)的问句即使有"呢",意思也差不多。因此,表示句类的成分是语调,不是"呢"。[1]

(78) 我不去呢?

(79) 田富贵：谢谢大人！以前你给二毛子们不少方便,以后……

孙知县：也照样给你们?

田富贵：那你真是父母官了！ （老舍《神拳》）

---

[1] 陆俭明(1982：438)认为(78)可以理解为："我不去可以不可以呢?""呢"好像表达了一种假设义。不过,邵敬敏(1996：27)认为有些句子即使没有"呢"也可以表示假设。

我们认同胡明扬(1987)对"呢"的分析,尤其是他所讲的"提请对方特别注意自己说话内容的某一点",这应该是"呢"的核心功能。武果(2006:71)认为"非疑问形式+呢"的"呢"是"提示听话人参照语境或上文中已经激活的述位内容,对'呢'所标示的新主位提供相应的信息"。"注意某一点""提示"的作用,应该是焦点(focus)的一种最基本的功能,即说话者在说话中表达了自己最关注的信息,说出最想让听话者注意的那部分内容。顾阳(2008:112)注意到带"呢"的句子有一种隐含的意思,例如(80)隐含了"你可能以为他不调皮",(81)隐含了"你可能以为没有人问起",隐含的内容来自"呢"的前设,跟句子的表述部分形成对比,因此她认为"呢"是一个对比性的话语焦点(discourse focus)。基于这些考虑,我们认为"呢"跟句类无关,不应该分析为标句词;至于在话语中这种焦点的功能,"呢"应该属于语气词,或者是语气词的一个小类——焦点词。

(80) 小明才调皮呢。

(81) 要是有人问起呢,你就照实说好了。

胡明扬(1981,1987)对汉语语气词的一个重要的贡献,就是描述了语气词的顺序。他把以辅音开头的语气词归为一类(如"呢、吧、吗、嚜"),以元音开头的语气词归为另一类(如"啊、哎、呕")。在辅音语气词这一类里,"呢"是一类,"吧、吗、嚜"是另一类。根据这些分类,他注意到语气词连用时呈现出以下的顺序,即"呢"在前,"啊、哎、呕"在最后。

(82) 呢>吧/吗/嚜>啊/哎/呕

胡明扬(1981:348;1987:7)、朱德熙(1982:207—208)举出下面的例子证明(82)这个顺序是正确的。(83)显示了"呢"在"吧"之前,(84)的"啵"是"吧+呕",(85)的"呗"是"吧+哎",而(86)的"哪嘛"可以分拆为"呢+嚜+啊","嘛"是"嚜+啊"的合成语气词,而"哪"是"呢"受后面"嘛"的影响而同化来的。

(83) 他还没走呢吧?

(84) 走啵!

(85) 好好说呗!

（86）他在那儿蹲着哪嘛！

如果把时间词"了"（即所谓"了$_2$"）放在一起考虑，可以得出（87）的顺序（胡明扬 1981：328；1987：77）。（88）显示了时间词"了"在语气词"呢"之前（B. Li 2006：11—12；左思民 2009），（89）的"呗"是"吧+哎"的合成，这个例子显示了"了>吧>哎"的顺序（朱德熙 1982：208）。

（87）了>呢>吧/吗/嘿>啊/哎/呕

（88）甲：有什么新闻？

　　　乙：香港最近下雪了呢。

（89）已经有了婆家了呗！

陈前瑞（2008）注意到"来着"最早用来指称过去时间（例如上述的（19）），在现代，"来着"主要用来表示说话者想不起某件事情，例如（90），在当代，"来着"可以用来表示一种状态，该状态可以持续到说话的时间，例如（91），并认为这是"向其他典型的语用功能渗透和类推"（陈前瑞 2008：157）。熊仲儒（2003b）则认为表示时间意义和表示语用意义（"主观化"）的"来着"都是语气词，句法地位跟"呢"一样，而"来着"的时间意义并非它固有的特点，熊仲儒（2009）进一步认为"来着"表示"近过去"的时间意义来自另外一个"没有语音实现"的词，例如时间词。

（90）你的朋友叫什么名字来着？

（91）我带着地图来着。

沿着胡明扬（1981，1987）的思路，我们把"来着"跟其他语气词排列在一起，发现"来着"的句法分布并不像"呢"，否定了熊仲儒（2003b）的分析。（92）的"来着"在"吗"之前，（93）的"来着"在"呀"之前，（94）的"来着"甚至可以跟"呢"连用，这三个例子的"来着"都表示语用意义，属于比较"虚化"的用法。（95）的"来着"表示时间意义，也一样可以跟"呢"连用，出现在"呢"之前。[1]由此可见，无论表示时间意义的"来着"，还是表示语用意义的"来着"，都不是语气词。事实

---

[1] 这些例子都来自"北京大学汉语语言学研究中心现代汉语语料库"（CCL语料库）。

上,陈前瑞(2008)的历时考察结果不支持熊仲儒(2003b)的观点,"来着"在清初北京话是过去时标记。因此,表示时间应该是"来着"的固有特点,有理由分析为时间词。[1]

(92) 我是说鲛鱼来着吗?

(93) 我干了什么来着呀,竟害得你到这样一个地步?

(94) 姓什么来着呢?

(95) 昨天我还同她一起玩来着呢。

Chao(1968:§8.5.5)进行了一个有趣的观察,他认为汉语(96)和(97)的区别跟英语的(98)和(99)有点像(赵元任2002:694)。除了语调的变化外,他还用了英语的过去时来跟(97)的"来着"对应。刘月华等(1983:234;2001:407)把例句(94)、(97)中的这种"来着"的用法描述为"用来问曾经知道、但现在想不起来了的事情"。按照他们的描述,这种"来着"的用法依然保留了时间的意义,并非纯粹表示语用意义。

(96) 你姓什么?

(97) 你姓什么来着?

(98) What's your name?(下降语调)

(99) What was your name?(高而升的语调)

综上所述,(87)的顺序可以概括为四组成分,即表示时间的"了"、表示焦点的"呢"、表示语气程度的"吗、吧"、表示感情的"啊",并简化为(100)。[2]表示时间的"了"最贴近左边的谓语,而表示感情的"啊"永远位于句末。

(100) 时间>焦点>程度>感情

时间体现为时间词T,表示焦点、程度、感情的成分可以合成一个大类,体现为语气词Force,简称为F。表示焦点、程度、感情的语气词

---

[1] 我们曾认为表示语用意义的"来着"是焦点标记的用法,让时间词兼表焦点并无不妥(Tang 1998),而粤语也有相似的情况(邓思颖2002c)。

[2] (100)这个顺序跟B. Li(2006:65)所归纳的顺序如出一辙,"焦点""程度""感情"在她的论文里分别称为"评估情态"(Evaluative)、"程度"(Degree)、"话语"(Discourse)。(100)的补充分析,请参考第十一章"制图分析"。

各自组成语气词的一个小类,可以分别写作 F1、F2、F3,[1]在语法系统里都有独立的地位,可以各自组成短语 FP1、FP2、FP3,如下图所示(邓思颖 2010a)。

（101）

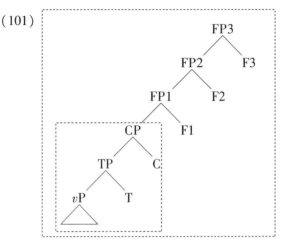

在树形图(101)里,表示焦点的语气词 F1 跟标句词短语 CP 合并,表示程度的语气词 F2 跟语气词短语 FP1 合并,表示感情的语气词 F3 跟语气词短语 FP2 合并。包含轻动词短语 vP、时间词短语 TP、标句词短语 CP 的部分称为"小句"(即(101)的内方框);在小句之上,加上语气词短语 FP,组成了"句子"(即(101)的整个外方框),这是结构最完整的成分。句子完成后,就应该到了造句的最后阶段。

虽然不同小类的语气词所组成的短语同样都叫作 FP,但 FP1、FP2、FP3 在句法上是三个不同的短语,由三个不同的中心语组成。不过,把这个含三种语气词的小类合称为 F,也有一定的好处和道理:一来可以减少术语,无论从研究上还是从教学上都比较容易说解;二来可以更清晰地反映这三种词的密切关系,它们有非常近似的语用特性,而且也有相同的句法特性,在造句的最后一个阶段(即(15c)的"阶段₃")才加进句法内,形成根句,语气词短语所在之处是句子的边缘,正处于一个迈向句法语用接口的位置,渗进了不少语用的色彩;三来可

---

[1] 考虑到"呢"跟焦点的关系比较密切,为了方便讨论和比较,我们也可以把表示焦点的语气词称为"焦点词"(Focus),也简称为 F,即(101)的 F1,作为语气词的一个小类。

以把语气词短语概括化为一个层次,简单描绘成像上述(17)那样的树形图,可以允许我们增加或减少语气词短语的数量,特别是考虑到跨语言比较和跨方言比较等问题,在研究上可以有一定的弹性。[1]

现在我们用树形图表达(86)的语气词的结构,(86)是一个三组语气词都齐全的例子。"哪嘛"由三个语气词组成,它们分别从词库中选出来,进入句法。表示焦点的"呢"先跟标句词短语 CP 合并,形成FP1。在 FP1 内,"呢"所表达的焦点辖域覆盖整个标句词短语,即整个小句。然后,表示语气程度的"噪"跟语气词短语 FP1 合并。最后,表示说话人感情的"啊"跟 FP2 合并,形成了 FP3,成为一个完整的句子。"呢、噪、啊"在音韵的层次经过同化、合成等种种过程后,成为我们所听到的"哪嘛"。

(102)

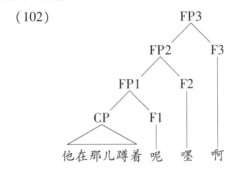

把语气词限定在最后的一个造句阶段(即(15c)的"阶段$_3$")才加进来,形成根句,可以解释为什么嵌套小句和从属小句内不能有语气词(汤廷池 1989),例如(77)(重复在(103))的"呢"不能在作为宾语的嵌套小句内出现(B. Li 2006:14),而(104)的"呢"不能在作为主语的小句内出现(汤廷池 1989:235)。

(103)张三想知道[李四喜欢什么书(*呢)]。

(104)[他来不来(*呢)]跟我有什么关系?

语气词在最后一个阶段才加入,可以进一步解释人们对(105)的

[1] 有关跨语言比较的问题,可参见 Cinque(1999)以及 Rizzi(2006)所收录的文章。在汉语方言中,粤语的语气词比较丰富,跨方言的语法比较对建构和完善语气词短语的句法理论应该有一定的启发,见邓思颖(2006b,c;2008d;2009d)、Tang(2009)、B. Li(2006)等的讨论。

语感(邓思颖 2010a：62)。"吗"只能理解为在根句出现的语气词，辖域涵盖整个句子，它的正确句法位置应该表述为(106)，让整个句子具有提问的功能，要求听话人回答，例如听话人可以说"对，我想知道"。(105)的"吗"不能在嵌套小句内出现，如(107)，"你想知道张三来不来"表示的是一种非提问的意思。既然位于主语和宾语的小句由标句词短语组成，没有语气词短语，因而语气词也就无法出现。我们过去知道语气词只在根句出现，但不知道为什么(Tang 1998；邓思颖 2006b，2006c，2008d，2009b)，现在我们有了一个看起来比较合理的句法解释。

（105）你想知道张三来吗

（106）［你想知道张三来］吗？

（107）*你想知道［张三来吗］。

把组成句子和小句的成分分解为一系列的功能词，让它们各自在句法内扮演不同的角色，这正是生成语法学"制图理论"(cartographic approach)的基本精神(Rizzi 1997，2004；Cinque 1999)。从汉语的语言事实出发，我们提出了(101)的句法结构，用来分析汉语的小句和句子。在分析的过程中，有几点我们觉得值得注意。

一、小句和句子由一些为数不多的功能词组成不同的短语，在动词短语之上，我们有轻动词短语 *v*P、时间词短语 TP、标句词短语 CP 和三组语气词短语 FP。它们的分工明确，在句内扮演不同的角色，表示了事件意义、时间、句类、语气等，无论是意义还是功能，它们都极具限制性。近来不少学者受到"制图理论"的启发，为汉语的句子作了精细的句法分解，尽管具体细节和操作技巧不尽相同，但得出一个跟(101)相似的结论(熊仲儒 2003b，B. Li 2006，石定栩、胡建华 2006，蔡维天 2007，Tsai 2008，石定栩 2009b 等)。事实上，除了汉语，像(101)那样的句法结构在人类语言里应该具有一定的普遍性，反映了人类语言的一些核心性质。有关制图理论的详细介绍和树形图(101)的扩充分析，请参考第十一章"制图分析"。

二、传统语法把主谓结构的"短语"和"句子/小句"对立起来，虽然有一定的道理，但所使用的术语却值得斟酌。按照句法学理论的分析，无论句子还是小句，都由短语组成。句子叫作语气词短语，小句叫作标句词短语。所有短语都由词和短语组成,句内没有哪个成分不是由短语组成的。

三、至于句子、小句等概念,是传统语言学的概念,是纯粹按照功能划分出来的。严格来讲,句子、小句等概念在句法内并没有什么地位,也不是句法的什么"固有"的成分,只不过是语气词短语、标句词短语的代名词。句法所关心的是词和短语的合并,怎样把词和短语在句法内组成更大的成分,这是句法的任务,句法能管的也只有词和短语。句子、小句是派生出来的概念,它们的句法性质仍然由短语推导出来,离不开短语:句子是语气词短语,小句是标句词短语。在句法内,语气词短语和标句词短语有句法的地位,但句子和小句却没有。

四、朱德熙(1985:75)认为印欧语的短语、小句、句子之间的关系是组成关系(composition),即部分和整体的关系,但汉语的短语和句子之间是实现的关系(realization)。短语是"抽象的、一般的东西","随时都可以独立成句或者成为句子的一个组成部分",这个过程是从抽象的短语"实现"为具体的句子或句子的组成部分。他认为汉语短语和句子的关系是"抽象的语法结构和具体的'话'之间的关系",不是部分和整体的关系。按照本书的分析方法,所谓短语到小句/句子的过程,仍然构成组成关系,不是实现的关系。标句词短语(小句)是由轻动词短语(短语)组成,语气词短语(句子)是由标句词短语(小句)组成,是部分和整体的关系,在这一点上,汉语跟印欧语基本上是一致的,没有结构上的差异,这样的分析对比较语言学的研究有一定的参考作用。此外,过去我们对语气词短语那个层次相对比较陌生,所提出的句法分析方法也不算很多。在"制图理论"的影响下,把句子这个"高层"的层次分解为一系列的功能词,为我们提供了一个新的角度,有助于我们进行跨语言或跨方言的比较。

## 8.5  小结

本章讨论句子和小句的定义,并且分析组成句子和小句的各个主要成分。

我们认为"句"应该分解为句子和小句两个部分。小句被赋予特定的时间意义和句类,带上语气的小句成为句子。"句"具有"表述性"的功能,而"短语"缺乏"表述性"的功能。句子有"表"和"述"两个特点,小句只有"表"而没有"述"。不具备"表述性"的事件形成一个阶段,具备"表述性"的时间、句类形成另一个阶段,而语气则形成更高的阶段。时间属于屈折层次,词类、语气属于标句层次。

时间在句法内体现为时间词 T,时间词跟轻动词短语合并,形成时间词短语 TP。主语从原来的位置移到时间词短语的指定语位置。主语原本跟轻动词合并,这是论元结构的要求;跟时间词合并,这是小句的要求,让小句有主语,成为合格的小句。

句类在句法内体现为标句词 C,标句词跟时间词短语合并,形成标句词短语 CP。表示汉语句类最基本的形式手段是语调,语调可分析为标句词。标句词对内负责划分句类,赋予其特定的句子意义;对外则跟阶段以外的成分接触。汉语的句类有四种:陈述句、疑问句、祈使句、感叹句。

语气是指语态、言语行为或其他跟话语相关的特点,主要表达了话段意义,跟说话时的语境有关。汉语的语气可以通过语气词、语调等方式表达。汉语的语气词 F 基本上分为三类:焦点、程度、感情。语气词的三个小类在语法系统里都有独立的地位,在成句的最后阶段加进句法内,各自组成短语 FP1、FP2、FP3,只在根句出现。

# 第九章　句型和主要的句式

　　汉语所有小句的句型只有主谓句一种,非主谓句是不存在的。主谓句包括动词谓语句和名词谓语句。动词谓语句常见的句式包括连动句、兼语句、被动句、处置句、存现句等。这些句式都不具备成为独立句式的条件,它们的特点都可以从其他的结构推导出来,例如主谓结构、述宾结构、述补结构等。

## 9.1　句型和句式

　　根据传统汉语语法学的做法,句子(包括小句)可以划分为句类和句型。所谓句型,主要是依据句子的结构、格局来划分,以结构为基础。"句子的结构分析的终极目的,是为了确定句型"(胡裕树等 1995:315)。由此看来,句型的分类反映了句子结构的分析,也反映了我们对句子结构的理论认识。句型的分析构成了句法学一个重要的环节。

　　一般来讲,句子可以分为"单句"和"复句",单句分为"主谓句"和"非主谓句"。为了便于讨论,胡裕树等(1995)区分了上位句型和下位句型,主谓句和非主谓句的下位句型按照谓语的结构来划分。主谓句的下位句型包括"动词谓语句""形容词谓语句""名词谓语句""主谓谓语句"等,非主谓句的下位句型包括"动词非主谓句""形容词非主谓句""名词非主谓句""叹词非主谓句"等,如以下的例子。对这样的分类,文献中没有太大的争议(《中学教学语法系统提要》;朱德熙 1982;刘月华等 1983,2001;张志公等 1985;张斌等 1988;胡裕树等 1995;邢福义 1996;黄伯荣、廖序东 2002b;周一民 2006;冯志纯等 2008 等)。

　　(1) 张三看小说。(动词谓语句)

　　(2) 你好。(形容词谓语句)

　　(3) 今天星期天。(名词谓语句)

　　(4) 这个事情大家都赞成。(主谓谓语句)

　　(5) 下雨了!(动词非主谓句)

（6）好！（形容词非主谓句）

（7）张三！（名词非主谓句）

（8）啊！（叹词非主谓句）

（1）是动词谓语句；（2）是"形容词"作谓语，"形容词"即本书的"静态动词"，如果不把静态动词当作独立的词类，"形容词谓语句"可以并入动词谓语句；（3）用名词"星期天"作谓语，是名词谓语句；（4）的"这件事情"是主语，主谓结构的"大家都赞成"是谓语，传统语法学把它分析为"主谓谓语句"。按照目前流行的分析，"这件事情"是话题（topic），不是主语，"大家"才是真正的主语。如果按照话题句的分析，"主谓谓语句"应该并入普通的主谓句当中（例如动词谓语句），而不是主谓句之下的一种下位句型。

（5）至（8）的共同特点是没有主语或分不出主语和谓语，由主谓结构以外的结构或单词形成句子，不能分析为主谓句。传统语法学家认为这些非主谓句的主语不是省略了，而只不过是无法补出来或不需要补出来。（5）只有由动词作谓语的部分，没有主语；（6）的主语也不用补出来；（7）和（8）由一个词来形成，看不到主语。我们认为，像（5）和（6）的主语虽然不用补出来，但仍然隐含了一个主语，这个主语在句法里仍然有一个位置。如果是这样，（5）和（6）不算是什么非主谓句。（7）的"张三"是一种呼语（vocative）的用法，指向听话人，而（8）的叹词跟说话者有密切的关系，表达了说话人的感情，有些叹词则用作呼唤，跟听话人有关。呼语和叹词说出来后，往往还有"后话"，呼语和叹词的主要作用是在语用的层面把"后话"引介出来，用以修饰"后话"。从语法关系上讲，呼语和叹词应该分析为状语，只不过被修饰的成分省略了。当然，光从表面上看，（7）和（8）不是主谓句，但也不应该作为单独的句型来处理，应该把（7）和（8）理解为省略的主谓句。

小句的基本句型只有一种，那就是主谓句，凡小句都由主谓结构组成，没有不属于主谓结构的小句。所有"非主谓句"都是由主谓句推导出来的，"非主谓句"作为一种独立的句型实际上是不存在的。把"形容词谓语句"和"主谓谓语句"重新归并后，主谓句的下位句型只有两种：动词谓语句和名词谓语句。

张斌等(1988：294)将句型的下位概念叫作"句式"。句型是结构类别,句式是特征类别,同一个句型内可以有不同的句式。胡裕树等(1995：334,注释1)作出了这样的说明："句型是以语言中全体句子作为对象加以归纳的结果,也就是说,出现任何一个句子,必定能归入某一句型。句式是以语言中部分句子为对象加以描述的结果。"张静等(1980：161)甚至认为句型是按照"语法形式(句子的结构形式)"来分类的,而句式是按照"语法意义(谓语的意义)"来分类的。比如说,动词谓语句可以进一步分为不同的句式,(9)的被动句和(10)的处置句都属于动词谓语句,是动词谓语句的两种不同的句式。

(9) 张三被李四批评了。

(10) 李四把张三批评了。

名词谓语句相对比较简单,没有太多的变化,不作句式的分类。动词谓语句常见的句式包括连动句、兼语句、被动句、处置句、存现句等,这些句式当然只是汉语中的部分句式,我们没有把汉语的句式穷尽地列出来,也不太可能把所有的句式罗列出来。跟句型的分类一样,句式的分类反映了我们对小句结构的分析,也反映了对小句结构的理论认识。把动词谓语句分为连动句、兼语句等句式,是传统汉语语法学的习惯,我们沿用这一分类是为了方便讨论。不过,我们最终会发现,这些所谓的句式在句法部门里并没有什么特殊的地位,区分它们也不是依靠什么固有的"特征"。句法部门最重视的仍然是词和短语的组合,句式只不过是派生出来的概念,由短语推导而来。

综上所述,汉语的句型和主要句式可以总结如下:

(11)

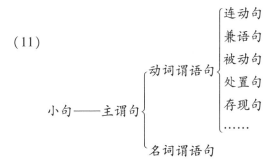

## 9.2  主谓句

组成小句的必要成分是事件、时间、句类,而事件、时间、句类在句法里分别体现为轻动词 $v$、时间词 T、标句词 C。换句话说,轻动词短语 $v$P、时间词短语 TP、标句词短语 CP 是形成小句必要的短语,如树形图(12)所示。按照汉语小句的词序,时间词和标句词位于句末。

(12)

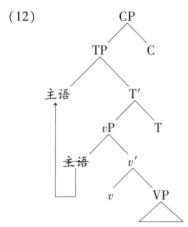

轻动词所表达的是事件,事件必须有参与者,事件的参与者在句法里体现为论元。轻动词除了跟动词短语 VP 合并以外,还需要跟一个论元合并,因此,轻动词短语指定语的位置必须有一个论元,不能是空的。这个论元跟轻动词所形成的语法关系就是主谓关系。当时间词进入句法部门以后,它诱发主语移位,满足所谓"扩展投射原则"(Extended Projection Principle,简称 EPP)(Williams 1980;Chomsky 1981,1986;Rothstein 1985 等),就是说时间词短语的指定语是小句的主语,那个位置不可以是空的。当主语移到时间词短语的指定语位置后,该主语就可诠释为小句的主语。基于上述种种考虑,小句的"核心"就是主谓结构,必须由主谓结构组成。因此,凡小句都是由主谓结构组成的,主谓句也就成为组成小句的唯一句型。

动词谓语句是由动词充当谓语。在句法部门里,动词谓语句的轻动词跟动词短语合并,以动词短语为补足语,上述的树形图(12)就是动词谓语句的结构,动词作为主谓结构的词根。在主谓结构内,动词进行移位,移到轻动词的位置。以(13)为例,动词"看了"进行中心语移位,移到轻动词 DO,如图(14)。

(13) 张三看了一本书。

(14)

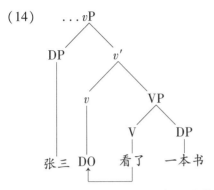

动词为什么进行中心语移位?移位的目的可能是为了让"动+体标记"跟轻动词结合,结合的后果是让体标记能够"修饰"轻动词所代表的事件,按照 Smith(1997)的体理论,体必须跟事件结合起来,体的作用就是用来检视时间,凸显事件的某个部分或某些部分,这是句法语义接口的要求。因此,凡"形态丰富"的动词,即有体标记作为动词的后缀("动+体标记"),如(13)的"看了",必须进行移位,而移位的落脚点是轻动词。这个结论得到方言的支持。我们曾作跨方言的比较,发现动词形态比较丰富的方言,即有体标记作为动词后缀的方言,动词能够移位,例如北方话、粤语、北部吴语、湘语等,但动词形态不丰富的方言,即缺乏体标记作为后缀的方言,没有动词移位,例如闽南话、南部吴语等(邓思颖 2006e)。[1]由此看来,汉语动词移位的动因跟体标记有密切的关系。

虽然名词性成分"一般不作谓语"(朱德熙 1982:40),但在"非一般"的情况下,汉语的名词仍然可以作谓语。除了动词短语以外,汉语

---

[1] 请参考邓思颖(2006e)的讨论,动词移位可以联系起并解释一些表面上毫不相关的现象,如次话题的类型分布、无定宾语等。

的轻动词还可以直接跟名词短语 NP 合并,以名词短语作为补足语,形成所谓的名词谓语句。除了(3)表示时间的"星期天"以外(重复在(15)),普通名词(例如(16)的"大傻瓜")、专有名词(例如(17)的"张三、李四")、处所名词(例如(18)的"机场")也可以作名词谓语句的谓语。名词谓语一般可以表达等同关系、属性、性状等内容。[1]由于名词谓语句的结构看起来好像比一般的动词谓语句简单,形式上更精简,比普通的小句要小,所以又称为"小小句"(small clause)(Tang 1998,2001c;邓思颖 2002a;顾阳 2000;Wei 2004;Q. Zhang 2009等)。[2]

(15) 今天星期天。

(16) 张三大傻瓜。

(17) 我张三,你李四。

(18) 下一个站机场。

树形图(19)表示了名词谓语句(16)的结构。[3]表示状态的轻动词 BE 直接跟名词短语"大傻瓜"合并,"大傻瓜"是这个主谓结构的词根,并不是轻动词的论元,"张三"是轻动词 BE 的主语,是主谓结构内唯一的论元,作为受事。跟其他的主语一样,"张三"最终移到时间词短语的指定语位置,成为小句的主语。因此,名词谓语"大傻瓜"实际上在句法里应该由轻动词和词根共同组成,呈现了汉语名词性词类的动词性用法的现象。[4]

---

[1] 陈满华(2008)对汉语名词谓语句作过全面的整理和分析,详见他对汉语名词谓语的分类。不过,不少文献把像(i)这样的例子都当作名词谓语句(石定栩2009a:30)。我们认为"你"和"一条腿"组成空动词小句,并不构成主谓关系,不属于名词谓语句(Tang 2001b,c;邓思颖 2002a)。

(i) 他买了四只鸡,大伙儿你一条腿,他一块胸脯,真过瘾。

[2] Stowell(1983)对英语"小小句"作过详尽的句法分析,"小小句"的概念也是来自他的研究。

[3] 我们曾把汉语的名词谓语句分析为"光杆"(即没有功能词)的名词短语(Tang 1998,2001b,c;邓思颖 2002a),允许主语直接跟名词短语合并。虽然我们以往的分析跟本书不尽相同,但基本的精神是一样的——作为名词谓语句的谓语/词根必须是光杆名词,不能包含名词性的功能词。

[4] 我们曾假设汉语的名词具有动词性特征[ V ](Tang 1998:§4),但按照本书的分析,名词的动词性特征应该来自轻动词。

（19）
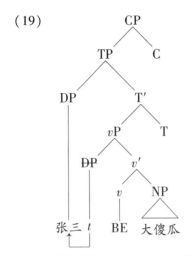

作名词谓语的名词性成分不能有数词和量词，(20)是不能接受的，"一个傻瓜"不能作为谓语(Tang 1998,2001c;邓思颖 2002a)。

（20）＊张三一个傻瓜。

根据本书第五章"名词性结构"的讨论，"一个傻瓜"从理论上可以分析为无定的限定词短语 DP 或表示数量的数词短语 NumP。我们先看看为什么名词谓语不能是限定词短语。轻动词所选择的是词根。作为词根，必须是非指称性的短语，动词短语 VP（例如(14)的"看了一本书"）和名词短语 NP（例如(19)的"大傻瓜"）都是非指称性的成分，可以跟轻动词合并，用作词根。(21)不合语法是由于作为词根的成分是指称性的限定词短语 DP，因此(20)不合语法。

（21）＊...[$_{vP}$ $v$[$_{DP}$ D ... ]]

为什么名词谓语不能是数词短语？轻动词跟数词短语合并有什么问题，如图(22)？虽然数词短语属于非指称性的短语，理论上可以跟轻动词合并，用作词根，如(22)的结构，但数词短语的中心语是数词 Num，所表示的是数量。按数量来理解，(20)的"一个傻瓜"指数量"一"，而不是傻瓜的属性或性状，这个例子就会被错误地理解为"张三是数量一"，这跟原意不符。因此，"一个傻瓜"不能作为名词谓语。

（22）＊...[$_{vP}$ $v$[$_{NumP}$ Num ... ]]

虽然(17)的"张三、李四"是专有名词，但专有名词可以分析为非指称性的名词短语,表示属性,并非指向特定的人或物(见本书第五章"名词性结构"的讨论)。(17)的"张三、李四"应该分析为名词短语,跟(19)的"大傻瓜"有相同的结构,并不是限定词短语,不会形成(21)的结构。因此,作为词根的仍然是非指称性的名词短语,是合语法的。

人称代词不能作名词谓语(陈满华2008)。不合语法的(23)是由于人称代词"他"作了谓语。人称代词"他"具有指称性,分析为限定词D,(23)的结构应该跟(21)一样,作谓语的成分都是限定词短语,因此不合语法。

(23) *张三他。

我们以前认为(24)的疑问代词"谁"不能用作名词谓语(邓思颖2002a:7),但是,陈满华(2008:60)却发现(25)的"谁"可以作名词谓语,而(26)的"什么"和(27)的"哪儿"也一样可以作名词谓语。比较(24)和(25),我们认为疑问代词作名词谓语,形式上是允许的,只不过需要多加一些"额外"的成分(如加上语气词"啊"),作为满足完句条件的手段。严格来讲,(24)的不能接受跟完句条件有关,因为(24)不是一个完整的句子,它的不能接受跟疑问词能不能作名词谓语的问题无关。

(24) *你谁?

(25) 你谁啊? 在这儿指手画脚的。

(26) 这个什么(呀)?

(27) 喂,你哪儿? ……我是五十二号。

此外,陈满华(2008:168)还有一个有意思的发现,那就是疑问代词作谓语的名词谓语句,主语必须是人称代词。假如主语是别的词类,如(28)的主语是专有名词"王林",(29)的主语是有定的"昨天咱们见到的那个老人",(30)的主语是普通名词"书",这些例子都不能接受。(31)是陈满华(2008:168)举的例子,虽然主语是人称代词"那个时候的你",满足了他所说的要求,但仍然不能接受。[1]

---

[1] 陈满华(2008:168)认为疑问代词作谓语限于"很简单的句子",但他却没有对"很简单的句子"下定义。

（28）＊王林谁？

（29）＊昨天咱们见到的那个老人谁？

（30）＊书哪儿？

（31）＊那个时候的你哪儿？

我们注意到名词谓语句"主语+谁"的"谁"跟用在系词句"主语+是+谁"的"谁"，有相似的意义和用法。我们先看看系词句的情况。王灿龙（2010）详细比较了以下三种作为系词句后项的"谁"，并且发现当外延凸显的专有名词作主语的时候，例如（32）的"孔乙己"，"谁"既可以表示陈述关系（内涵，如"是个穷困潦倒的文人"），又可以表示等同关系（外延，如"是那个站在柜台边喝酒的人"）；当主语是外延凸显的有定名词性成分的时候，例如（33）的"这个女人"和（34）的"你"，"谁"是问身份，起陈述的作用；当主语是内涵凸显的普通名词的时候，例如（35）的"狗"，"谁"表示等同关系是有标记用法，表示陈述关系是无标记用法。（35）的不能接受是因为"谁"只能表示陈述关系，而系词句的前后项都表示内涵，这是不允许的（如"＊文人是教授"）。因此，作为系词句后项的"谁"，表示陈述关系是无标记的用法。

（32）孔乙己是谁？

（33）这个女人是谁？

（34）你是谁？

（35）＊狗是谁？

沿着这个思路，我们注意到（28）至（31）的疑问词都是外延凸显，例如（28）和（29）表达了等同关系，而并非陈述关系。至于（25）至（27）的疑问词，主要是内涵凸显，（25）所问的是对方的身份，（27）也是问一种身份，表达了陈述关系。我们认为内涵凸显的疑问词是非指称的名词短语，而外延凸显的疑问词是限定词短语，它们的句法结构是不一样的。（25）至（27）的疑问词是名词短语，可以作谓语，拥有像（19）"大傻瓜"那样的句法结构，属于非指称的名词性成分，可以表示陈述关系；但（28）至（31）的疑问词是限定词短语，属于指称的名词性成分，地位就像（23）的人称代词"他"一样，因此不能进入名词谓语句。

事实上，疑问词这种内涵凸显的陈述功能，可以用来解释下面名词谓语句的用法。一篇讨论名词谓语句的文章(邓思颖 2002a：7，注释10)的审稿人曾指出(36)的"什么人"和(37)的"哪一位"可以用作名词谓语。"什么人"跟"谁"的最大差异是"什么人"的疑问词"什么"不作中心语，只作定语。(38)的"星期几"可以作名词谓语，情况跟(36)的"什么人"一样，作谓语的是名词短语，表示陈述关系。至于(37)的"哪一位"，有可能重新分析为像"什么人"那样的结构，即"哪(一)"是定语，"位"是被修饰的名词中心语，(37)的"哪一位"只能问对方的身份，是内涵凸显的用法。

(36) 你什么人？

(37) 你哪一位？

(38) 今天星期几？

跟动词谓语句的动词不同，名词谓语句的名词并没有进行中心语移位，(19)的"大傻瓜"仍然停留在原有的位置上，没有移到 BE 那里去。Q. Zhang(2009)注意到作谓语的名词可以受名词性的定语修饰，例如(39)的"那家工厂的"、(40)的"八十年代的"。不合语法的(41)和(42)说明了名词谓语句内的名词不能独自进行中心语移位，移到 BE 的位置而丢下定语。[1]因此，我们总结认为，名词谓语的名词不能进行中心语移位，跟动词谓语句的动词不同。

(39) 他那家工厂的厂长。

(40) 他八十年代的大学生。

(41) *他厂长那家工厂的。

(42) *他大学生八十年代的。

为什么名词谓语句的名词不能进行中心语移位？我们认为原因主要跟名词的形态有关。我们之前提到，动词移位的动机跟体和轻动词的结合有关，动词移位让黏附在动词之上的体标记可以跟轻动词走在一起，在语义的层面修饰事件。然而，名词的形态显然跟动词不同，名词没有体标记，缺乏任何可以表示体的词缀，因此名词失去了移到轻动

---

[1] 名词是名词短语的中心语，定语附接在名词短语之上，如(i)，详见第十章"偏正结构和联合结构"的介绍。

(i) [NP 定语 [NP [N 名词]]]

词位置的动机,汉语的名词不能进行中心语移位。

朱德熙(1982:102;1985:44)注意到"都、已经"等副词可以进入名词谓语句,并且可以加上"了",例如(43)和(44),名词谓语句表达了一个动态的事件。这个动态的事件,不可能由轻动词 BE 表示。以(44)为例,轻动词应该是 BECOME,表示了一个有变化的事件。我们用带标加括法表示(43)和(44)的结构,由于"今天"和副词的具体位置还没有讨论过,细节从略,如(45)所示。[1]

(43) 今天都星期三了。

(44) 今天已经星期三了。

(45) [$_{CP}$[$_{TP}$今天[[都/已经[$_{vP}$BECOME[$_{NP}$星期三]]]了]]]

同样的道理,表示动态事件的(46),轻动词也应该是 BECOME。不合语法的例子(47)显示,即使轻动词表示动态事件,名词谓语"厂长"也不可以进行中心语移位,移到 BECOME 的位置,丢下定语"那家工厂的",情况跟(41)一样。

(46) 他已经那家工厂的厂长了。

(47) *他已经厂长那家工厂的了。

名词谓语不能进行移位,原因是没有体标记,缺乏了移位的动力。相反,体标记可以黏附在动词上,促使动词移到轻动词的位置,让体标记跟轻动词可以结合在一起,满足句法语义接口的要求。如果我们的论述是正确的话,在主谓结构之内,中心语移位的动力来自体标记,跟体和事件的结合有关。由此看来,中心语是否移位,可以算是动词谓语句和名词谓语句的一个显著的差异。

## 9.3 非主谓句

传统汉语语法学家都把"非主谓句"当作汉语的一种独立句型。

---

[1] 副词"已经"组成了副词短语 AdvP,附接在轻动词短语之上来修饰整个轻动词短语/谓语。此外,(43)跟下面(i)和(ii)的情况相似。我们曾假设(i)和(ii)的小句包含了一个空动词,称为"空系词句"(邓思颖 2002a)或"空动词从属小句"(Tang 2003b;邓思颖 2004b),而如果轻动词能直接跟名词短语合并(如(45)),就不必假设空动词的存在。

    (i) 都大姑娘了……

    (ii) 你都三个孩子的爸爸了……

到底非主谓句的主语是"不能补"还是"不需补"？朱德熙（1982：22—23）认为是"不能补"，非主谓句是"自足的，就是说并不缺少什么成分，因此前头补不出主语来"，能补出主语的小句，例如（48）和（49），"都不是真正的非主谓句。应该看成省略了主语的主谓句"。刘月华等（1983：11；2001：18）也认为"非主谓句并不是省略了主语或谓语，也补不出确定的主语或谓语"。

（48）（我）有点儿不舒服。

（49）（我）马上就来。

胡裕树等（1995：316—317）也注意到非主谓句和省略句的差异，但他们认为非主谓句"本身是完整的，人们不需要添上主语去理解"。张志公等（1985）以及黄伯荣、廖序东（2002b）等学者对非主谓句的定义既包含了"不能补"又包含了"不需补"的意思。张志公等（1985：44）指出，"非主谓句，无需补出什么成分，或者无从补出什么成分"。黄伯荣、廖序东（2002b：121）认为动词非主谓句"这种句子并不是省略了主语，而是不需补出，或无法补出主语"。刘月华等（1983：539—540）认为"如果要人为地补上一个主语，所补的主语也往往是不确定的，也就是说，补不出一个确定的主语来"。刘月华等（2001：856）只作了文字上的润饰，所持的观点依然一样。如果说非主谓句的主语是"不能补"，那就是说非主谓句在结构上缺乏主语；但如果说非主谓句的主语是"不需补"，或者补出来的成分的所指是不确定的，那就意味着非主谓句隐含了一个主语，只不过不需要显示出来而已。

除了定义上的不同之外，学者对于某些非主谓句的理解也不一致。张志公等（1985：43）把（50）的祈使句分析为非主谓句，但胡裕树等（1995：317）却把（51）当作主谓句的省略形式，认为"祈使句就经常省略主语，这个主语是确定的，如果要补上就可以准确地说出来"。这种分歧其实牵涉到对非主谓句的认识问题，跟非主谓句的主语是"不能补"还是"不需补"的问题有关。

（50）请起立！

（51）别抽烟！

生成语法学的一个重要理论，就是假设"空语类"（empty

category）的存在，例如没有语音形态的小代词 pro。小代词的产生并非纯粹语音上的省略，它有自己的形式特征和语义特征，词类是限定词 D，有指称的能力，跟人称代词"他、他们"的功能基本一样，只不过小代词缺乏了语音特征而已。文献中也把用在主语位置上的小代词称为"空主语""零形主语"等。汉语是一种允许所谓主语省略的语言，而形成汉语主语省略的现象，就是允许小代词作为汉语的主语，Huang（1982,1984b,1987a,1989）曾就这方面的问题作过详细的论证。假设汉语主语省略的句子包含了一个小代词 pro，朱德熙（1982：22）所举的那两个主语省略的例子（48）和（49），可以重新表述为（52）和（53）。主语是小代词 pro，位于小句主语的位置（即时间词短语 TP 的指定语位置），[1]在特定的语境下指向说话人"我"。当小代词 pro 指向"我"的时候，按照传统语法学的一般理解，就说成是把主语的"我"补出来。

（52）...[$_{TP}$ pro[$_{vP}$有点儿不舒服]]

（53）...[$_{TP}$ pro[$_{vP}$马上就来]]

既然汉语是一个允许主语省略的语言，不少非主谓句就应该理解为主语省略，由小代词充当非主谓句的主语。以（6）为例（重复在（54）），这个例子是典型的非主谓句，文献中没有争议（《中学教学语法系统提要》；刘月华等 1983：543,2001：860；朱德熙 1982：22；张志公等 1985：43；张斌等 1988：310；黄伯荣、廖序东 2002b：122 等）。"好"的主语其实并非不能补，只是在某些语境下对说话人和听话人而言，所指的人或物都很清楚，不需要补。我们仍然把（54）分析为主谓句，小代词 pro 充当主语，它的结构可以用（55）来表示，不必要的细节从略。（54）的小代词 pro 在适当的语境下可以指向某人或某事情，而谓语"好"就是用来对小代词所指的人或物加以陈述。事实上，丁声树等（1961：19）认为没有主语的"好极了"有时也可以有主语，说成"这好极了"。我们认为这里的"这"，正是小代

---

[1]（52）和（53）的小代词 pro 原本应该先跟轻动词合并，然后才移到时间词短语的指定语位置。有关细节从略，下同。

词主语的显性体现。

（54）好！

（55）…[$_{TP}$ pro[$_{vP}$好]]

不少学者都把（56）当作非主谓句的例子（朱德熙1982：22；黄伯荣、廖序东2002b：122；北大中文系2004：302；冯志纯等2008：225等），胡裕树等（1995：317）更作出这样的解释："至于公共场所的招贴如'禁止抽烟'，它本身就是完整的，人们不需要添上主语去理解。"冯志纯等（2008：226）认为（56）"意思完整明确，不需要补出什么来。如果硬要给它加上某一部分，那么可加的内容很多，几乎因人因地而异"。按照他们的理解，（56）属于"不需补"的情况，而不是"不能补"。从论元结构的角度来考虑，"禁止"应该是一个二元的使役动词，有致事和受事两个论元，（56）实际上隐含了"某人禁止某人吸烟"的意思，只不过在招贴的语境下，致事和受事论元都省略了，这是属于"不需补"的情况。离开了招贴的语境，"禁止"的论元是可以补出来的，例如（57）的"台湾"和"孕妇"、（58）的"美国国内航线"和"乘客"。[1]因此，由"禁止"构成的非主谓句，主语是"不需补"，而并非"不能补"。既然有一个"不需补"的主语，（56）就不能当作"非主谓句"来分析。（56）的结构可以简单表述为（59），小代词 pro 是致事主语，而 e 是空的受事论元。

（56）禁止吸烟。

（57）台湾拟禁止孕妇吸烟。

（58）美国国内航线就开始全面禁止乘客吸烟。

（59）…[$_{TP}$ pro[$_{vP}$禁止[e 吸烟]]]

把汉语某些没有主语的小句称为非主谓句，无论是从理论上的定义还是从实际的语料分析上来说，都是有一定的缺陷的。如果大多数非主谓句的主语是"不需补"，非主谓句实际上就是主谓句，只不过主语被省略了，或者用更准确的话来说，就是省略的主语是一个空语类

---

[1] 例子（57）和（58）来自"北京大学汉语语言学研究中心现代汉语语料库"（CCL语料库）。

（例如小代词 *pro*）。因此，汉语的句型只有一个大类，就是主谓句，没有非主谓句。

## 9.4 连动句

例子（60）由两个动词性的成分组成："买票"和"进去"。像这样的句式，在传统汉语语法学文献里可以称为"连动"（丁声树等 1961；《中学教学语法系统提要》；刘月华等 1983，2001；吕叔湘等 1980；张志公等 1985；胡附、文炼 1990；邢福义等 1991；胡裕树等 1995；冯志纯等 2008 等）、"连谓"（朱德熙 1982；黄伯荣、廖序东 2002b；北大中文系 2004；周一民 2006 等）、"连述"（张斌等 1988）。按照朱德熙（1982：160）的解释，"连谓结构是谓词或谓词结构连用的格式"，他在该页注释 1 中说，"所谓'连谓结构'的'谓'是指谓词说的，不是指谓语说的"。由于本书不用"谓词"这个术语，我们把（60）这类句子称为"连动句"。

（60）我买票进去。

连动句最基本的特点就是连动句的两个动词的主语相同，陈述同一个主语（胡裕树等 1995；黄伯荣、廖序东 2002b 等）。（60）的"买票"和"进去"的主语都是"我"，陈述相同的主语。下面几个句子虽然表面上都由两个动词/述语组成，但并不是连动句（朱德熙 1982：161）。（61）的"抽烟喝茶"和（62）的"吃饭睡觉"属于联合结构（并列结构），[1]（63）是述宾结构作宾语（"述宾结构套述宾结构"），（64）是述宾结构作补语（"述补结构套述宾结构"），都不算是连动句。

（61）不停地抽烟喝茶。

（62）连吃饭睡觉都忘了。

（63）喜欢看电视。

（64）疼得掉眼泪。

从形式上划分，第一个动词性成分可以是一元动词（如（65）的

---

[1] Paul（2008）讨论了不能把连动句（如（60）的"买票进去"）分析为联合结构的理由。

"去")或二元动词(如(60)的"买"、(66)的"倒"),第二个动词性成分也可以是一元动词(如(60)的"进去")或二元动词(如(65)的"看"、(66)的"吃")。

(65) 张三去看病。

(66) 张三倒杯水吃药。

朱德熙(1982:161)注意到连动句的第一个动词如果没有宾语,往往带"着"等后缀,例如(67),或是采用重叠式,例如(68)。能够以光杆动词的形式出现、不需要带"着"的一元动词只有"来"和"去",例如上述的(65)。

(67) 走着瞧。

(68) 笑笑说。

汉语的连动句基本上由两种句法结构推导出来:一、第一个动词是状语,用来修饰第二个动词;二、第二个动词是第一个动词的补语(Paul 2008)。这两种结构可以简单地描述如下。在(69)中,第二个动词"动词$_2$"是连动句的词根,组成了小句,而第一个动词"动词$_1$"是状语(姑且称为 XP,暂时不考虑它的内部结构),附接在根句的轻动词短语 $v$P 之上,修饰第二个动词;在(70)中,连动句的第一个动词"动词$_1$"是词根,组成小句,而第二个动词"动词$_2$"组成另外一个小句 CP,作为"动词$_1$"的补语。[1]

(69) ... [$_{TP}$ 主语 [$_{v}$P [$_{XP}$ 动词$_1$] [$_{v}$P 动词$_2$]]]

(70) ... [$_{TP}$ 主语 [$_{v}$P 动词$_1$ [$_{CP}$ 动词$_2$]]]

朱德熙(1982:164)注意到连动句往往可以表达两种不同的意义,(71)的两个动词可以"分别代表两个伴随着发生的动作,但重心在后者,前者说明后者的方式",(72)的第二个动词"表示目的"。(73)是有歧义的(Li and Thompson 1973:98),"跪下来"可以表示"求我"的方式,也可以说"求我"是"跪下来"的目的。连动句表示方式和目的的这两种意义正好可以分别由(69)和(70)代

---

[1] 表示目的的补语是一个小句(即标句词短语 CP),详见 C. -C. J. Tang(1990)和 Tsai(1995)的讨论。

表（Paul 2008）。以（73）为例，（74）的树形图表示了连动句的谓语部分，作为状语的"跪下来"用来修饰"求我"，说明"求我"的方式；在（75）的树形图里，"求我"是"跪下来"的补语，说明了"跪下来"的目的。补语内应该有一个空主语 e 指向主语"他"，因此"求我"的主语也应该是"他"。[1]

（71）躺着看书。

（72）闹着回家。

（73）他跪下来求我。

（74）

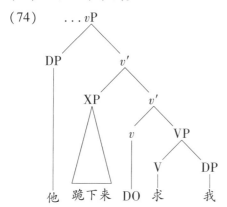

（75）

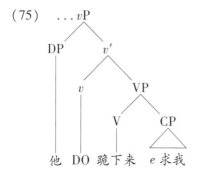

Li and Thompson（1973：101）注意到如果连动句第一个动词重叠形成正反问句，例如（76），这种连动句只能表示目的。Paul（2008：

[1] 如果（75）作补语的小句是不定式（infinitive），空主语应该分析为"大代词"（PRO），并且受到"他"的控制（control）（C.-C. J. Tang 1990）。大代词只出现在不定式小句的主语位置，而小代词 pro 则出现在定式（finite）小句的主语位置，两者呈互补现象。Huang（1989）尝试把小代词和大代词合二为一。

387)比较了(77)和(78)的差异,(77)的第一个动词重叠形成正反问句,而(78)的第二个动词重叠形成正反问句,前者的"讨论这个问题"表示目的,后者的"开会"可以表示一种时间上伴随发生的意义。能形成正反问句的动词才是连动句的词根,从而证明了(69)或(70)的分析是对的。

(76) 你跪不跪下来求张三?

(77) 他们开不开会讨论这个问题?

(78) 他们开会讨论不讨论这个问题?

在传统汉语语法学里,不少学者把连动句作为一种重要的句式,而把组成连动句的连动结构跟主谓结构、述宾结构等作平行的处理。比如说,朱德熙(1982)根据短语内部组成成分之间的语法关系将短语划分为六种结构,"连谓结构"作为一种独立的结构,与其他五种(即主谓结构、述宾结构、述补结构、偏正结构、联合结构)有平等的地位。如果汉语的连动句都可以分析为(69)或(70)这样的结构,那么,连动句要么可以重新分析为偏正结构(如(69)),要么可以重新分析为述补结构(如(70)),"连动结构"事实上是不存在的,形式上也没有任何的特点,而连动句的一些功能也都可以从偏正结构或述补结构推导出来。取消"连动结构"的独立地位,不仅没有对汉语语法的分析产生什么障碍,而且可以简化语法学理论,让我们对汉语的句法结构能够有更深刻的认识。

## 9.5　兼语句

从表面上看来,例子(79)和(80)跟上述的连动句很相似,都由两个动词构成。有些学者索性把(79)和(80)这样的句子当作连动句,作为连动句的一个小类(Li and Thompson 1981;朱德熙 1982;张斌等 1988)。不过,大多数学者还是把这种句式独立出来,称为"兼语句"(《中学教学语法系统提要》;吕叔湘等 1980;刘月华等 1983,2001;张志公等 1985;胡附、文炼 1990;邢福义等 1991;胡裕树等 1995;黄伯荣、廖序东 2002b;冯志纯等 2008 等)。

(79) 我请他来。

（80）我劝张三戒烟。

兼语句最显著的特点，也是跟上述连动句最大的差异，就是兼语句的两个动词各自有不同的主语，而连动句的两个动词都有相同的主语。兼语句第一个动词的宾语同时可理解为第二个动词的主语，这个宾语身兼两职，因此这种句式称为"兼语"。（79）的"我"是"请"的主语，"他"既是动词"请"的宾语，又是动词"来"的主语。（80）的"张三"是"劝"的宾语，同时也是"戒烟"的主语。

兼语句的第一个动词表示使令、促成的意义，常见的动词包括"请、使、叫、让、派、劝、催、逼、命令、禁止"等，所表示的意义能够引起一定的结果（黄伯荣、廖序东 2002b：126），而第二个动词就是表达这个要产生的结果或要达到的目的（吕叔湘等 1980：33；胡裕树等 1995：332；邢福义 1996：135 等）。例如，（79）和（80）的"请"和"劝"表示了使令的意义，而"来"和"戒烟"则表示了要达到的目的或结果。

兼语句的所谓使令、促成意义，显然等于使役意义，兼语句也可以分析为使役句的一种。按照我们在第六章"主谓结构"和第七章"述宾结构和述补结构"中的讨论，使役句包含了一个复杂的论元结构，由两个轻动词共同构成，分别是表示使役的轻动词 CAUSE 和表示事件变化的轻动词 BECOME。以（79）为例，谓语部分的句法结构可以表示为（81）的树形图。兼语句的第一个动词"请"是词根，首先跟由第二个动词形成的成分"$e$ 来"合并，[1] 让这个成分作为动词"请"的补足语，[2] 然后再加入 BECOME、"他"、CAUSE、"我"等成分，一层一层叠上去。这样的结构可以诠释为"我使一件事情发生，这个事情是他经历事件的变化，而想达到的变化结果是他被请来了"。"我"是致事主语，"他"是"请"的受事宾语，由于位于补足语的成分内有一个空主语 $e$，这个空主语指向"他"，因此"他"也可以理解为该成分的主语，呈现了"兼语"

---

[1] （81）的时间词短语"$e$ 来"包含了空主语 $e$，跟（75）的标句词短语 CP"$e$ 求我"的情况差不多。如果这个时间词短语是不定式，空主语应该是大代词 PRO，指向"他"。生成语法学把这种句式也称为"控制句"。又见第 183 页的注释[1]。

[2] 邢欣（2004）曾按照生成语法学的理论模式，把兼语句的第二个动词分析为补足语（她称为"补语"），并作了详细的讨论。

的现象。

(81)

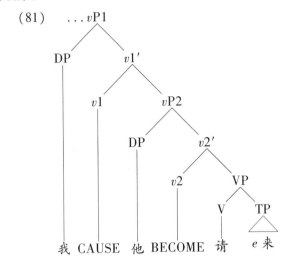

树形图(82)显示了动词"请"先移到 BECOME,然后再移到 CAUSE 的位置,最终形成(79)的词序。

(82)

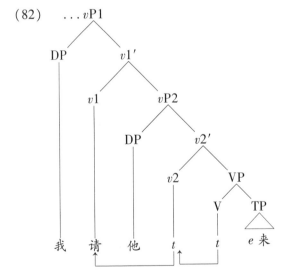

如果按照使役句分析的方向是正确的话,兼语句的第一个动词"请"是主要谓语,而兼语句的第二个动词,即位于动词补足语的时间词短语 TP 是"次谓语"(secondary predicate),两者共同组成一个比较"复杂"的谓语。主要谓语表示使役意义,而次谓语表示了事件变化的

预期结果,补充了主要谓语所表示的事件。沿着这个思路,表示使令意义的兼语句事实上是使役句的一种,兼语句的第一个动词和第二个动词构成了述补关系,前者是主要谓语、词根,后者是次谓语、补语,这个补语可以诠释为表示结果的状态补语(或本书称为"结果补语")。由此看来,述补结构和兼语结构的"本质"是一样的,它们的句法结构是相同的,只不过"述补结构"一词强调"补"的部分,把焦点落在补语身上,而"兼语结构"一词强调"兼"的特点,把焦点落在表面上身兼两职的宾语身上。无论是把兼语结构并入述补结构,还是把述补结构并入兼语结构,在汉语语法学上都并无不妥。两者合在一起,反而让我们对兼语句第二个动词所扮演的补充性角色产生了更大的兴趣。

除了表示使令意义外,还有另外一类的兼语句用来表示赞许、责怪等意义(吕叔湘等 1980;刘月华等 1983,2001;黄伯荣、廖序东 2002b;邢福义 1996 等),例如(83)、(84)、(85)等例子。这种兼语句的第一个动词往往表示赞许、责怪或其他心理活动,常见的例子如"称赞、表扬、夸、笑、骂、恨、嫌、感谢、喜欢"等,而第二个动词表示原因。(83)"表扬他们"的原因是"干劲大",(84)"埋怨我"的原因是"没给她办成这件事",(85)"喜欢这孩子"的原因是"懂事"。

(83)领导一直表扬他们干劲大。

(84)他埋怨我没给她办成这件事。

(85)我喜欢这孩子懂事。

这种没有使令意义的兼语句,结构应该比较简单,只由一个轻动词构成。以(83)为例,兼语句的第一个动词"表扬"跟由第二个动词组成的"e 干劲大"(即时间词短语 TP)合并,"干劲大"前面有一个空主语 e,理由跟上述的(81)基本一样。选择动词短语的轻动词是 DO,形成树形图(86),副词"一直"跟这里的讨论无关,从略。"表扬"最后移到 DO 的位置,形成(83)的词序。按照这个树形图,这个兼语句可以诠释为"领导做了一件事情,那就是对他们表扬,原因是他们干劲大","领导"是施事主语,"他们"是受事宾语,位于补足语的小句"e 干劲大"表示了"表扬"的原因,具有一种补充性的功能。

（86）

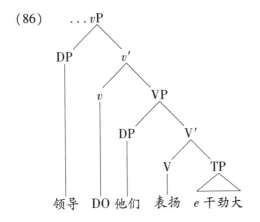

至于（85），"喜欢"表示一个状态，组成这个小句的轻动词应该是
BE，如图（87）所示。动词"喜欢"是这个小句的词根，跟用作补充成分
的"*e*懂事"合并，"懂事"前的空主语*e*指向"这孩子"，"这孩子"既是
"喜欢"的受事宾语，又可以理解为"懂事"的主语，成为"兼语"。
（87）的树形图可以诠释为"我受感于一个状态，这个状态是喜欢这孩
子，原因是他懂事"。"*e*懂事"这个部分的作用是用来补充"喜欢"的，
说明"喜欢"的原因。从这一点来看，作为补足语的"*e*懂事"好像具备
了补充性的功能。

（87）

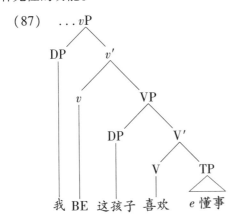

如果从功能的角度考虑，这种表示赞许、责怪意义的兼语句，第二
个动词很像补语，因为用来补充动词所表示的事件，具有补充性的功
能。不过，在传统汉语语法学现成的分类里，我们没有一类叫"原因补

语"的补语。

从意义上说，这种表示赞许、责怪意义的兼语句的第二个动词，意义反而跟某一类宾语相似，例如表示原因的宾语如"躲清静"（刘月华等 1983：272；2001：461）、"心疼什么、担心出事"（胡裕树等 1995：327）、"避雨、缩水"（黄伯荣、廖序东 2002b：84）等，"清静、什么、出事、雨、水"分别是"躲、心疼、担心、避、缩"的原因。除了这些例子外，Lin（2001：217—219）还发现了不少表示原因的述宾结构，作宾语的成分有名词性的（如（88）的"这个荒谬的结局"），有小句（如（89）的"小孩不听话"），有动词性的熟语（如（90）的"国破家亡"），也有动词性的成分或"的"字结构（如（91）、（92）、（93）），这些例子都可以理解为"为……而做"的意思。

（88）气这个荒谬的结局

（89）烦恼小孩不听话

（90）哭国破家亡

（91）吃头痛（的）

（92）玩趣味（的）

（93）喝过瘾（的）

我们认为这些表示受事以外的宾语，都位于动词的补足语位置，功能是用来补充动词所表示的事件。[1] 凡是功能上属于补充性的成分，包括两类兼语句（即表使令意义和赞许、责怪意义）的第二个动词、表示目的的连动句的第二个动词、典型述补结构的补语、述宾结构表示受事以外的宾语等成分，[2] 都位于动词的补足语位置。在第七章"述宾短语和述补短语"里，我们曾经提出过"谓语内的动词性成分只能有一个，必须在句末的位置"，为了涵盖所有具有补充作用的成分，这个说法可以修改为以下具有概括性的（94）。所谓"句末的位置"，用句法学

---

[1] Lin（2001）认为这些表原因的宾语是一个表示原因的轻动词 FOR 的宾语。然而，我们认为 FOR 所表示的是词汇意义，跟事件意义无关。只基于词汇意义而提出的轻动词（或任何功能词）缺乏限制性，加入这一类功能词无疑增加了句法学理论的负担。

[2] 除了表示原因的宾语外，还有一些宾语表示处所（如"回南方"）、时间（如"过中秋节"）、工具（如"吃大碗"）、方式（如"寄空邮"）、目的（如"交涉过财产问题"）等。任鹰（2005）对非受事宾语的现象作过详细的研究。

比较准确的术语来说，就是动词的补足语位置。

（94）谓语内的补充性成分只能有一个，必须在句末的位置。

根据这个条件，我们可以解释为什么以下例子的词序不能接受（请跟上述合语法的（79）、（83）、（85）作比较）。（95）表示预期结果的"来"在宾语之前，（96）和（97）表示原因的"干劲大、懂事"也在宾语之前，这些补充性的成分都不在句末，不符合（94），因此不能接受。

（95）*我请[来][他]。

（96）*领导一直表扬[干劲大][他们]。

（97）*我喜欢[懂事][这孩子]。

至于这种补充性的意义应该怎样进行诠释，这不归句法所管，而应该主要由词汇意义来管。句法能提供的只是一个形式的框架，（94）就是对这个框架的描述。句法部门根据（94）的限制，让动词先跟补充性的成分合并，使补充性成分成为动词的补足语，然后才选择其他的成分，完成余下的造句过程。如果思路是对的话，所谓连动结构、兼语结构、述补结构甚至是部分的述宾结构，都是由相同的句法框架推导出来的。[1]

## 9.6　被动句和处置句

汉语被动句最典型的例子是用"被"组成的，例如（98）和（99），因此这种句式在传统汉语语法学的文献里也称为"'被'字句"（《中学教学语法系统提要》；刘月华等 1983，2001；张志公等 1985；张斌等 1988；邢福义等 1991；胡裕树等 1995；黄伯荣、廖序东 2002b；冯志纯等 2008 等）。由于某些被动句的"被"可以跟"让、叫（教）、给"等词互换，[2]因此，如果把汉语的被动句称为"'被'字句"，这样的定义似乎就太狭窄了。

汉语被动句基本上可以按照施事的出现与否分为两个类型，分别称为"长被动句"（long passive）和"短被动句"（short passive）（Ting

---

　　[1]　传统汉语语法学有所谓兼语结构存废之争，详见邢欣（2004：§1）的述评。
　　[2]　书面上"叫"也可以写作"教"，本书一律写作"叫"。

1995,1998 等）。所谓长被动句，就是指有施事的被动句。（98）的"李四"是施事，"张三"是受事主语，属于长被动句；没有施事的被动句称为短被动句，例如（99）。

（98）张三被李四打伤了。（长被动句）

（99）张三被打伤了。（短被动句）

长被动句除了用"被"以外，还可以用其他的词替代，例如（100）的"让"、（101）的"叫"、（102）的"给"。

（100）张三让李四打伤了。

（101）张三叫李四打伤了。

（102）张三给李四打伤了。

至于短被动句的"被"，不太容易用"让"替代（如（103）），用"叫"替代的接受度有差异（如（104）），但用"给"替代则没有问题（如（105））。[1]

（103）*张三让打伤了。

（104）(*)张三叫打伤了。

（105）张三给打伤了。

此外，我们注意到短被动句的几个小类，对不同的人来说，可能有不同的接受度。刘月华等（1983：485；2001：760）指出，"让、叫"的宾语"一定要出现"。胡裕树等（1995：337）指出，"作用与'被'相同的'叫'和'让'没有直接附着在动词前边的用法"。Shi（1997：51）认为（106）和（107）都不能接受。然而，吕叔湘等（1980：406）认为例子（108）可以接受，"叫"直接在动词"淋湿了"之前出现。张静等（1980：169）也举了（109），显示了"叫"直接出现在动词"抢走了"之前。至于"让"，我们注意到有些人可以接受（103），"让"直接出现在动词之前

---

[1] 宋文辉、罗政静、于景超（2007：118）根据语篇统计的结果发现，"'叫'只有施事显现的情况，'让'只有 2.4% 的情况施事不显现"。他们所说的"施事显现"，即本书所讲的长被动句。显然，他们的观察跟（103）和（104）所反映的情况不一致。不过，他们最终总结认为"'让'字句和'叫'字句基本上只有施事显现的情况"（2007：121）。"让"允许"施事不显现"的现象，我们怀疑或许跟"让"在目前北方话口语中的广泛使用、"让、叫"在各地北方话的不平衡分布有关。屈哨兵（2008：64）统计过《王朔文集》中的所有对话，发现"让"的出现次数是"叫"的四倍，并且假设北京话是"让"的扩散中心，影响了其他的方言。

（邓思颖2003b：190，注释1）。这些差异可能跟"叫、让"不平行的语法化过程有关（邓思颖2003b：§7；石毓智2006）。

（106）＊我妈让撞伤了。

（107）＊我妈叫撞伤了。

（108）好大的雨，衣服都叫淋湿了。

（109）所有的船都叫抢走了。

至于长被动句的"给"，可能有方言的色彩。刘月华等（1983：485；2001：760）指出长被动句的"给""南方人用得较多"，石定栩（2005：47，注释2）也认为有些在北京的南方人会说（110），但北京本地人并不这么说，"这种用法似乎是吴、粤、闽等方言用法的借用"。

（110）衣服给雨淋湿了。

除了根据施事的出现与否为被动句分类外，我们还可以根据受事宾语能不能保留，把汉语的被动句分为"直接被动句"（direct passive）和"间接被动句"（indirect passive）（Huang 1999；邓思颖2004a；Huang, Li and Li 2009：§4）。受事宾语不出现在"被"之后的被动句称为"直接被动句"（例如（111）和（112）），"被"之后保留了受事宾语的被动句称为"间接被动句"（例如（113）和（114）保留了受事宾语"父亲"）。间接被动句在文献中也称为"保留宾语句"。根据"长/短"和"直接/间接"两组特点，汉语被动句可以分为四大类：直接长被动句、直接短被动句、间接长被动句、间接短被动句。

（111）张三被土匪杀了。（直接长被动句）

（112）张三被杀了。（直接短被动句）

（113）张三被土匪杀了父亲。（间接长被动句）

（114）张三被杀了父亲。（间接短被动句）

在直接被动句里，主语原则上可以在原来宾语的位置"还原"，例如（111）可以说成"土匪杀了张三"，（112）可以说成"（某人）杀了张三"。但在间接被动句里，由于宾语的位置已经被占了，主语只能跟占着宾语的成分构成一种间接的关系，例如（113）和（114）的"张三"跟"父亲"构成了一种领属关系，跟宾语间接地联系起来。

汉语还有一种比较特殊的被动句，就是主语找不到一个可以联系的宾语,这种被动句属于间接被动句的一个小类,可称为"外排式间接被动句"(exclusive indirect passive)(Huang 1999; Huang, Li and Li 2009:§4),例如(115)、(116)、(117)、(118)等。[1] 我们可以发现,在这些例子里,主语不可能跟宾语或哪一个句法成分建立起任何的联系,以(115)为例,主语"我"受到"他跑了"的影响,但"我"却找不到一个可以联系的成分,跟(114)间接被动句的情况很不一样。

(115) 我居然被他跑了。

(116) 李四又被阿Q打了三支全垒打。

(117) 我被他这么一坐,就什么都看不见了。

(118) 张三被李四哭了三天,烦得不得了。

王力(1985[1943/1944])发现了汉语被动句跟处置句(或他称为的"处置式")有非常密切的关系。所谓处置句,就是由"把"字构成的小句,所以这种句式又称为"'把'字句"。"把"往往对受事加以处置,表达了一种处置意义。[2] 我们认为,王力(1985[1943/1944])的这个重要发现,对汉语被动句和处置句的句法分析极具指导作用。我们把他的原文引录于下,方便参考。

(119) 被动式和处置式的形式虽不同(一是被动句,一是主动句),而其所叙行为的性质却大致相同。譬如一件事,在主事者一方面看来是一种处置,在受事者一方面看来往往就是一种不如意或不企望的事。"他把你打了一顿",在"他"看来是一种处置,在"你"看来就是一种损害了。因此,多数被动式是可以改为处置式的。被动句若要转成主动句,也是变为处置式较为适宜。……被动式所叙行为的性质既和处置式所叙者大致相同,所以它们在结构形式上也大致相同。下列的两点是它们极相类似的地方:

(1) 恰象处置式"把"字后面不能用否定语一样,被动

---

[1] (115)引自蔡维天(2005b);(116)引自Tsai(1993:227);(117)转引自Huang(1999),原本来自沈力的一篇文章;(118)引自Lin(2009:171)。

[2] 讨论处置句的文献非常丰富,近年比较全面的总结(包括对句法分析的介绍)可以参考Y.-H. A. Li(2006)和Huang, Li and Li(2009:§5)。

式"被"字后面也不能用否定语。例如咱们只能说"我们被人欺负",不能说"我们被人不欺负",也不能说"我们被人不尊重"。

（2）恰象处置式只限于处置性的事情一样,被动式也只限于不如意的事情。因此,许多主动句都不能随便改为被动。例如"你爱他",不能说成"他被你爱","我恭贺你"不能说成"你被我恭贺","我欣赏这一幅名画"不能说成"这一幅名画被我欣赏"。

（王力 1985［1943/1944］：89—90）

Chao(1968：§8.1.5.2—3)也注意到汉语被动句和处置句的关系,他认为"这种被字结构通常只限于'处置式'动词(disposal verbs),⋯⋯一般都有说坏处的意思。⋯⋯用'被'的动词跟用'把'的动词,差不多完全同类"(赵元任 2002：634—635)。被动句和处置句的密切关系应该不是偶然的,它们不仅在意义上接近,而且在句法上也应该有相似的特点。

沿着王力(1985［1943/1944］)、Chao(1968)的这个思路,我们可以假定推导出汉语长被动句的句式不是普通的主动式,而是处置句。以(120)为例,它应该是从(121)的处置句推导出来,而不是从(122)的主动句推导出来,这正是王力(1985［1943/1944］)所说的"多数被动式是可以改为处置式的。被动句若要转成主动句,也是变为处置式较为适宜"的道理。

（120）张三被他们打死了。

（121）他们把张三打死了。

（122）他们打死了张三。

下面的例子进一步显示了长被动句与处置句的关系比与普通主动句的关系更为密切。张伯江（2001：520—521；2009：112）指出,(123)的长被动句可以说成(124)的处置句,但无法换成普通的主动句(125)。

（123）你的胃口被今天这顿饭全吃倒了。

（124）今天这顿饭把你的胃口全吃倒了。

（125）＊今天这顿饭吃倒了你的胃口。

张伯江（2001：520；2009：111）还注意到（126）的被动句和（127）的处置句一样，都有一种"完全影响"的意义，跟（128）的普通的主动句有明显的差异。由此可见，被动句和处置句的关系是相当密切的。

（126）＊我被他骗了，可是我没有上当。

（127）＊他把我骗了，可是我没有上当。

（128）他骗了我，可是我没有上当。

汉语被动句"被"的句法地位，一直是汉语语法学界争论不已的问题。简单来讲，对于"被"的认识主要有两种观点："动词说"和"介词说"。主张介词说的学者有 Chao（1968）、吕叔湘等（1980）、朱德熙（1982）、Y.-H. A. Li（1990）、徐丹（2004）和不少传统汉语语法学学者和语法教科书的编者。根据介词说，"被"是一个介词。在句法上，它跟施事组成一个介词短语。主张动词说的学者包括桥本万太郎（Hashimoto 1969，桥本万太郎 1987）、Yue-Hashimoto（1971）、Chu（1973）、冯胜利（Feng 1990, 1995；冯胜利 1997）、Tsai（1993）、Ting（1995, 1998）以及 Cheng, Huang, Li and Tang（1999）、Huang（1999）、吴庚堂（1999, 2000）、邓思颖（Tang 2001a；邓思颖 2003b, 2004a, 2006a, 2008c）、徐德宽（2007）、马志刚（2008a）和 Huang, Li and Li（2009：§4）等。根据动词说的看法，"被"是一个动词（或动词性词类，包括轻动词），表示受事的主语受到某事件的影响，引申出那种所谓"不如意、不企望"的意思。除了这两种观点外，还有一种折中的"双重地位说"，糅合了"动词说"和"介词说"，认为汉语的"被"具有双重的地位：一个是被动标记（动词），一个是介词（Shi 1997，石定栩 2005，石定栩、胡建华 2005）。

对于汉语被动句的争论，我们这里不作比较和评述，[1] 而仍然沿用我们过去的看法，认为长被动句的"被、让、叫、给"是动词，基本的词汇意义是"蒙受、遭受"。这个被动动词选择一个谓语作为它的补足

---

[1] 对于介词说的评述，见 Huang（1999）、邓思颖（Tang 2001a，邓思颖 2003b）以及 Huang, Li and Li（2009：§4）的讨论；对于双重地位说的评述，见邓思颖（2008c）的讨论。

语,而主语表示受事。以(98)为例,长被动句的句法结构可以简化为(129)的树形图。被动动词"被"首先跟"李四打伤了"这个部分合并,组成动词短语VP,然后轻动词BECOME跟动词短语合并,并选择了"张三"作为主语,"张三"在这个结构里应理解为一个受影响的受事,经历了一种变化,也可以称为"感事"(Experiencer)(Huang 1999;Huang, Li and Li 2009:§4)。(129)的结构可以诠释为"张三经历了事件的变化,变化的结果是李四打伤了他"。按照这个分析,动词"被"是长被动句的词根,"李四打伤了"这个部分是"被"的补语,说明了事件的结果,而"被"的主语是"张三",是"被"的唯一论元。在以下的讨论里,我们以"被"为被动动词的代表,所进行的分析应该同样适用于"叫、让、给"。

(129)

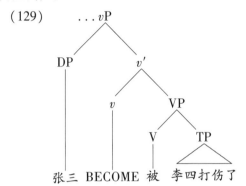

至于(129)"李四打伤了"的内部结构,我们认为由处置句组成(邓思颖 2004a),而组成处置句的核心部分是轻动词BECOME(邓思颖 2008c)。先让我们讨论如何推导汉语的处置句,以下几个推导过程都包含了轻动词BECOME,表示了事件的变化。为了节省篇幅,我们用比较简单的带标加括法表示各个结构,并简化一些不必要的细节。

(130) a. [张三[BECOME[打伤了]]]

b. [李四[CAUSE[张三[BECOME[打伤了]]]]]

c. [李四[把[张三[BECOME[打伤了]]]]]

假设"张三"是"打伤了"的受事宾语,轻动词BECOME加入后,跟"打伤了"合并,"张三"必须位于BECOME的指定语位置,即BECOME

的左边,如(130a),动词"打伤了"移位后,基本上产生了(131)。[1] 传统汉语语法学称这类句子为"受事主语句",由于表面上跟被动句比较像,唯一的不同是没有"被"字,所以又称为"无标记被动句"(Cheng and Huang 1994,邓思颖 2006a)。

(131) 张三打伤了。

如果推导过程继续进行,轻动词 CAUSE 和"李四"加进来,合并后,形成了使役句,如(130b)的结构。"李四"是致事,"张三"仍然是受事,动词"打伤了"进行移位,移到 CAUSE 后,就产生了(132)的词序。这种句子的形成过程,我们在本书第六章"主谓结构"里已经详细讨论过了。

(132) 李四打伤了张三。

轻动词 CAUSE 在汉语里还可以体现为"把"字(Huang 1992;Sybesma 1999;Lin 2001;邓思颖 2004a,2008c 等)。如果(130c)的CAUSE 体现为"把"字,动词"打伤了"只能移到 BECOME 的位置,不能再往上移到 CAUSE,就呈现出(133)的词序,形成了所谓有"把"字的处置句。比较(130b)和(130c)两个论元结构,我们注意到它们是一样的,都属于使役句,表达相同的事件意义。假如(130c)是处置句,那么(130b)也应该称为处置句,它们主要的区别是 CAUSE 是否显示为"把"字。

(133) 李四把张三打伤了。

一般认为汉语"把"的作用是把动词后的宾语提前,"把"字句是"主-动-宾"的变式。朱德熙(1982:188)有一个很独到的观察,值得我们重视。他认为"跟'把'字句关系最密切的不是'主-动-宾'句式,而是受事主语句。仔细观察一下就会发现,绝大部分'把'字句去掉'把'字以后剩下的部分仍旧站得住,而这剩下的部分正是受事主语句",并且举了不少例子证明他的看法,例如(134)和(135)。事实上,有"把"的处置句和受事主语句的关系,正好是(130c)和(130a)的关系,把表示 CAUSE 的"把"去掉以后,剩下来的就是由 BECOME 所组成

---

[1] 要形成完整的句子,还要加入时间词 T、标句词 C 以及语气词 F。详见第八章"句子"的讨论,具体细节这里不一一交代。

的轻动词短语,即受事主语句的核心部分。[1]虽然朱德熙(1982:188,注释1)认为(136)和(137)去掉"把"的句子是"施事主语句",但这两句的"犯人"和"老伴"是非宾格动词的主语,即轻动词 BECOME 的主语,题元角色仍然应分析为受事,而不是施事。因此,去掉"把"的句子仍然属于受事主语句。

(134)把衣服都洗干净了→衣服都洗干净了

(135)把大门贴上封条→大门贴上封条

(136)把犯人跑了→犯人跑了

(137)把老伴儿死了→老伴儿死了

汉语长被动句的核心部分是处置句,而处置句的核心部分是受事主语句,反而跟普通的主动式关系比较疏远。长被动句和处置句的形成,都是一层套一层的,充分反映了句法结构性、层级性的特点。朱德熙(1982)的观察不仅说明处置句应该从受事主语句推导过来,即由(130a)加上 CAUSE 变成(130c),而并非从普通的主动式推导过来,而且间接印证了王力(1985[1943/1944])、Chao(1968)的说法,即被动句不是从普通的主动式推导过来的。上述(130)的几个步骤,正好解释了这几种关系。

汉语的轻动词 BECOME 还可以显示为"给"(Tang 2006,邓思颖2008c)。这个"给"在传统汉语语法学里称为"助词"(吕叔湘等1980:198),跟上述长被动句(102)的"给"不同。请考察(138)的几个推导过程。

(138) a. [张三[给[打伤了]]]

　　　b. *[李四[CAUSE[张三[给[打伤了]]]]]

　　　c. [李四[把[张三[给[打伤了]]]]]

如果轻动词 BECOME 显示为"给",动词"打伤了"就不用移位,如(138a)所示,产生了(139)。轻动词 BECOME 显示为"给"的作用,似乎是用来强化那种受影响、事件变化的意义,我们过去曾把它当作一个表示受影响意义(affectedness)的标记(Tang 2001a;邓思颖2003b:

---

[1] 能够进入(130a)的非作格动词,可以理解为经过"作格化"的过程(邓思颖2004a,2008c)。

193),就是通过"给"表示受影响的意义。对于说汉语的人来讲,有"给"的(139)和没有"给"的(131),基本意义是一样的,但前者那种受影响的意义大大强化了。

(139) 张三给打伤了。

如果 BECOME 显示为"给",但 CAUSE 仍然是空的,如(138b)所示,基于"中心语移位限制"(head movement constraint),动词"打伤了"的移位被"给"挡住了,无法越过"给"而直接到 CAUSE 的位置,这样的结构是不允许的,这就解释了为什么(140)不能接受。

(140) *李四张三给打伤了。

如果轻动词 CAUSE 和 BECOME 分别显示为"把"和"给",如(138c)的情形,动词"打伤了"就不用移位,也没有违反什么限制,因此(141)的词序是合语法的。虽然有"给"的(141)和没有"给"的(133)都属于处置句,它们的基本意义都一样,但它们的差异是(141)的"张三"的处置意义(即受影响意义)明显地被强化了。此外,汉语中的"把……给"这样的词序正好把论元结构内由 CAUSE 和BECOME 组成的两个层次分别通过"把"和"给"直接展示在我们的面前,为词汇分解理论提供了很好的证据。

(141) 李四把张三给打伤了。

像(130b)这样的结构可以作为被动动词"被"的补足语(即树形图(129)的 TP 位置),作为"被"的补语。作为补语,必须具备两个条件:一、形式上不能是完整的小句;二、语义上能作谓语。我们在第八章"句子"中指出,完整的小句由标句词短语 CP 组成,而完整的句子由语气词短语 FP 组成。总之,除了标句词短语和语气词短语以外,其他的短语理论上可以作"被"的补语。我们参考冯胜利(Feng 1990,1995;冯胜利 1997)、Huang(1999)以及 Huang, Li and Li(2009:§4)的分析,认为"被"的补语是时间词短语 TP。[1]作为谓语,时间词短语内必须

---

[1] 过去我们把这个短语描述为"小句"(邓思颖 2003b,2004a,2008c),"小句"一词的用法是一种不严谨的描述,作为补语的"小句"应该理解为"谓语"或"次谓语"。此外,冯胜利(Feng 1990,1995;冯胜利 1997)认为小句是 S,Huang(1999)以及 Huang, Li and Li(2009:§4)所用的术语是屈折词短语 IP,即本书的时间词短语 TP。

包含一个变项(variable),可以在逻辑形式里形成所谓"兰姆达表达式"(λ-expression),让时间词短语由一个命题(proposition)变成一个谓语,作为"被"的次谓语,形成主谓关系。要在时间词短语内形成一个变项,其中一个方式是通过句法移位,让时间词短语内有一个句法缺口,这个移位的成分是一个空算子(null operator,简写作 Op)。这个空算子原本位于受事宾语的位置,在长被动句内移位是一种满足"谓语化"的句法操作(邓思颖 2008c:316)。

长被动句的结构可以表达如(142),空算子在时间词短语内进行移位,留下的语迹可诠释为变项,因而时间词短语可以作为"被"的次谓语/补语。空算子跟主语有相同的标引 $i$,表示在意义上指向受事主语,因而时间词短语内的语迹也可以指向受事主语。

(142) $[\text{主语}_i[_{\text{VP}}\text{被}[_{\text{TP}}\text{Op}_i[_{\text{TP}}\ldots\ t\ldots]]]]$

根据这种分析,上述长被动句(98)应该包含了一个空算子,而它的语迹出现在动词之后,如(143)所示。

(143) $[\text{张三}[_{\text{VP}}\text{被}[_{\text{TP}}\text{Op}[_{\text{TP}}\text{李四}[_{v\text{P}}\text{打伤了}[\ldots\ t]]]]]]$

理论上,上述带有"把"字的(130c)也可以作为"被"的补足语,不过,(144)却不能接受。我们认为(144)不能接受的原因并非结构上不允许,而是汉语不允许"把"之后的受事论元是空的(例如空算子移位后留下来的语迹),即"把"字不能悬空。[1]为了挽救(144)的不合语法,一个策略是让空算子移位后留下来的语迹变为一个复述代词(resumptive pronoun),例如(145)的"他"(冯胜利 1997:3);[2]另一个

---

[1] 轻动词"把"可以分析为"例外格标记"(exceptional Case marking,简称 ECM)的动词,性质跟英语的 believe 差不多,也跟汉语长被动句的"被"差不多,我们曾排除"被"之后是一个空语类的可能性(邓思颖 2003b:§7)。可以借鉴"例外格标记"的分析来解释(144)的不合语法。

[2] "把+复述代词"的例子在汉语里是可以接受的,(i)和(ii)两例引自李珊(1994:230),(iii)引自刘月华等(1983:482),刘月华等(2001:757)对(iii)作了修改,由原来的"被"改为"叫",如(iv)。

(i) 你多半又叫什么女人把你迷住了。(曹禺《日出》)
(ii) 胡统领……被土匪把他宰了。(《官场现形记》)
(iii) 那个孩子被人把他打了一顿。
(iv) 那个孩子叫人把他打了一顿。

策略就是在音韵部门内,把"把"删除,例如(146)。[1]虽然表面上(146)也可以从没有"把"的(130b)推导出来,但(147)证明了"把"本来是存在的,可以跟"给"形成"把……给"的结构,"李四"是致事,应该是"把"的主语,不是"给"的主语。因此,"把"的删略分析是站得住脚的。

(144)  *张三被李四把 t 打伤了。

(145)  张三被李四把他打伤了。

(146)  张三被李四把 t 打伤了。

(147)  张三被李四把 t 给打伤了。

按照这样的分析,汉语长被动句的"核心"部分是使役句(处置句),而"被"之后的论元应该理解为致事,而不是施事,例如(148)的"那件事"和(149)的"牛奶"是典型的致事。[2]由使役句推导出被动句的句法分析,正好解释了王力(1985[1943/1944])的发现,为他所讲的"多数被动式可以改为处置式"的论点找到了句法分析的依据。

(148)  他被那件事愁死了。

(149)  不上一个月小运华就被牛奶喂胖了。

至于短被动句的推导方式,跟长被动句的有点像,但并不完全一样,短被动句不是从长被动句通过省略推导出来的(Huang 1999;邓思颖 2003b;Huang, Li and Li 2009:§4)。短被动句(99)(重复在(150))的"被"并不是轻动词 BECOME 的体现,跟(139)(重复在(151))的"给"不一样,不合语法的(152)显示了"把"不能套在"被"之上,但却可以套在"给"之上,例如(141)(重复在(153))。"给"是轻动词,但"被"不是。

(150)  张三被打伤了。

(151)  张三给打伤了。

(152)  *李四把张三被打伤了。

(153)  李四把张三给打伤了。

---

[1]  音韵删略分析的好处是不必假设汉语有一个空的使役动词(邓思颖 2004a)。
[2]  (148)引自李临定(1986:217),(149)引自熊仲儒(2003a:219)。

短被动句的"被",词类跟长被动句的"被"基本上是一样的,都是动词。[1]不同的是,短被动句的"被"跟动词短语合并,动词短语作为"被"的补足语,如(154)所示,而长被动句的"被"跟时间词短语合并,不合语法的(155)说明了短被动句的"被"不能跟由轻动词 BECOME 组成的轻动词短语合并。[2]

(154)［主语［$_{VP1}$被［$_{VP2}$ V］］］

(155)＊张三被给打伤了。

至于间接长被动句的推导方式,基本上跟上述直接长被动句的差不多。间接长被动句的(113)(重复在(156)),"土匪杀了父亲"这部分应该首先由(157a)组成,所谓保留宾语"父亲"是动词"杀了"的补足语(徐杰 1999a,2001,2008),指向"张三"的空算子 Op 直接跟 BECOME 合并,可理解为间接受影响的受事,而"土匪"跟 CAUSE 合并,可理解为致事;然后动词"杀了"进行移位,移到 CAUSE 的位置,如(157b)所示;最后空算子移位,在原有的位置上留下一个语迹,如(157c)所示。间线"____"表示了动词移位前的位置,其实就是动词移位后留下来的语迹,不过为了避免跟空算子的语迹混淆,我们改用间线表示。(157c)所产生出来的这个短语,可以作为"被"的补足语,形成了间接长被动句(156)。

(156)张三被土匪杀了父亲。

(157) a.［土匪［CAUSE［Op［BECOME［杀了 父亲］］］］］

　　　 b.［土匪［杀了［Op［____［____ 父亲］］］］］

　　　 c.［Op［土匪［杀了［$t$［____［____ 父亲］］］］］］

至于外排式间接被动句(115)(重复在(158)),Huang(1999)以及 Huang, Li and Li(2009:§4)假设指称受事主语的空算子原本出现在

---

[1]　如果从跨词汇和跨方言的角度来看,"被"应该比"叫、让"和长被动句的"给"以及粤语的"畀"更加虚化(Tang 2001a,邓思颖 2003b)。

[2]　Huang(1999)以及 Huang, Li and Li(2009:§4)假设动词短语内有一个大代词 PRO 进行移位。理论上,大代词移位的说法就值得商榷(邓思颖 2008c:314,注释 8),何况动词本身已经具备谓语的特性,不必再通过句法移位来产生变项。

"他"和"跑了"之间的"最外宾语"(outermost object)的位置,然后进行移位。[1]虽然 Huang(1999)以及 Huang, Li and Li(2009:§4)假设汉语所有的被动句都通过句法移位推导出来,在解说上有统一性和一致性,但我们曾经质疑过最外宾语到底存在与否,比如说,我们无法把一个论元安放在"他"和"跑了"之间,(160)是不合语法的(邓思颖2008c:317)。

(158)我居然被他跑了。

(159)我居然被[他[Op[跑了]]]

(160)﹡他我跑了。

不过,合语法的(161)和(162)可以扫除我们的忧虑,最外宾语可以还原为一个有受影响意义、跟说话者相关的论元,以"给我"的形式出现,例如(161)和(162)的"给我",[2](162)的"给我"之后还可以把受事"客人"补出来。虽然(161)不是间接被动句,但(162)应该算是间接被动句。无论如何,我们起码在致事和动词之间(甚至在"把"之前)可以找到一个安放论元的位置,证明了最外宾语存在的可能性。[3]

(161)眼看一片大好形势,居然被他<u>给我</u>全盘破坏。

(162)(我)居然被他<u>给我</u>粗暴地把客人赶走了。

除了最外宾语的这种分析外,我们还可以假设外排式间接被动句的受事主语和谓语之间的关系借语义来建立,两者存在一种关涉关系(aboutness)(邓思颖2006a)。这种关涉关系,与疑似的"悬空话题"(dangling topic)的情况差不多,例如(163)的话题"水果"和述题(comment)内的"苹果"建立起一种语义上的关系,通过"苹果"的语义变项(semantic variable)跟话题联系起来(Pan and Hu 2008)。由于(163)的"水果"可以跟"苹果"建立起语义上的联系,严格来讲,"水果"并不算是悬空的话题。

---

[1] "最外宾语"是相对于"外宾语"(outer object)而说的。Huang(1999)以及 Huang, Li and Li(2009:§4)所指的"外宾语",应该就是本书所说的轻动词 BECOME 的指定语。

[2] (161)是互联网上的例子。

[3] 至于(160)不能被接受的原因,可能跟格(Case)有关,详见 Huang(1999)的讨论。

(163) 水果,我喜欢吃苹果。

这种关涉关系的分析也可以套用在外排式间接被动句上,例如(158)。在适当的语境下,(158)的"他跑了"能够赋予一个语义变项,跟受事主语"我"联系起来,让(158)可以成为合格的被动句。赋予这种语义变项并非通过句法手段来实现,而是通过语义的手段来实现,往往受制于很多特殊的因素。因此,比起其他的被动句来,外排式间接被动句在汉语中并不常见。话题句的关涉关系与间接被动句的相似性,可以进一步在下面的例子中显示出来。(164)的话题"十个苹果"跟述题内的"两个"语义上相关联;(165)的受事主语"十个苹果"跟保留宾语"两个"也有相似的关系,而这种关系不是通过句法移位产生的(邓思颖 2006a)。汉语被动句谓语内的变项或许是语义变项,不必是由移位产生的语迹。通过关涉关系来建立汉语的间接被动句,看来也是有可能的,我们不完全排除这种可能性。

(164) 十个苹果,我把两个吃了。

(165) 十个苹果被我吃了两个。

被动句和处置句是汉语语法学的两种"经典"句式,然而,它们并没有作为"独立"句式的条件,不少现象都可以归并到别的结构上去。王力(1985[1943/1944])、Chao(1968)从处置句推导出被动句的特点,在汉语被动句的研究方面迈出了重要的一步。我们认为,被动句"被"和之后的成分(即长被动句的时间词短语和短被动句的动词短语)所形成的基本上是述补结构,后者补充了"被"所表示的事件,说明事件变化的结果。位于长被动句内的时间词短语事实上是使役句,即王力(1985[1943/1944])、Chao(1968)所说的处置句,处置句是形成长被动句的"核心"部分。正如之前几章所讨论的,使役句基本上由主谓结构和述补结构组成,由此推论,被动句(包括处置句)最终可以分解为主谓结构、述补结构等比较"原始"的概念,像被动句、处置句等句式的概念,在语法里的地位是值得我们重新检视的。

## 9.7  存现句

存现句主要是表示人或事物的"存在""出现"或"消失"的一种句

式(张静等1980;刘月华等1983：456,2001：719;邢福义等1991：348;邢福义1996：131;黄伯荣、廖序东2002b：129;冯志纯等2008：217等),一般常见的例子如(166)、(167)等。有些学者把这些句子分析作一个独立的句式(吕叔湘等1980;张静等1980;刘月华等1983,2001;邢福义等1991;邢福义1996;黄伯荣、廖序东2002b;周一民2006;冯志纯等2008等),但也有学者把它们放到别的句式和结构中处理,例如朱德熙(1982)在"述宾结构"的"存现宾语"一节里认为,(166)的宾语表示存在,而(167)的宾语表示出现;胡裕树等(1995)把这类句子放在"动宾谓语"的"施事宾语"中介绍,认为宾语是"施事宾语"。

(166) 台上坐着主席团。

(167) 屋里飞进来一只蜜蜂。

构成汉语存现句的基本成分包括动词和宾语,主语或许出现,宾语之后或许可以再接一个补充成分,按照 Huang(1987b)的叫法,这个补充成分称为"谓项"(predication)。存现句的词序可以描绘为(168)：

(168) (主语)＋动词＋宾语＋(谓项)

Huang(1987b)对汉语存现句作了详尽的句法分析。根据他的研究,汉语的存现句可以划分为四类：一、由"有"组成;二、由表示出现或消失的动词组成;三、由表示处所的动词组成;四、由表示事件存在或经验存在的动词组成。

第一类的存现句由动词"有"组成,主语和谓项并非是这类存现句的必要成分,例如(169)只有动词"有"和宾语"鬼",(170)的宾语后可以有一个作为补充成分的谓项"很喜欢你",(171)的"很有趣"是谓项,"桌上"是主语。

(169) 有鬼。

(170) 有一个人很喜欢你。

(171) 桌上有一本书很有趣。

第二类存现句由表示出现或消失的动词组成,例如表示出现的"来、发生、到"等或表示消失的"死、跑、去"等,也称为"隐现句"(黄伯荣、廖序东2002b：129)。主语和谓项并非必要成分,例如(172)主要由动词"发生"和宾语"一件车祸"组成,主语"这里"和谓项"很可怕"是可有可无的,(173)只有动词和宾语。

(172)（这里)发生了一件车祸(很可怕)。

(173) 死了一个人。

第三类存现句由表示处所的动词组成,例如不及物动词"躺、坐、住、飘"等,及物动词"放、挂、写"等。动词一般加上体标记"着",例如(174),及物动词也可以加上"了",例如(175),表示了一种持续状态。宾语后可以加上谓项,例如(176)的"很好看",但主语不能缺少,(177)是不能接受的。

(174) 床上躺着一个病人。

(175) 房间里放了许多行李。

(176) 墙上挂着一幅画很好看。

(177) *躺着一个病人在床上。

第四类存现句的动词表示事件的存在或经验的存在,动词可以是任何及物动词,但必须有体标记,例如(178)的"过"、(179)的"了",否则不能接受,例如(180)。主语可理解为一般的施事,而谓项必须出现。[1]

(178) 我教过一个学生很聪明。

(179) 我选了一门课很难懂。

(180) *我每天教一个学生很聪明。

不少学者注意到存现句的宾语往往是无定的,[2] Huang(1987b)把 Safir(1982)所提出的"有定效应"(definiteness effect,简称 DE)应用到汉语存现句无定宾语的分析中。他详细考察了上述四类存现句的宾语,发现凡有谓项的存现句,宾语必须是无定的,呈现了有定

---

[1] Huang(1987b：231)认为没有谓项的(i)也算存现句。事实上,Huang(1987b：242)也注意到这类句子的宾语没有呈现"有定效应",而(ii)的宾语"那个人、李四、他"都是有定的,显然这跟其他存现句的特点不同。事实上,没有谓项的(i),存现意义也比较弱。如果有存现意义的话,主要是由"过"来表达。我们认为,(i)只不过是普通的主谓句,不算是存现句。

    （i) 我教过一个学生。

    (ii) 我教过那个人/李四/他。

[2] 有关过往存现句理论分析的介绍和评述,详见顾阳(1999)。

效应。(181)、(182)、(183)、(184)这四个例子分别是第一类、第二类、第三类、第四类的存现句,宾语后面都有一个谓项,宾语只能是无定的"一个人",不能是有定的"那个人、他、张三"。[1]

(181) 有一个人／*那个人／*张三／*他在屋里。

(182) 来了一个人／*那个人／*张三／*他很有钱。

(183) 床上躺着一个人／*那个人／*张三／*他很漂亮。

(184) 我教过一个人／*那个人／*张三／*他很聪明。

如果没有谓项,第三类存现句的宾语既可以是无定的,又可以是有定的,例如(187)的"一个人"和"张三",(185)和(186)显示了第一类和第二类存现句的宾语只能是无定的,仍然呈现有定效应(Huang 1987b)。

(185) 有一个人／*张三。

(186) 来了一个人／*张三。

(187) 床上躺着一个人／张三。

如果为第一类存现句补上主语,有定宾语的接受度明显要好得多(Huang 1987b),例如(188)的主语"桌子上"补出来了,宾语就可以是有定的"那个烟丝袋"。[2] 属于第二类存现句的(189),虽然主语"这里"补出来了,但有定的宾语"那个人"仍然不能接受。Huang(1987b:242)注意到在非断言(nonassertive)的语境里,第二类存现句宾语的有定效应消失,例如转折复句的(190),有定的宾语"那个人"是可以接受的。Huang(1987b)认为(188)的有定效应消失,与有主语的(187)的情况相同,并假设主语的出现跟有定效应的消失有关,因此第一类和第三类存现句可以走在一起,有相似的特点;(188)与(189)的对立跟动词的词汇语义有关;[3] 至于(189)与(190)的对立,可能跟断言、非断言等语义因素有关。

(188) 桌子上有那个烟丝袋。

---

[1] Tsai(1994:§3.2)详细讨论了无定宾语与谓项的句法语义关系。

[2] 例子(188)来自"北京大学汉语语言学研究中心现代汉语语料库"(CCL语料库)。

[3] Huang(1987b:253,注释13)假设汉语或许有两个"有",一个表示存现意义,一个表示领属意义,前者呈现有定效应(如(185)),后者没有有定效应(如(188))。

（189）＊这里来了那个人。

（190）虽然来了那个人，可是……。

无论这几类汉语存现句有什么意义上的差异，它们基本上都有相同的句法结构，呈现出相似的词序，离不开（168）所描述的框架。根据存现句的句法特点，它们可以归纳为两大类的句法结构：一、由述宾结构组成的存现句（191）；二、由述补结构组成的存现句（194）。在（191）的树形图中，动词直接跟宾语合并，形成述宾结构。如果存现句的主语是看得见、听得到的（例如（174）的"床上"），主语直接跟轻动词合并，位于轻动词短语的指定语位置。在那些表面上没有主语的存现句（例如（173））中，我们假设有一个空语类作为主语（Huang 1987b），这个空语类有点像英语的"虚位"（expletive），如 there 和 it。形式上，这种存现句其实跟其他拥有述宾结构的小句是一样的，把它独立出来作为一种句式，纯粹是出于语义上的考虑，不是出于句法上的考虑。

（191）
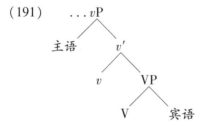

有些所谓非主谓句，例如（192），事实上可以分析为存现句。丁声树等（1961：19）也指出过（192）"有时也可以有主语"，例如说成"天下雨了"。尽管说汉语的人平时不这样说，但起码"天下雨了"的说法是合语法的。我们认为"天"就是那个空主语（小代词 *pro*）的体现，（192）的结构可以表示为（193）。

（192）下雨了。

（193）$[_{TP} \, pro \, [_{T'} \, [_{vP} \, v \, [_{VP} \, 下 \, [_{NP} \, 雨 \, ]]] \, 了 \, ]]$

（191）的主语部分跟（194）的是一样的，唯一的差异是动词短语的内部结构，前者是述宾结构，后者是述补结构。在（194）中，动词先跟作为谓项的成分合并，然后才跟宾语合并。位于补足语的谓项，作用是补充动词所表示的事件,应该可以理解为补语或次谓语。我们注意到(194)的结构跟连动句和兼语句的结构是一样的,例如上述连动句的树形图(75)、兼语句的树形图(86)和(87)。事实上,像(170)、(171)这样的"(主语)+ V + 宾语 + 谓项"的句子,有些语法学家分析为连动句(朱德熙 1982)或兼语句(刘月华等 1983,2001;张斌等 1988;邢福义等 1991;胡裕树等 1995;邢福义 1996;黄伯荣、廖序东 2002b;冯志纯等 2008 等)。从形式上考虑,宾语后有谓项的存现句可以重新分析为兼语句,都由相同的句法结构推导出来。把(170)、(171)作为一种独立句式的理据是语义,不是句法。

(194)

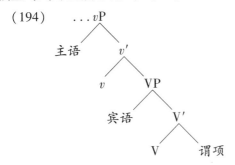

到底(191)和(194)的轻动词属于哪一种? Lin(2001:§3)一共提出四个不同的轻动词 EXIST、PROCEED、INCLUDE、OCCUR 可以作为存现句的轻动词,推导出不同类型的存现句。EXIST 表示存在、发生,选择处所作为主语(Lin 2001:149),例如(195)的"桌子"是处所,"放了三本书"可理解为一个存在的事件;PROCEED 表示事物的进展(progress),选择一个范围(domain)作为主语(Lin 2001:192),例如(196)"马拉松"表示范围,"跑"是这个范围进展的方式;INCLUDE 选择源点(source)作为主语(Lin 2001:192),例如(197)的"这个计划";OCCUR 选择处所或时间作为主语(Lin 200:193),例如(198)表示处所的"这里"、(199)表示时间的"昨天"。

(195)桌上放了三本书。(EXIST)

(196)这场马拉松已经跑了二十公里了。(PROCEED)

(197)这个计划总共写了五篇报告。(INCLUDE)

(198)这里来了三个陌生人。(OCCUR)

（199）昨天死了一个流浪汉。

Lin（2001）认为汉语的动词并不选择主语，而是由轻动词选择主语，并决定了小句的事件意义。为了进一步说明这个观点，他举了以下的例子，证明同一个动词"开"可以跟不同意义的主语搭配（Lin 2001：199—200）。决定这些事件意义的轻动词，如括号中的内容所示。（200a）至（200d）属于我们讨论的存现句。虽然（200d）的 OCCUR 与（200e）的 BECOME 性质很相似，但他认为前者选择处所或时间作主语，后者选择受事作主语（Lin 2001：198，注释25）。

（200）a. 高速公路上开着一排坦克车。（EXIST）

　　　b. 这场长途赛车已经开了三分之一的路程了。（PROCEED）

　　　c. 这趟任务总共开了八趟车，运送七十吨物资。（INCLUDE）

　　　d. 马上就开车了，坐好！（OCCUR）

　　　e. 这辆坦克车从二次大战开到现在，快抛锚了。（BECOME）

　　　f. 老张开了一辆坦克车。（DO）

　　　g. 这辆破车开得我吓死了。（CAUSE）

从 Lin（2001）所下的定义和所举的例子来看，所谓 EXIST、PROCEED、INCLUDE 所形成的存现句，其实属于 Huang（1987b）的第三类存现句（"躺、放"类），也包含第一类存现句（"有"类），意义上都表示了持续状态。这三个轻动词的事件意义几乎相同，也没有显著的句法差异。与其说这三个轻动词决定了主语的意义，不如说这三个轻动词的意义区别（如果有的话）必须通过主语以及主宾语的配合来实现。因此，我们建议它们从合不从分。按照本书所提出的轻动词系统，第一类和第三类存现句所表达的状态跟轻动词 BE 的意义相似，Lin（2001）的 EXIST、PROCEED、INCLUDE 也应该归并入 BE。[1]

---

　　[1] 轻动词 BE 所组成的静态谓语可以分为"个体谓词"（individual-level predicate）和"状态性谓词"（stage-level predicate）（Carlson 1977），第三类存现句的谓语应该属于状态性谓词，具有时间性的特质。这种时间性的特质或许来自存现句动词的体标记，而并非来自轻动词 BE。"个体谓词"和"状态性谓词"这两个术语是根据蒋严、潘海华（1998）的翻译。

由 OCCUR 形成的存现句属于 Huang(1987b) 的第二类存现句(或称"隐现句")("来、死"类)。第二类和第三类存现句在事件意义上有显著的不同,前者是动态的(事件的变化),后者是静态的(状态的持续)。假设它们由不同的轻动词组成,似乎也是合情合理的。不过 OCCUR 和 BECOME 的事件意义基本上是一样的,都表示事件的变化。正如 Lin(2001: 198,注释 25) 所指出的,OCCUR 和 BECOME 的区别纯粹由它们的主语来决定,OCCUR 的主语是处所或时间,BECOME 的主语是受事,二者呈互补现象。既然这两个轻动词并非按照事件意义来划分,把它们合起来并不影响我们对事件结构的理解,那么我们建议从合不从分。按照本书的轻动词系统,组成第二类存现句的轻动词是 BECOME。

虽然 Lin(2001) 没有讨论第四类存现句的轻动词("教、选"类),但显然这不属于他所讲的 EXIST、PROCEED、INCLUDE、OCCUR 等任何一类。进入第四类存现句的及物动词只能是二元非作格动词,例如(178)的"教"、(179)的"选",而不能是二元非宾格动词,例如(201)的"醉倒"。考虑到这类存现句的动词是非作格动词,而主语一般可理解为施事,我们假设组成第四类存现句的轻动词应该是 DO。

(201) *这瓶酒醉倒过一个人很健康。

根据这里的讨论,Huang(1987b) 的四类存现句所包含的轻动词可以总结如(202)。按轻动词来划分,四类存现句可以进一步归纳为三大类,即表示活动的第四类、表示事件变化的第二类、表示状态的第一类和第三类。把第一类和第三类合在一起,让我们联想起主语在这两类存现句的出现跟有定效应的消失有关,它们有相似的特点。

(202) a. 第一类存现句("有"类):BE

　　　 b. 第二类存现句("来、死"类):BECOME

　　　 c. 第三类存现句("躺、放"类):BE

　　　 d. 第四类存现句("教、选"类):DO

把轻动词 BECOME 套到(191)的结构中,就可以产生出第二类存现句。文献中争论不已的所谓"领主属宾句",例如(203),按照我们的分析,应该有(204)这样的结构。我们基本上认同徐杰(1999a,2001,2008)的分析,认为"父亲"是动词"死了"的宾语,但跟他分析的不同之处是,我们认为"王冕"直接跟轻动词 BECOME 合并,位于轻动词短语的指定语位置,动词"死了"进行移位,移到 BECOME 的位置,这原则上跟朱行帆(2005)、胡建华(2008)、沈力(2009)等的分析一致。[1] "王冕"和"父亲"的关系就如话题句的话题和述题的关系,通过语义来建立(潘海华、韩景泉 2005,2008),这就和 Pan and Hu(2008)对话题句的分析一样。[2]

(203) 王冕死了父亲。

(204)

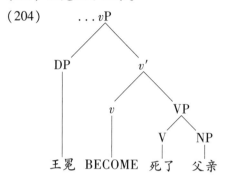

最后,时间词 T 跟轻动词短语合并,形成时间词短语 TP。"王冕"移到时间词短语的指定语位置,作为小句的主语,如(205)所示。

(205)

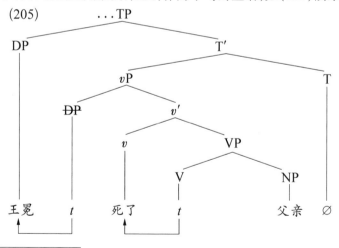

---

[1] 轻动词 BECOME 或许跟经历(朱行帆 2005)、受影响意义(或称"蒙受义")(沈力 2009)、断言(胡建华 2008)都有一点关系。

[2] 跟本书的分析不同,潘海华、韩景泉(2005,2008)认为"王冕"直接衍生在话题的位置上。

把轻动词 BE 套到（191）的结构中，除了可以把 Lin（2001）的 EXIST（如（195））、PROCEED（如（196））、INCLUDE（如（197））三种存现句统一起来以外，还可以伸延到一些意义接近，但又不完全相同的句子上。刘探宙（2009）注意到一元非作格动词可以带宾语，强调数量的计数义（可称为"计数句"），例如（206）的"哭"、（207）的"跳"、（208）的"散步、睡觉"等。这些例子并不表示发生，也没有表示事物的进展，而主语"他们班孩子、立定跳远、我们宿舍同学"也不是源点，严格来讲，不能分析为 Lin（2001）的 EXIST、PROCEED 或 INCLUDE。刘探宙（2009：114）指出，（206）说的是"动作发生的那个时间段的事"，并非表示动作完成后所呈现的持续状态。用轻动词 BE 可以概括这种静态的事件意义，至于同属 BE 的小句怎样划分小类，那就跟轻动词无关了。[1]

（206）他们班孩子哭了三个。

（207）立定跳远已经跳了三十个同学了。

（208）昨晚九点，我们宿舍同学出去散步了两个，睡觉了两个，只有我一个人在吭哧吭哧背单词。

从词根的层面上看，汉语的存现句基本上由两类结构组成：述宾结构和述补结构。述补结构内的补语又叫作谓项，作用是补充动词所表示的事件。从轻动词的层面上看，所有的存现句都是主谓结构，主语可以是看得见、听得到的成分，也可以是空语类。能够形成存现句的轻动词只有三类：BE、BECOME、DO。存现句的基本句法特点都可以从其他的结构推导出来。

## 9.8　小结

本章讨论了汉语的句型和几种主要的句式。

汉语小句的基本句型只有一种，那就是主谓句，凡小句都由主谓结构组成，没有不属于主谓结构的小句。所有"非主谓句"都是由主谓句推导出来的，"非主谓句"作为一种独立的句型事实上是不存在的。主

---

[1] 计数句跟（196）（PROCEED）和（197）（INCLUDE）的相似之处就是宾语都强调数量，宾语的计数义显然是一个重要的特征，或许跟存现句的有定效应有关。

谓句的下位句型只有两种：动词谓语句和名词谓语句。动词谓语句常见的句式包括连动句、兼语句、被动句、处置句、存现句等。

动词谓语句是由动词充当谓语,轻动词跟动词短语合并,以动词短语作为补足语;而名词谓语句是由名词充当谓语,轻动词直接跟名词短语合并,以名词短语作为补足语。动词谓语句内的动词进行移位,但名词谓语句内的名词不能进行移位,这跟缺乏体标记有关。

非主谓句在汉语中是不存在的。如果大多数非主谓句的主语是"不需补"的,非主谓句实际上就是主谓句,只不过主语被省略了。

连动句不应该分析为一种独立的句式,要么可以重新分析为偏正结构,要么可以重新分析为述补结构。连动句在形式上没有任何特点,它的功能都可以从偏正结构或述补结构推导出来。

表示使令意义的兼语句和述补结构的句法结构是相同的。表示赞许、责怪意义的兼语句,第二个动词用来补充动词所表示的事件,具有补语的功能。凡是功能上属于补充性的成分,都只能有一个,必须在句末的位置。

被动句和处置句并没有作为独立句式的条件,被动句"被"和之后的成分形成述补结构,后者补充了"被"所表示的事件,说明事件变化的结果。处置句是形成长被动句的"核心"部分,基本上由主谓结构和述补结构组成,因此被动句(包括处置句)最终可以分解为主谓结构、述补结构等。

存现句由述宾结构和述补结构组成,述补结构内的补语又叫作谓项,作用是补充动词所表示的事件。存现句的主语可以是看得见、听得到的成分,也可以是空语类。能够形成存现句的轻动词只有 BE、BECOME、DO。

从形式上看,连动句、兼语句、被动句、处置句、存现句都不具备成为独立句式的条件,它们的特点都可以从其他的结构推导出来,例如主谓结构、述宾结构、述补结构这些比较"原始"的概念。取消这些小句在汉语语法学中的独立地位,不仅没有对汉语语法的分析产生什么障碍,而且可以简化语法学理论,让我们能够对汉语的句法结构有更深刻的认识。

# 第十章　偏正结构和联合结构

　　偏正结构的核心是被修饰语。定语用来修饰名词性成分，状语用来修饰动词性成分。修饰语以附接的形式产生。定语标记"的"应该分析为后缀，在词法里直接黏附在定语之上。形义错配句的准定语所修饰的成分是名物化短语，跟名物化短语构成典型的偏正结构。联合结构是连接并连语的结构，中心语可以是标句词或连词。同位结构属于联合结构。联合结构和主谓结构有相似的句法结构，都有一个负责连接成分的中心语。如果补足语是非指称性的，跟指定语形成不对称的关系，它们之间就是主谓关系；如果补足语跟指定语有同等程度的指称性，它们之间就是联合关系。

## 10.1　偏正结构

　　除了主谓结构、述宾结构、述补结构等语法关系以外，偏正结构是另外一种重要的结构。偏正结构由修饰成分和被修饰成分构成。在传统汉语语法学里，修饰成分和被修饰成分也分别称作"修饰语"和"中心语"，修饰成分是"偏"，被修饰成分是"正"，因此，由"偏"和"正"两个成分所构成的结构称为"偏正结构"。不过，传统汉语语法学所讲的"中心语"跟句法学的短语结构理论所讲的中心语概念并不相同。句法学的中心语是指构成短语的核心部分，由词来充当，也只能由词充当；而传统汉语语法学的"中心语"范围很广，"中心语"在词法里既可以指被修饰的语素，又可以指被修饰的词，在句法里既可以指被修饰的词，又可以指被修饰的短语。此外，传统语法学的"中心语"可以用来指偏正结构的被修饰成分，甚至也可以用来指述补结构的述语，称为"补语中心语"（邢福义等 1991：328；黄伯荣、廖序东 2002b：101），或把述补结构称为"心补配置"（邢福义 1996：107），或把述补结构的述语理解为"正"，把补语理解为"偏"（张志公等 1985：22）。由于"中心语"一词在本书中已用来指构成短语的核心成分，有特定的含义，为了避免混淆,我们就不再用"中心语"一词来指被修饰成分。按照本书的术语体例,凡表示语法关系的句法成分都称为"~语",我们把偏正结构的"偏"和"正"分别称为"修饰语"和"被修饰语"。

从意义上说,偏正结构的核心是被修饰语;从结构上说,偏正结构的核心也是被修饰语。偏正结构作为一个整体,语法功能跟被修饰语基本上是一致的(朱德熙 1982:140)。按照被修饰语的不同词类,修饰语一般分为两种:"定语"和"状语"。定语用来修饰名词性成分,状语用来修饰动词性成分。名词性成分的修饰语不是状语,而动词性成分的修饰语不会是定语。在传统汉语语法学的文献里,由定语构成的偏正结构也称为"定中结构",而由状语构成的偏正结构也称为"状中结构"。(1)的"春天"用来修饰名词性的"阳光",因此"春天"是定语;(2)的"已经"用来修饰动词性的"来了",因此"已经"是状语。至于黏附在修饰语之后的那个所谓"结构助词",书面上,定语一般用"的",状语一般用"地"。[1]

(1) 春天的阳光

(2) 已经来了

由于所修饰的对象不同,定语和状语分工很清楚,应该不会混淆。不过,朱德熙(1982:141)注意到,"刚星期三"的"刚"好像是一个修饰名词性成分"星期三"的状语,而"群众的支持"的"群众"好像是一个修饰动词性成分"支持"的定语,因此怀疑定语和状语的区分"不这么简单"。我们认为"刚星期三"的"星期三"是名词谓语句的谓语,"刚"实际上修饰轻动词短语(见第九章"句型和主要的句式"的讨论),轻动词是动词性成分,"刚"仍然是一个修饰动词性成分的状语;[2]"群众

---

[1] 本书除了在讨论偏正结构时会刻意地把"的"和"地"进行区分之外,其他时候不作区分。《中学教学语法系统提要》在注释里指出:"过去曾经不分,并未引起混乱,而通行的分写办法在教学上不无困难,事实上也确有疑难情况,所以根据许多教师的建议,提倡不分。但是目前报刊文章和许多著作中大都是分写的(虽然分得不妥当的屡见不鲜),因此不作硬性规定,愿意分写的尽管分写,只要分得对就行(定语用'的',状语用'地')。"吕叔湘等(1980:132)也指出:"现在修饰动词和形容词写'地',其他场合一律写'的'。"

[2] 朱德熙(1985:45)认为"你都大学生了、你才傻瓜呢、刚好五个人"的"都、才、刚"是状语,属于"谓词性偏正结构的修饰语"。轻动词的假设可以为"谓词性的体词"提供一个合理的解释。

的支持"的"支持"已经进行了名物化,是名词性成分,"群众"仍然是定语。因此,朱德熙(1982)所忧虑的问题并不存在,定语和状语的区分就是这么简单。

在句法学里,修饰语一般理解为由"附接"(adjunction)产生,因此,用附接的形式产生的修饰语也称作"附接语"(adjunct)。附接语跟句法部门里已有的结构合并,而不改变原来的结构,也没有改变原有结构的标签,只是对这一原有标签进行复制,地位跟短语内的其他成分(例如指定语和补足语)很不一样。Chomsky(2004:117—118;127,注释57)假设附接语在推导过程中很晚才加入,就如Lebeaux(1988)对附接语的分析,甚至怀疑附接语在"另一个平面"(a separate plane)上加进来,异于补足语和指定语的合并。[1] 简单来讲,附接语好像是结构里"可有可无"、较为"次要"的成分,可以去掉而不影响整个结构的完整性,主要的作用就是用来修饰。(3)和(4)显示了附接语位置的两种可能性。X 是组成短语 XP 的中心语。在树形图(3)中,附接语跟 X′ 合并,夹在指定语和中心语之间的层次上,所覆盖的范围(即辖域)是 X′以下的部分(以"统领"的概念来定义,见第四章"短语"的介绍)。跟 X′ 合并后所形成的结构仍然是 X′,只重复原来的 X′,并没有改变原来的标签。

(3)

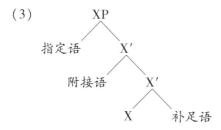

在树形图(4)中,等到短语 XP 已经完成后,附接语才加进来,跟 XP 合并,位于指定语之上,所覆盖的范围是整个 XP。跟 XP 合并后所形成的结构仍然是 XP,重复原来的标签。按照统领的概念来定义,树形图(4)的附接语统领指定语和补足语,位于句法结构上最高的位置。

---

[1] 我们曾比较过汉语的词法和句法,认为词法没有指定语,只有附接语,附接是一种基本的构词方式(邓思颖 2008a)。从附接的使用上,可窥探汉语词法和句法的不对称性。

（4）

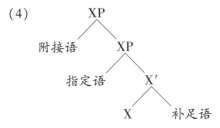

　　如果短语内只有中心语,或者只有中心语和补足语,没有指定语,例如(5),附接语加到 XP 之上,情况跟上述的(4)差不多。由于没有 X′这个层次,(5)的附接语只能加到 XP 上。理论上,附接在 X′的(3)和附接在 XP 的(4)都是语法所允许的,除了辖域的不同以外,两者并没有很明显的区别。因此,在以下的讨论里,如果没有必要,这两种可能性就不作区分,任何一种表达方式都可以。

（5）

　　由以上的三个树形图所形成的结构,我们都称为偏正结构。(3)的偏正结构在 X′层次形成,而(4)和(5)的偏正结构则在 XP 层次形成,都是合法的偏正结构。无论在哪一个层次上出现,汉语的附接语必须在左边(Huang 1982:41;1994:15),形成汉语偏正结构的“偏”在前、“正”在后的词序,“正”在前、“偏”在后的词序在汉语里是不合语法的。

　　(3)、(4)、(5)这三个树形图也可以分别用以下的带标加括法来表示。

　　(6) $[_{XP}$指定语$[_{X'}$附接语$[_{X'}$ X 补足语$]]]$ （＝(3)）

　　(7) $[_{XP}$附接语$[_{XP}$指定语$[_{X'}$ X 补足语$]]]$ （＝(4)）

　　(8) $[_{XP}$附接语$[_{XP}$ X (补足语)$]]$ （＝(5)）

　　以(1)和(2)为例,前者可以描绘成(9),作为定语的“春天”附接在名词短语 NP 之上,我们假设“的”黏附在定语上,作为定语的一部分。由于“春天”和“阳光”同属名词,为了避免混淆,由“阳光”所形成的名词短语称为 NP1,而“春天”则称为 NP2,以资识别。为了凸显

NP2 的"次要"地位,它的内部结构从略。(9)的 NP2 是修饰语(定语),NP1 是被修饰语。

(9)

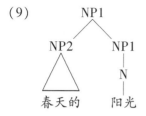

(2)的"来了"由动词词根 V 和轻动词 v 两个成分组成,如果不考虑主语的位置,(2)的状语"已经"附接在轻动词短语 vP 之上,可描绘成(10)。我们假设副词"已经"在句法里组成副词短语 AdvP,用作修饰动词性的成分。

(10)

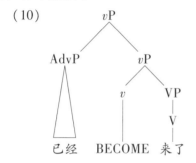

在一个短语内,指定语和补足语的数量都有限制,每个短语只有一个指定语和一个补足语,然而,附接语的数量原则上没有限制,叠加的可能性是允许的,因此形成了所谓多层定语的词序,例如(11)的"朋友送的""小小的",或多层状语的词序,例如(12)的"在休息室里""热情地""跟他"。这两个例子的结构可以简单描绘成(13)和(14)。

(11)朋友送的小小的花瓶

(12)在休息室里热情地跟他讨论问题

(13)[$_{NP}$朋友送的[$_{NP}$小小的[$_{NP}$花瓶]]]

(14)[$_{vP}$在休息室里[$_{vP}$热情地[$_{vP}$跟他[$_{vP}$DO 讨论问题]]]]

至于位于主语之前的状语,例如(15)的"昨天",附接的位置应该是时间词短语 TP 之上,如(16)所示。主语"我们"原本位于轻动词短语之内,介词短语"跟他"附接在轻动词短语之上,主语移到时间词短

219

语的指定语位置之后,"跟他"出现在"我们"之后。当"昨天"附接在时间词短语之上,就会形成"昨天+我们+跟他"的词序。

(15) 昨天我们跟他讨论问题

(16) [$_{TP}$昨天[$_{TP}$我们[$_{vP}$跟他[$_{vP}$ $t$[$_{v'}$ DO 讨论问题]]]]]

Li and Thompson(1981:320)把汉语的状语分为两大类,[1] 一类是分布比较自由的"可移动"(movable)状语,另一类是分布比较受限制的"非移动"(nonmovable)状语。可移动状语包括表示时间的副词(如"今天、去年、将来、近来、现在、下午、暂时"等)和表示语气、态度的副词(如"显然、也许、大概、幸亏、难道、究竟、其实、反正"等),这些状语可以出现在主语之前或主语之后,例如(17)表示时间的"暂时"、(18)表示语气的"显然"都属于可移动状语,可以在主语之前或之后出现。

(17) (暂时)我(暂时)住在这儿。

(18) (显然)张三(显然)不高兴。

非移动状语包括表示方式的状语(如静态动词"快快地、舒舒服服地、兴奋地、仔细地"等)和表示其他意义的副词(如"已经、一直、常、早;也、再、只、都、还、又、才"等),这些状语只能出现在主语之后,例如(19)表示方式的"严厉地",(20)跟事件、体相关的"已经",以及(21)的"又"。

(19) (*严厉地)我(严厉地)责备他了。

(20) (*已经)他(已经)走了。

(21) (*又)他(又)来。

Li and Thompson(1981)注意到处置句的可移动状语,例如(22)表示语气的"显然",只能出现在"把"之前,不能出现在"把"之后;处置句的非移动状语,它们的分布相对比较自由,既可以在"把"之前,又可以在"把"之后出现,例如(23)的"严厉地"和(24)的"再"。

(22) (显然)他(显然)把李四(*显然)赶出去了。

---

[1] Li and Thompson(1981)原文是用 adverb(副词)一词,他们所举的部分"副词",事实上是我们的静态动词(即传统语法学所讲的"形容词"),例如表示方式的"兴奋地、仔细地、简单地"等。为了避免混淆,我们改称"状语"。

（23）（*严厉地）我（严厉地）把他（严厉地）骂了一顿。

（24）（*再）我（再）把他（再）骂一顿。

所谓"可移动、非移动"，纯粹是为了方便描述而采用的术语。事实上，状语并不进行移位，不存在移动不移动的问题。Li and Thompson（1981）所观察到的现象可以重新诠释为状语附接的限制。所谓可移动状语，它们既可以附接在时间词短语 TP 之上（或更高层次的短语，如标句词短语），又可以附接在（最高的）轻动词短语 vP 之上，例如（25）的状语可以附接在时间词短语之上，形成在主语之前的词序，也可以附接在由 CAUSE 组成的轻动词短语之上，如果 CAUSE 显示为"把"，状语在"把"之前，不能在"把"之后。

（25）$[_{TP}$（状语）$[_{TP}$ 主语 $[_{vP1}$（状语）$[_{vP1}$ CAUSE $[_{vP2}$（* 状语）$[_{vP2}$ BECOME . . .

所谓非移动状语，它们只能附接在轻动词短语之上，可以附接在最高的轻动词短语之上，也可以附接在最低的轻动词短语之上，例如（26）的状语可以附接在由 CAUSE 组成的轻动词短语之上，形成在"把"之前的词序，也可以附接在由 BECOME 组成的轻动词短语之上，形成在"把"之后的词序。

（26）$[_{TP}$（* 状语）$[_{TP}$ 主语 $[_{vP1}$（状语）$[_{vP1}$ CAUSE $[_{vP2}$（状语）$[_{vP2}$ BECOME . . .

这样分析有一定的道理，可移动状语大多数跟时间、语气、态度有关，它们附接在层级结构比较高的短语之上，例如时间词短语、标句词短语等，贴近"小句"层次的短语；而非移动状语往往跟动作的方式、事件有关，主要用来修饰轻动词短语所表示的事件，因此贴近"谓语"的层次。（25）和（26）这两个结构图可以清晰地把两类的状语区分开来。

我们在第三章"特征、词和词类"中曾提到副词的归属问题，有学者认为它们是"实词"，也有学者认为它们是"虚词"。不可否认，有些副词似乎是开放类，意义比较实在，例如"亲自、埋头、赶快"等，应该属于词汇词；但也有些副词是封闭类，意义比较"虚"，例如"只、都、不"等，看起来比较像功能词。属于典型词汇词的副词，它们的句法地位应该跟上述用作状语的介词短语(如"在休息室里""跟他")、静态动词(即传统语法学所讲的"形容词",如"热情地")一样,附接在被修饰语之上。例如(27)的副词"亲自",应该附接在轻动词短语 $vP$ 之上,如(28)所示。

(27) 亲自跟他讨论问题

(28) $[_{vP}$ 亲自 $[_{vP}$ 跟他 $[_{vP}$ DO 讨论问题 $]]]$

至于那些意义上比较"虚"的副词,例如否定副词"不",有学者建议汉语的否定副词应自成一类词"否定词"(Negation,简称 Neg),这类词可以组成短语"否定词短语"(Negation Phrase,简称 NegP),否定词作为这个短语的中心语,而否定词跟轻动词短语合并,轻动词短语作为否定词的补足语(Chiu 1993,Xu 1997,Hsieh 2001 等)。以(29)为例,按照之前附接的分析,否定副词"不"附接在轻动词短语之上,作为轻动词短语的附接语,如(30)所示;如果把"不"分析为否定词,能够组成自己的短语,"不"选择了轻动词短语作为它的补足语,如(31)所示。

(29) 不讨论问题

(30) $[_{vP}$ 不 $[_{vP}$ DO 讨论问题 $]]$

(31) $[_{NegP}$ 不 $[_{vP}$ DO 讨论问题 $]]$

Cinque(1999:39—41)甚至把可以表示语气(如"老实说、不幸")、情态(如"显然")、时间(如"正在")等的副词分成若干小类,每一类的副词都可以有自己的短语,选择轻动词短语或其他的短语作为补足语。这种把副词分解为一系列的功能词,各自在句法中组成短语,正符合生成语法学"制图理论"(cartographic approach)的主张(Rizzi 1997,2004;Cinque 1999)。副词应该分析为附接语还是可以组成独立短语的独特词类,这是一个值得研究的课题。[1]

汉语的话题句,常见的例子如(32)—(36)。按照徐烈炯、刘丹青(2007)的分类,(32)属于论元共指话题结构,述题中的复指成分"他"可有可无;(33)的"河东的密林中"是时地语域式话题,可以在述题中补出复指成分"在那儿";(34)的"张三"是领格语域式话题,"他"是述

---

[1] 有兴趣的读者可以参考我们从"制图理论"的角度对粤语副词进行的讨论(邓思颖 2006c,2008d,2009b;Tang 2009 等)。

题中复指话题的成分;(35)的"水果"是上位语域式话题,话题跟述题中的"苹果"有上下位关系;(36)的"那场火"是背景语域式话题,跟述题内容的联系主要是依赖背景知识或谈话当时的语境而建立起来的。[1]

(32)张三,我认识(他)。

(33)河东的密林中,猎人们经常(在那儿)打到野猪。

(34)张三,(他)儿子考上大学。

(35)水果,我很喜欢吃苹果。

(36)那场火,辛亏消防队员来得早。

汉语话题的位置,应该位于一个很高的地方。如果话题是附接在述题之上的(Baltin 1982),(37)显示了汉语的话题应该是标句词短语CP 的附接语,话题和标句词短语构成了偏正结构。[2]

(37)$[_{CP}$话题$[_{CP}$ C$[_{TP}$主语$[$T$[_{vP}$ $v[_{VP}$ V . . . $]]]]]]]$

虽然话题的位置很高,但仍然应该在小句的范围之内,即在标句词短语之内,还没有到句子的层面,不能附接到语气词短语 FP 之上。下面的例子说明了话题可以在嵌套小句内出现,(38)和(39)是可以接受的;跟语气词"呢"的分布不同,(40)的"呢"不能在嵌套小句内出现。语气词只在根句出现,但话题却可以在嵌套小句内出现(详见第八章"句子"的讨论)。

(38)张三以为[苹果,我很喜欢]。

(39)张三知道[水果,我很喜欢吃苹果]。

(40)张三想知道[李四喜欢什么书(*呢)]。

然而,并非所有的句子都能形成话题句。比如说,(41)就不能转换成一个共指性的话题句(42)。

(41)张三哭得李四很伤心。

(42)*李四,张三哭得很伤心。

---

[1] 有关汉语话题句研究的介绍,可参考石定栩(1999a),徐烈炯、刘丹青(2007)等。

[2] 徐烈炯、刘丹青(2007)假设话题位于"话题短语"(TopP)的指定语位置,但他们并没有完全否定附接的可能性。至于(37)的 C 和 T 的位置,跟这里的讨论无关,暂时以中心语居前的方式表达。

（41）属于述补结构，"李四很伤心"表示了"哭得"的结果。Huang（1989：198）认为（42）应该有（43）的结构，属于"控制小句"。在这个结构里，结果补语内包含一个没有语音形态的大代词 PRO。按照"概化控制理论"（generalized control theory）（Huang 1984b，1989），最接近的名词性成分控制大代词 PRO。在（43）的结构里，最接近大代词的名词性成分是主语"张三"，而不是话题"李四"。因此，很伤心的人只能是张三，不能是李四。

（43）*李四$_i$，张三哭得［PRO$_i$很伤心］。

按照 Huang（1992）对结果补语结构的分析（见本书第七章的讨论），受事论元"李四"是"哭得"的宾语，不在结果补语之内，结果补语内的主语是大代词 PRO，如（44）所示。[1]

（44）*李四$_i$，张三哭得 $t_i$［PRO$_i$很伤心］。

如果是这样的话，"李四"经过话题化后，所留下的语迹理应作为 PRO 的指称对象。（44）的结构跟英语的控制小句（45）基本上是一样的。疑问词 who 进行移位后，所留下的语迹能够控制小句内的大代词 PRO，因此疑问词跟大代词 PRO 有相同的指称，被劝说要诚实的对象是疑问词 who，并不是主语 you。既然话题化和疑问词移位在句法上都留下语迹，在语义上都属于变项，那么，为什么（44）的话题不能控制大代词 PRO，而（45）的疑问词却可以呢？Huang（1992）并没有做出任何的解释。

（45）Who$_i$ did you persuade $t_i$［PRO$_i$ to be honest］?

徐烈炯、刘丹青（2007：110）讨论了（46）不能被接受的原因，他们认为这个句子不能接受跟话题句的限制没有关系。徐烈炯、刘丹青（2007：111）举出（47）这个例子，并且指出（47）不算是话题句。由此他们总结认为（47）的问题主要跟空语类所出现的位置有关，"汉语句法不允许这些位置上出现空位"。如果"骂得"后面不是空语类，而是例如（48）的"他们"，"他们"就可以指称话题"那几个人"，形成一种语义关系。

---

[1]　按照本书第七章的分析，（44）的"李四"原本是轻动词 BECOME 的主语。无论如何，"李四"都应该是跟大代词 PRO 最接近的名词性成分。

（46）* 小张啊，老王骂得 e 抬不起头了。

（47）小张这下可惨了。* 老王骂得 e 抬不起头了。

（48）那几个人啊，老王骂得他们抬不起头了。

徐烈炯、刘丹青（2007）只假设"骂得"后面不能有一个空语类，却没有解释为什么不能有一个空语类。徐烈炯、刘丹青（2007：110）认为"得"后避免出现空语类，可能因为这个位置在一般的情况下应当优先指称主语，并且举例指出（49）通常会理解为（50）而不大会理解为（51）。

（49）我说得＿＿＿笑起来。

（50）我说得自己笑起来。

（51）我说得别人笑起来。

事实上，如果我们把（46）改写成被动句，例如（52），或者改写成关系小句，例如（53），就会发现在述补结构的"骂得"后面仍然可以允许有一个空语类，而这个空语类必须指"那个人"而不能指"老王"。

（52）那个人被老王骂得 e 抬不起头了。

（53）老王骂得 e 抬不起头的那个人。

假如话题是以附接的方式加到小句之上的，那么，话题应该在小句的某个阶段完成后才出现，甚至在推导过程的后期才加入进来（邓思颖 2009a）。作为述题的标句词短语 CP 属于句法上的阶段（phase）（详见本书第八章的讨论）。当一个阶段完成后，往后的句法操作再不能对之前早已完成的阶段有任何的影响。换句话说，已完成的阶段不再受阶段以后的任何操作影响，这个现象可称为"阶段不透性条件"（Phase-Impenetrability Condition，简称 PIC）（Chomsky 2000）。[1] 以上述的（37）为例，标句词短语 CP 形成后，已经是一个完整的阶段，根据阶段不透性条件，新加入的话题不能对之前已经形成的标句词短语及其内部的结构产生影响。

话题-述题属于一种关系的概念，述题是相对于话题来说的。没有

---

[1] "Phase-Impenetrability Condition"曾被翻译为"层阶诠释性条件"（石定栩 2002a）、"语段不可渗透条件"（熊建国 2002）、"语段无渗透条件"（梅德明等 2008）。

话题,也就没有什么述题。当(37)的标句词短语完成的时候,推导过程中还没有话题的出现,而标句词短语本身并不知道自己是述题。严格来讲,如果单看标句词短语,它只不过是一个普通的小句,不应该说成是述题。只有等话题加入了推导过程,形成了像(37)那样的结构,才有所谓话题与述题的关系。因此,在形成标句词短语的过程中,并没有什么"话题化"的出现。

假设合格的话题句要求述题必须有一个跟话题联系的成分(Huang 1982, 1984b; Xu and Langendoen 1985; Shi 2000; Pan and Hu 2008 等),例如(54)的缺位(gap)$e$。如果述题内没有一个能够指称话题的缺位,话题就成为"悬空话题"(dangling topic),这是语法所不允许的。

(54) $[_{CP}$ 话题$_i[_{CP}\ldots\ e_i\ldots]]$

标句词短语 CP 内部没有什么特定的词或者机制要求产生一个指称话题的缺位,确保标句词短语是一个合格的述题。徐烈炯、刘丹青(2007:37)对"话题化"作了这样的阐释:"汉语句子结构中有一个话题位置,……当这一位置被某个成分占用时,该句子就是话题结构,在话题位置上插入成分的过程称为话题化(topicalization)。"我们基本上赞同他们的观点,话题的插入是话题化的核心所在,而在述题中形成指称话题的缺位不是话题化的任务。既然句法部门没有办法让标句词短语腾出一个句法缺位,那么似乎也就没有什么把握可以保证话题和标句词短语的组合一定能形成话题与述题的关系。决定话题与述题的关系不在句法内。

上述(42)的不能接受,问题的症结就在于在述题部分难以补上一个缺位,从而可以指向话题。我们既然不能依赖任何句法手段来辨认这个缺位,就必须用别的方法来辨认。我们认为,话题和述题的关系,基本上是一个语用的问题,用来满足若干话语功能,不再是纯粹的句法的问题(邓思颖 2009a)。[1] 听话者能否成功地在小句内辨认出一个缺位,指向话题,往往依赖话语的因素,其中的一个重要因素是动词的及

---

[1] 以下有关话题句的讨论,主要是对邓思颖(2009a)的总结,但具体的操作略有不同。

物性(transitivity)。[1]动词的及物性越强,就越容易在述题里补上一个缺位。试比较(55)和(56)。

(55) *张三,我哭累了。

(56) 张三,我打死了。

如果我们光考虑述题的部分,例如(57)和(58),就会发现(57)的"哭累"及物性比较弱,没有隐含任何的受事宾语。即使没有任何额外的背景信息,(57)都说得通,是一个完整自足的句子。[2]相比之下,(58)的"打死"及物性比较强,"我"是施事,"打死"隐含了一个受事宾语,光说(58)就比较别扭。[3]

(57) 我哭累了。

(58) ?? 我打死了。

因此,(57)的"哭累"之后不容易补出任何缺位,而(58)的"打死"往往要求后面有一个缺位。如果把这两个小句跟一个话题结合,例如(59)和(60),(60)的缺位 e 可以很自然地指向话题,符合了话题句的基本要求。然而,(59)括号内的小句没有任何可以指称话题的缺位,不能形成(54)的结构,"张三"成为悬空话题,违反了作为话题句的基本要求。(59)括号内的小句已经是一个完整的阶段,当加入话题"张三"的时候,没有办法改变之前早已完成的结构,不可能把一个缺位插进去。因此,无论如何,(59)都不能成为一个合格的话题句。

(59) *张三,[我哭累了]。

(60) 张三$_i$,[我打死了 $e_i$]。

比较(61)(=(42))和(62),我们可以发现尽管它们都属于述补结构,但前者不允许形成话题句,后者却可以,说明了汉语的述补结构并

---

[1] 在撰写邓思颖(2009a)一文时,感谢黄正德先生与笔者讨论这方面的问题,并向笔者提供了例句(55)、(56)、(62)和(71)。

[2] Xu and Langendoen(1985)(收录在徐烈炯 2009:§2)、袁毓林(1996)、徐烈炯(2003)等从另一个角度讨论了述题本身是否合语法的问题,其中,讨论到其他一些不能被接受的话题句的例子。

[3] 如果说话者已经被打死了,就不可能说"我打死了"。语用因素迫使我们把(58)理解为"我打死了某人",受事宾语在(58)中是不能缺少的。

非绝对不能形成话题句。

（61）＊李四，张三哭得很伤心。

（62）这扇门，张三踢得支离破碎。

（61）和（62）的主要分别跟动词的及物性也有关。现在，将这两句的述题部分单独抽出来分别列在（63）和（64）。显然，（63）的"哭得"及物性不强，没有隐含一个表示受事的缺位，因此，在没有任何语境的情况下，单独说也没有什么问题。（64）的"踢得"及物性比较强，隐含了一个表示受事的缺位。如果没有任何语境，光说（64）显得非常别扭。（63）和（64）的对立就正好跟刚才（57）和（58）的对立一样，这就解释了为什么（61）不能接受。

（63）张三哭得很伤心。

（64）？？张三踢得支离破碎。

有些看起来及物性比较强的动词，也不一定能够形成可以接受的话题句，试比较（65）和（66）。

（65）？？李四，张三打伤了。

（66）那本书，张三看完了。

虽然"打伤"和"看完"的及物性好像差不多，但（65）和（66）的主要差别似乎是，前者的述题能够成为一个可以接受的受事主语句，而后者的述题却不能。试比较（67）和（68）。

（67）张三打伤了。

（68）＊张三看完了。

对（67）的最自然的理解是一个受事主语句，即主语"张三"是"打伤"的受事而并非施事。如果按这样的理解，"打伤"的后面就没有任何的缺位。[1]因此，（65）的"李四"成为悬空话题，导致（65）不能接受。至于（68），根据语感，"张三"不能理解为"看完"的受事，只能理解为施事。如果没有语境，光说（68）就显得很别扭。因此，及物动词"看完"隐含了一个受事宾语的缺位。如果把话题加入（68），缺位可以

---

[1] 受事主语句的受事是直接衍生在主语位置上，还是从宾语移到主语，这并不影响本文的讨论。有兴趣的读者，可以参考邓思颖（2004a，2006a）以及本书第六章、第七章的讨论。

指称话题,例如(69),形成一个合格的话题句。

(69) 那本书$_i$,[张三看完了 $e_i$]。

事实上,及物性也并非光看述语部分。试比较(70)(=(42))和(71),尽管这两句的述语都是"哭得",但后者似乎比前者更容易接受。

(70) *李四,张三哭得很伤心。

(71) ?这手帕,张三哭得都湿透了。

如果单独考虑述题的部分,例如(72)和(73),作为"哭得"的补语"都湿透",往往指称一些物件,例如衣服、手帕等东西;如果用来指称"张三",似乎有点儿奇怪。因此,语用的因素告诉我们,"哭得都湿透了"隐含了一个受事缺位。把话题加进去以后,那个缺位可以很自然地指向话题,形成合格的话题句,例如(74)的结构。因此,能否形成能接受的话题句,就在于我们能否辨认述题里的缺位。由于句法不能提供任何确保缺位出现的机制,辨认缺位基本上是一个语用的问题,往往依赖话语的因素,跟句法无关。

(72) 张三哭得很伤心。

(73) ?张三哭得都湿透了。

(74) 这手帕$_i$,[张三哭得 $e_i$ 都湿透了。]

比较话题句和被动句、关系小句,它们的差异凸显了话题句的特点。虽然话题句、被动句、关系小句都要求有一个缺位,但话题句(75)不能接受,而被动句和关系小句(76)和(77)却都能接受。

(75) *那个人,张三哭得很伤心。(话题句)

(76) 那个人被张三哭得 $e$ 很伤心。(被动句)

(77) [我哭得 $e$ 很伤心]的那个人(关系小句)

被动句和关系小句最主要的特点,就是句法强制性要求产生一个句法缺位。根据本书第九章的论述,长被动句的"被"选择一个时间词短语 TP 作为谓语。为了满足谓语化的要求,时间词短语内包含了空算子,空算子移位后留下语迹,形成了所谓的"兰姆达表述式"(λ-expression)。谓语化可以说是被动句以句法操作的方式产生句法缺位,属于一种强制性的要求。关系小句的情况跟被动句的相似,Ning(1996)假设关系小句必须是一个开放的谓语,空算子在关系小句内进行移位,形成一个句法缺位,因而关系小句可以诠释为一个兰姆达表达式。在句法内,被动句和关系小句都必须形成(78)那样的结构,Op 表示空算子,$t$ 是空算子的语迹,由空算子移位产生。这个由空算子形成的缺位,可诠释为一个变项。由于缺位早已在句法内强制性地形成,我们就不必依靠其他非句法的因素来辨认。

(78) ...$[\mathrm{Op}_i ... t_i ...]$

相比之下,基于阶段不透性条件的限制,加入了话题之后,话题句不能再补上任何的空算子,也没有任何要求话题句产生缺位的句法机制。辨认话题句的缺位只能凭语用的因素。虽然话题句必须形成(54)那样的结构,重复在(79),但标句词短语 CP 内的缺位 $e$ 并非由句法移位产生,跟(78)的情况不一样。

(79) $[_{CP}$ 话题$_i [_{CP} ... e_i ...]]$

由于话题不是论元,(79)指向话题的缺位受到非论元约束( A'-binding),因此应该理解为变项。正如 Huang(1987a)所指出的,不论缺位是否由移位产生,凡是受到非论元约束的空语类,都应理解为变项。[1] 把(79)的空语类 $e$ 诠释为变项,一个可能的原因是衍生在标句词短语 CP 内的缺位 $e$ 原本是一个小代词 $pro$,只不过由于受到话题的约束,小代词就被理解为变项。由此推论,变项应该有两类:一类是表征性(representational)的,例如话题句内话题与缺位的关系是一种"静态"的关系;一类是派生性(derivational)的,变项由移位产生,例如被动句和关系小句内空算子与语迹的关系,是一种"动态"的关系。话题由附接产生,显然跟空算子句法移位的操作不同,因而造成了话题句、被动句、关系小句的差异。

传统汉语语法学一般把(80)和(81)当作非主谓句,前者是名词非主谓句,后者是叹词非主谓句。事实上,(80)的"张三"是一种呼语(vocative)的用法,指向听话人,而(81)的叹词表达了说话人的感情。有些叹词甚至可以用作呼唤,跟听话人有关,例如(82)的"哎"( $ai^{55}$ ,较

---

[1] Huang(1987a:331)的原话是这样的:An EC is defined as a variable at any given level if and only if it is locally A'-bound at that level, regardless of its derivational history. 他所说的 EC 即空语类(empty category)。

长），胡明扬（1987：99）指出这个叹词用来"提请对方注意，用作呼唤声，同时也用作应声"。（82）的叹词"哎"和呼语"小三儿"连用，都有呼唤的作用。呼语（包括叹词）说出来后，往往还有"后话"，例如（82）的"快给我回来"。

（80）张三！

（81）啊！

（82）哎！小三儿！快给我回来！

呼语（包括叹词）的主要作用是在话段的层面把"后话"引介出来，并且修饰作为"后话"的小句。从语法关系上来讲，呼语应该分析为状语，跟被修饰的小句构成偏正结构，只不过被修饰语在（80）和（81）中被省略了。呼语既然跟语用有密切的关系，应该附接在语气词短语 FP 之上，如（83）所示。呼语所处的层次是句子，不是小句，是结构中最高的层次。（84）是（82）的结构，作为呼语的"哎"和"小三儿"都附接在语气词短语之上，虽然"小三儿"看起来像话题，但由于有呼唤的作用，指向听话人，"小三儿"应该位于一个比话题更高的位置。小句的主语是小代词 pro，指向呼语"小三儿"，因此"小三儿"也可以同时理解为"快给我回来"的施事主语。至于（80）和（81）的结构，应该跟（84）差不多，只不过标句词短语在音韵的层面被省略了，如（85）所示，结果呼语之后的部分在表面上听不到、看不见。语气词短语具有联系说话人和听话人的功能，居于句子最边缘的位置，应该属于句法语用接口的位置，呼语作为语气词短语的修饰语应该是合理的。[1]

（83）$[_{FP}$呼语$[_{FP}$ F$[_{CP}$ C$[_{TP}$主语$[$T$[_{vP} v[_{VP}$ V … $]]]]]]]$

（84）$[_{FP}$哎$[_{FP}$小三儿$[_{FP}[_{CP}[_{TP}$ pro$[_{vP}$快给我回来$]]]]]]$

（85）$[_{FP}$张三/啊$[_{FP}[_{CP}[_{TP}$主语$[_{vP}$…$]]]]]$

传统汉语语法学一般把"的"当作"结构助词"，是一个定语的标记，属于虚词的一种。假若"的"是一个词，有学者假设它能组成一个短语，作为这个短语的中心词（Ning 1993, 1996；Chiu 1993；Wu 2000；

---

[1] Speas（2004）、Hill（2007）提出了呼语的句法分析，并作了跨语言的研究。虽然我们的具体细节跟他们的分析不一样，但相同之处是假设呼语位于句子极高的层次，跟话段有关。

Simpson 2002；Rubin 2002；Dikken and Singhapreecha 2004；司富珍 2004；熊仲儒 2005；Sio 2006；何元建 2007；石定栩 2008, 2011；彭家法 2009 等）。虽然这些学者所提出的理论具体的操作不尽相同，但都原则上认为"的"是一个词（简称为 X），甚至部分学者进一步假设被修饰语是"的"的补足语，而修饰语位于指定语的位置，组成一个短语 XP，如（86）所示。

(86) [$_{XP}$修饰语[$_{X'}$[$_X$的] 被修饰语]]

对于"的"组成短语的可能性，我们曾经指出，"的"是否可以分析为一个中心语，除了要考虑理论上的一致性和完美性以外，还需要在语义上找到独立的证据（邓思颖 2006d）。以功能词作为中心语，虽然在目前的句法学理论里从方法上是可行的，但只表示语法关系、欠缺实质意义的"结构助词"似乎不具备成为中心语的条件，它在句法中的地位值得怀疑。此外，我们通过跨语言的比较，证明了汉语的定语应该分析为附接语，即附接在被修饰语之上，而不是"的"选择被修饰语作为补足语。李艳惠（2008）从理论内部来探讨这个问题，也同意"的"在句法里并不能作中心语。

考虑到定语标记"的"意义上的"空乏"，还有它的黏附性，我们认为，把"的"分析为后缀，在词法里直接黏附在定语之上，后缀"的"并不会改变定语原来的词类。既然"的"不算是词，它在句法里就没有什么独立的地位，也不可能组成一个短语，充当中心语。除了把"的"当作后缀的分析外，我们甚至可以把"的"理解为一个在语音部门内才插入的成分（Huang 1982：§2）。如果"的"到了音韵部门才插入，那就意味着"的"从来没有踏足过句法部门，"的"的黏附是音韵的现象，跟句法无关。

定语标记"的"的后缀分析也同样适用于状语标记"地"以及补语标记"得"（也包括体标记"着、了、过"），"地"应该在词法里直接黏附在状语之上，补语标记"得"、体标记"着、了、过"也在词法里直接黏附在动词之上，这些后缀在句法里都没有独立的地位，不可能形成短语。[1]

---

[1] "得、着、了、过"的出现促使动词进行句法移位，因此它们不可能到了音韵部门才插入，跟"的"的情况不一样。

至于"的"黏附的条件,文献中已经有不少精彩的讨论和分析,例如吕叔湘等(1980)对"的"的用法有详尽的描述,而朱德熙(1980a)所收录的几篇分析"的、地、得"的文章,以及朱德熙(1980b)从跨方言比较的角度讨论"的"一文,已经成为汉语"的"字和偏正结构研究的经典文章。不过,文献中不少讨论汉语偏正结构的文章往往从意义入手,探讨修饰语和被修饰语之间的语义关系,以及"的"与定语搭配的语义限制。有学者认为"的"的功能可能跟定语的意义性质有关(朱德熙1980a,张谊生2002,Paul 2005,Sio 2006等),并由此引申,把意义性质作为区别属于句法的偏正结构和属于词法的复合词的方式(石定栩2002b,2011)。这些分析都牵涉到定语的意义分类,严格来讲,已经超出了句法学的范畴,并非归句法学所管。

## 10.2　准定语

吕叔湘(1984:44—45)注意到(87)的"他的老师"并不是真的说"他的老师",而是指"他当老师"的意思,定语"他的"从表面上看像是领属定语,但意义上却跟被修饰语没有领属关系。至于(88)和(89)的定语,跟被修饰语也没有领属关系,(88)等于说"张三是原告,李四是被告",(89)的意思是"我来给你帮忙"(朱德熙1982:146)。Chao(1968:§5.4.6.6)认为(89)的定语并不用来修饰宾语,而是"代表动作目标"、动作的"对象"(赵元任2002:410)。这些定语都不表示领属关系,文献中可称为"准定语"(朱德熙1982),甚至称为"伪定语"(黄国营1981)、"表象领属定语/假领属定语"(邢福义1996:89—90),或者勉强称之为"广义的领有"(张伯江、方梅1996:§13),形成"准偏正结构"(徐阳春2006:§5)。

(87) 他的老师当得好。

(88) 张三的原告,李四的被告。

(89) 我来帮你的忙。

黄正德(Huang 1997,黄正德2008)把准定语的概念扩展到(90)、(91)那样的例子中。(90)的"书"不一定属于"你","觉"也不可能属于"我",(91)的"三天"和"书"显然没有领属关系,因此这些句子都可以称为"形义错配句"(syntax-semantics mismatch),即形式和意义的匹配发生了错位。吕叔湘(1984:48—49)认为像(90)那样的例子是"代词领格的一项特殊用法",往往表示"不理别人或不管别的事"。Chao(1968:§5.4.6.6)也指出像(91)那样的时量词"形式上修饰宾语,而事实上是修饰整个动-宾式结构"(赵元任2002:411)。形式上,准定语"三天"好像修饰宾语"书",但意义上却用来修饰"看书",呈现出"形义错配"的现象。

(90)你念你的书,我睡我的觉。

(91)他看了三天的书。

此外,(92)的"去年生的"在表面上修饰"孩子",但二者并没有领属关系,而"他"不一定指"孩子",可以指孩子的父亲。沈家煊(2007)把(92)这种带"的"的句子也纳入形义错配句来讨论,都跟上述有准定语的例子相关。

(92)他是去年生的孩子。

梅广(1978:527)曾提出过分析(87)的方法,认为这种句式跟动词拷贝句有关。他提出,(93)应该从(94)的动词拷贝句通过动词删除(即删除第一个"打")和"的"的插入而来。

(93)小妹的毛袜老是打不好。

(94)小妹打毛袜老是打不好。

跟梅广(1978)的思路差不多,Huang(1982:57)认为(95)的准定语"他"本来是小句的主语,而"头发"是"理"的宾语,如(96a)所示。碍于汉语短语结构的限制,补语"得很好"不能直接跟在宾语之后,宾语必须提到动词之前,如(96b)。然后主语"他"和提前的宾语"头发"重新分析为一个名词短语,如(96c)。最后,"的"在语音形式的层面插入,形成"他的头发"。"的"的插入在语音部门内进行,并没有影响到对意义的理解,因为原则上意义由早在句法部门内形成好的句法结构所决定,因而造成了形义错配的现象。后来吴怀成(2008)、邵敬敏(2009)也提出过相似的分析,认为部分的形义错配句经过宾语提升或动词拷贝+动词删略、"的"字插入等步骤形成;刘礼进(2009)在动词拷贝分析法的基础上,提出了关系化的分析,即加入了"的"以后,把第一个动词删除,形成准定语。虽然这些学者分析问题的具体细节不一样,但他们的基本精神还是一致的。

(95) 他的头发理得很好。

(96) a. [他[理[头发[得很好]]]]

　　 b. [他[头发[理[*t*[得很好]]]]]

　　 c. [[他 头发][理[得很好]]]

虽然(91)等例子不能直接采用宾语提升的分析方法,但 Huang(1982:58—59)还是提出了一个移位的分析方法,认为(97)由(98)推导出来,如果拷贝动词,就成了"他念书念了三个钟头";如果不拷贝动词,把"三个钟头"提到宾语之前,跟"书"重新分析为一个名词短语,并且插入"的",就形成了(97)。

(97) 他念了三个钟头的书。

(98) [他[念书[了[三个钟头]]]]

当然,站在目前句法学理论的立场,回顾 Huang(1982)的分析,我们会有很多疑问,质疑这种移位分析的合理性。为什么主语和提前的宾语在(96c)中可以进行重新分析?[1] "三个钟头"在(98)中提前的动机是什么,为什么可以跟宾语作重新分析?

沈家煊(2007)提出了"类推糅合"的分析方法,尝试解释形成上述几种形义错配句的原因。以上述例子(87)为例,沈家煊(2007:3)认为(99)的 a 和 b 在形式和意义上相关,容易由 b 联想到 a;a 和 x 在形式和意义上相似,容易从 a 类推到 x,但缺少了跟 x 相关而跟 b 相似的 y。按照"类推糅合"的方式,取 b 的结构,取 x 的词项,b 和 x 经过"糅合"后,得到 xb,填入 y 的位置,形成了"他的老师当得好"这样的句子。沈家煊(2006:298)认为 x 和 b 之间越是容易建立某种概念上的重要联系,两者就越容易发生"糅合"。

(99) a. 他讲课讲得好　　　b. 他的课讲得好

　　 x. 他当老师当得好　　y. ——　←　xb 他的老师当得好

───────────

[1] 黄正德(2008)也讨论过重新分析的问题。

我们从汉语方言语法比较的角度,发现不少南方方言(包括粤语、湘语、闽语、吴语)不能说像(87)那样的形义错配句(邓思颖2008e,2009c)。以香港粤语(以下简称"粤语")为例,(100)是不合语法的("嘅"相当于普通话的"的")。我们还发现南方方言呈现出主宾语不对称的现象,位于主语的准定语不能说(如(100)),但位于宾语的准定语却可以说,例如(101)。

(100)  *佢嘅老师做得好。(他的老师当得好。)

(101)佢读佢嘅书。(他念他的书。)

沈家煊(2007)认为准定语的形成跟意义转指相关。在(87)中,位于主语的"他"和"老师"之间有比较固定的联系,"他的老师"有"他的老师角色"的意思,可以用来转指"他的老师角色"(沈家煊2007:4)。至于(90)的"你的书","书"用来转指"念书",用动作的对象来转指动作,并且在并列结构里,"你的书"表示念书是惯常的、持久做的事情,有动作的"保持"义(沈家煊2007:6)。按照这个思路,我们可不可以假设主语的准定语和宾语的准定语扮演不同的角色?可不可以借用"转喻、转指"的概念(沈家煊1999)来解说汉语方言主宾语不对称的现象?"类推糅合"会不会建立在"转喻、转指"的基础之上?然而,事实上,这样的可能性并不太大。首先,表示"保持"义的准定语不一定出现在并列结构中。(102b)是沈家煊(2007:6)所举的例子,"我的午觉"位于主语位置上,而且这个例子也不隐含一个"不相干扰的并行动作",跟(102a)不一样。第二,从(102b)、(103b)等例子中我们注意到,主语的准定语不一定转指角色的意思,也可以转指惯常或持久做的事情。[1] 表示角色和表示"保持"义的准定语都可以在主语中出现。[2] 第三,有些形义错配句不一定表示"保持"义。(104a)的"结婚"并不是一个惯常或持久做的事情,补语"轰轰烈烈"凸显了这里的"结婚"没有"保持"义。

(102)a. 我睡我的觉。

---

[1] (103b)、(104b)等例子摘自互联网。

[2] 这里的比较也说明了"角色"和"保持"这两种意义不能单纯由准定语的搭配来决定。黄正德(2008:239)曾提到过分析名词短语内涵意义的复杂性。

    b. 这些日子我的午觉睡得不好。

（103）a. 你走你的阳关道。

    b. 你的阳关道走得很孤单呀。

（104）a. 她结她的婚。

    b. 她的婚结得轰轰烈烈。

  如果把（102）、（103）、（104）分别直译为粤语的（105）、（106）、（107），（a）和（b）两组语感的对立在粤语中非常明显。粤语的准定语即使只表示惯常或持久做的事情，不转指角色意义，也只能出现在宾语中，不能在主语中。没有"保持"义的"结婚"，主宾语不对称的现象仍然存在（如（107a）和（107b））。意义转指似乎不能作为限制"类推糅合"的条件，主宾语不对称应该是一个结构的问题，并不像是一个意义、认知的问题。

（105）a. 我瞓我嘅觉。（我睡我的觉。）

    b. *呢排我嘅晏觉瞓得唔好。（这些日子我的午觉睡得不好。）

（106）a. 你行你嘅阳关道。（你走你的阳关道。）

    b. *你嘅阳关道行得好孤独。（你的阳关道走得很孤单。）

（107）a. 佢结佢嘅婚。（她结她的婚。）

    b. *佢嘅婚结得轰轰烈烈。（她的婚结得轰轰烈烈。）

  黄正德（Huang 1997，黄正德 2008）认为宾语中的准定语事实上并非修饰名词，而是动名词（gerund）的一部分。以（91）为例（重复在（108）），它的句法结构可以描绘成（109a）。轻动词 DO 所选择的是一个动名词，我们称之为名物化短语 NomP，名物化词头（nominalizer，简称 Nom）是一个空语类，作为名物化短语的中心语。准定语"三天的"在名物化短语之内，[1] 名物化词头选择了动词短语"看了书"作为补足语。名物化词头是一个没有语音成分的功能性词，拥有一个能够诱发移位的特征。所谓动名词名物化（gerundive nominalization），就是要

---

  [1] Huang（1997）、黄正德（2008）认为准定语位于指定语的位置上，我们则认为它附接在名物化短语之上，跟其他修饰语的句法位置一样（邓思颖 2008e，2009c）。这些观点上的细微差异不影响以下的讨论。

求动词进行移位,提升到名物化词头的位置上。[1] 只要动词可以移到名物化词头的位置,跟名物化词头组合在一起,就能够产生出动名词。这是第一步,如(109b)所示。动词"看了"继续移位,移到轻动词 DO 的位置,如(109c)所示,形成了我们所看到的词序,这是最后的一步。

(108) 他看了三天的书。

(109) a. 他 DO[$_{NomP}$三天的[$_{NomP}$ Nom[$_{VP}$看了书]]]

     b. 他 DO[$_{NomP}$三天的[$_{NomP}$看了[$_{VP}$ $t$ 书]]]

     c. 他看了[$_{NomP}$三天的[$_{NomP}$ $t$[$_{VP}$ $t$ 书]]]

至于主语中的准定语,按照我们的分析(邓思颖 2008e,2009c,2010b),名物化词头选择了一个以空动词 e 为中心语的动词短语,如(111a)所示。[2] 虽然动词是一个空语类,但空动词仍然受到名物化词头的吸引,进行移位,如(111b)所示,形成动名词,产生出像(87)(重复在(110))那样的例子。

(110) 他的老师当得好。

(111) a. [$_{NomP}$他的[$_{NomP}$ Nom[$_{VP}$ e 老师]]]当得好

     b. [$_{NomP}$他的[$_{NomP}$ e[$_{VP}$ $t$ 老师]]]当得好

推导出(88)(重复在(112))和(92)(重复在(114))的过程也差不多,这两个例子都包含一个名物化短语,而名物化词头 Nom 选择了一个动词短语,中心语是空动词 e。(112)空动词的宾语是"原告、被告","张三的、李四的"作为准定语,用来修饰名物化短语,如(113)所示。(114)是以名物化短语作为"是"的补足语,"孩子"是空动词的宾语,准定语是一个关系小句(relative clause)"去年生

[1] 有关汉语名物化的句法分析,详见 Fu(1994)、Huang(1997)、黄正德(2008)以及 Huang, Li and Li(2009:§3)等。至于汉语名物化和名词化的区别,详见石定栩(2003b,2011)的讨论。
[2] 我们的分析跟黄正德(2008)的不同,也避免了他所遇到的问题,详见邓思颖(2009c)的评述。

的”,如(115)所示。[1] (113)和(115)的名物化短语可以概括表达为(116a)的结构,空动词 e 受到名物化词头 Nom 的吸引,进行移位,移到名物化词头 Nom 的位置上,如(116b)所示,形成了合格的动名词。

(112) 张三的原告,李四的被告。

(113) [$_{NomP}$ 张三的 [$_{NomP}$ Nom [$_{VP}$ e 原告]]]

(114) 他是去年生的孩子。

(115) 他是 [$_{NomP}$ 去年生的 [$_{NomP}$ Nom [$_{VP}$ e 孩子]]]

(116) a. [$_{NomP}$ 准定语 [$_{NomP}$ Nom [$_{VP}$ e 宾语]]]

　　　b. [$_{NomP}$ 准定语 [$_{NomP}$ e [$_{VP}$ t 宾语]]]

位于主语位置上的领属短语(也包括(112)、(114)等例子)包含一个空动词 e,按照 Hankamer and Sag(1976)所提出的标准,这种空动词应该属于“深层复指”(deep anaphora),它在深层结构中已经形成,是一种空代词的形式(pro-form),而并非通过句法操作(例如移位)或音韵操作(例如音韵省略)而产生(邓思颖 2010b)。[2] 深层复指最显著的特征就是能够通过语用因素复原,可以在特定的语用环境下找到所指。以(117)为例,由于“他的”和“周瑜”之间的动词在句子内找不到,要想复原这个动词,就只好通过语用的因素把空动词的意义补出来。(117)摘自互联网,出现在一篇谈论电影《赤壁》的帖子开头的第一段,全文引录在(118)。虽然我们在整段文字里找不到一个“演”字,但语境告诉我们,作者在讨论梁朝伟扮演的周瑜的问题(邓思颖 2010b)。同样的道理,像(112)这样的句子,要补出空动词的意义,只能通过语用在语境里找,这最能体现空动词的深层复指的性质。

(117) 他的周瑜还算是比较压场的。

(118) 基于个人原因,我对梁朝伟从来没有什么好感,不过客观地说他的周瑜还算是比较压场的——即便在那么多的加法减

---

[1] 系词“是”是动词(张和友 2004;张和友、邓思颖 2009,2010),名物化短语是“是”的补足语,可以诠释为“是”的宾语。

[2] 刘礼进(2009)认为领属短语内的动词经过音韵省略,应该属于“表层复指”(surface anaphora)。如果深层复指的分析是正确的话,刘礼进(2009)的音韵省略说值得商榷。空动词的分析还可以解释汉英之间的差异,详见邓思颖(2010b)的讨论。

*法之后。*

"形义错配句"拥有一个空动词,这并非是汉语的"孤例",我们在汉语其他的句式里一样也可以找到空动词的例子,例如(119)和(120)(Tang 2001b:204—205)。(119)的空动词 *e* 出现在小句的主语里,形式跟"他的老师当得好"相似。由于受到移位条件的限制,这个空动词不可能通过移位产生。(120)的空动词出现在联合结构里,形式跟(112)相似,空动词的所指只能依靠语用在语境里找,是典型的深层复指的例子。[1]

(119) 张三吃了三个苹果。[我 *e* 两个]当然可以。

(120) 张三 *e* 三个苹果,李四 *e* 四个橘子。

司富珍(2002)认为(112)的"的"可以让整个小句具有名词性的特征[+N],"张三的原告"包含了一个空的动词,这跟我们的分析很接近,但司富珍(2002)把"张三"分析为主语,把"张三的原告"当作一个具有名词性特征的小句,这又与我们不同。为什么"名词性"的小句能够被接受?[2]事实上,(112)表面上看起来不像一个小句,而名物化短语本身也不能直接作小句。比较完整的结构应该是(121),名物化短语是轻动词 BE 的补足语,主语是一个虚位(expletive),可以补上一个空的小代词 *pro*。[3](121)这样的结构可以算是存现句的一种,也可以算是名词谓语句的一种。[4]虽然陈满华(2008)把这种句子也当作名词谓语句来处理,但我们跟他的分析不一样,我们认为作名词谓语的是整个名物化短语"张三的原告",里面包含了一个名物化的动词 *e*,(112)的主语是小代词 *pro*,并非表面上的"张三的"。我们注意到小代词 *pro* 可以显示为听得到、看得见的主语,一般表示时间,例如(122)的"今儿"和(123)的"昨天"(引自陈满华(2008:77)),或跟时间相关,例如(124)的"这次会议"。以时间名词作为小句主语这个特点跟存现

---

[1] 唯一不同的地方是,(119)和(120)的空动词没有进行名物化。

[2] 司富珍(2002)假设"的"是标句词,这跟她后来提出的以"的"为中心语的思路是一致的(司富珍 2004,2008)。把"的"分析为中心语的问题,请看本章第一节的讨论。

[3] (121)的小代词 *pro* 应该先跟轻动词 BE 合并,然后才移到时间词短语 TP 的指定语位置。有关细节从略,下同。

[4] 有关名词谓语句和存现句的讨论,可见本书第九章"句型和主要的句式"。

句非常相似。[1]

(121) [$_{TP}$ *pro* [$_{vP}$ BE [$_{NomP}$ 张三的原告]]]

(122) 今儿下午谁的主持人?

(123) 昨天刘芳的领班。

(124) 这次会议你的主席。

为了解释准定语在汉语方言中的差异,我们假设南方方言的名物化词头缺乏诱发动词移位的特征,不能形成动名词,并且把形成宾语的准定语和其他的准宾语区分开来(邓思颖 2008e,2009c)。南方方言宾语中的准定语我们曾经讨论过(邓思颖 2008e,2009c),名物化短语是轻动词 DO 的补足语,如(109a)所示。不论名物化词头有没有诱发移位的特征,动词都必须移到 DO 那里去,跟 DO 结合在一起。动词到轻动词的移位,必须一步一步往上爬升,先经过名物化词头,然后才到达轻动词。尽管南方方言的名物化词头缺乏能够诱发动词移位的特征,但仍须一步一步往上爬升,最终"顺道"经过名物化词头。由于是"顺道"经过,动词在推导过程中的某一点就有机会移到名物化词头那里,跟它结合,从而创造了形成动名词的基本条件。

而在其他位置上(例如在主语位置上),名物化短语并非是轻动词的补足语。如果南方方言的名物化词头不能诱发动词移位,动词就没有机会一步一步往上爬,经过名物化词头。得不到任何词类、句法上"支持"的名物化词头,也就成为一个"真空"的功能词,这是不为语法所允许的(Koopman 2000,Fukui and Sakai 2003 等)。既然这样,名物化词头在这种情况下就不能存在,因而不能产生动名词。这正好说明了为什么粤语没有主语的准宾语,例如不合语法的(100)以及(105)、(106)、(107)的(b)组的例子,南方方言所呈现出的主宾语不对称的现象因此得到了解释。

"他的老师当得好"的"他的"之所以称为准定语,是由于"他的"

---

[1] 张庆文曾经向笔者指出,如果(124)的主语不显示出来,例如(i),语感会比较别扭。挽救的方法是,可以将它放在对比的语境里,例如(ii),这就跟(112)的情况差不多。

(i) ?? 你的主席。

(ii) 你的主席,他的秘书。

和"老师"之间没有领属关系,形成了表面上形义错配的现象。然而,按照动名词名物化的分析,"他的"并不修饰"老师",它的被修饰语实际上是名物化短语,即一个动名词,表示"当老师"的意思。"老师"不应该是被修饰语,没有资格充当偏正结构的"正"。在这些例子里,准定语和被修饰语所构成的关系,正是典型的偏正关系,没有什么不妥。准定语应该正名为定语,是堂堂正正的定语,称为"准定语"有点委屈,把它当作"伪定语""假领属定语"那就实在太冤枉了!

## 10.3 联合结构

主谓结构、述宾结构、述补结构、偏正结构、联合结构这五种结构在汉语的句法和词法里都找得到,在句法里可以形成各式各样的短语,在词法里可以形成各式各样的复合词,因此,这五种结构也可以理解为汉语的"基本"结构(张静等 1980:76;刘月华等 1983:4—5,2001:5—7;邢福义等 1991:299;黄伯荣、廖序东 2002b:63;北大中文系 2004:270—275;周一民 2006:320;冯志纯等 2008:102 等)。汉语的主谓结构、述宾结构、述补结构在本书前几章已经分析过了,我们在本章开头也讨论过偏正结构。我们在这一节主要探讨联合结构的句法问题。

按照传统汉语语法学的理解,联合结构是"由两个或更多的并列成分组成的"(朱德熙 1982:156),组成的部分是"语法地位平等的"(黄伯荣、廖序东 2002b:62)。为了方便讨论,所谓并列成分(或连接的成分)我们称为"并连语"(conjunct)。按照意义来划分,联合结构有并列和选择两个小类,(125)的"和"表示了并连语"张三、李四"有一种并列的关系,两者是兼有的;(126)的"或"则表示了"张三、李四"有一种选择关系,可以任择其一。在这两个例子里,位于连词之前的"张三"可称为"外并连语"(external conjunct),在连词之后的"李四"可称为"内并连语"(internal conjunct)(N. Zhang 2009)。

(125)张三和李四

(126)张三或李四

汉语的联合结构可以有形式标记,例如上述例子中的连词"和、或",也可以没有形式标记,例如(127)的"跑步、游泳、打网球"。

（127）天天跑步、游泳、打网球

刘丹青（2008：8，10）注意到进入联合结构的动词比名词所受的韵律限制大得多，例如（128）单音节的名词"人、狗"能够接受，但（129）的单音节动词"骂、吼、打、关"的可接受度就比较差，而虽然是表达同样的意思，（130）的双音节动词的可接受度就好得多。刘丹青（2008：14）举了（131），单音节的"听、读、抄、背"和"听、说、读、写"可以出现在论元的位置上。事实上，（131）单音节的并连语已经名物化了，跟（128）的名词差不多。其实，联合结构的这些现象都属于韵律的问题，应该在音韵部门内处理，跟句法无关。

（128）房间里面<u>人狗鹦鹉</u>一起在叫。

（129）*他对犯错的下属<u>骂、吼、打、关</u>。

（130）他对犯错的下属<u>责骂、吼叫、殴打、关押</u>。

（131）<u>听读抄背</u>不同于<u>听说读写</u>，它不是四种英语技能，而是四个学习程序。

用来连接名词性成分的连词，常见的包括"和、跟、同、与、及、兼"等；用来连接动词性成分的连词，常见的包括"而、并、兼、并且"，副词"又……又"也可以用来连接并连语，形成联合结构。

联合结构的分析可不可以应用到复句中？分句与分句之间的关系能不能构成联合结构？朱德熙（1982：218）把（132）和（133）当作复句，并且认为"复句里分句和分句之间的关系，不是词组和词组之间的关系。我们不能把分句之间的关系解释为词组平面上的任何一种结构关系，诸如主谓关系、述宾关系、偏正关系之类"。按照他的观点，（132）和（133）只能形成复句，分句与分句之间不能形成联合关系。事实上，在一个不区分短语和小句的句法学理论里，小句是由短语组成，没有一个不是短语的小句。因此，我们认为语法关系的概念既可以应用在名词短语、动词短语等"短语"的层面上，也应该可以套用到复句的层面上。

（132）与其你去，不如他去。

（133）不但价钱贵，而且东西也不好。

事实上，在传统汉语语法学里，不少学者都把语法关系的概念套用

到复句的分析中去,并且把复句分为两大类:表示联合关系的(或称为
"联合复句")和表示偏正关系的(或称为"偏正复句")(张静等 1980;
刘月华等 1983,2001;胡裕树等 1995;邢福义 2001;黄伯荣、廖序东
2002b;北大中文系 2004;周一民 2006 等)。(132)属于联合复句中的
选择复句,而(133)属于联合复句中的递进复句。下面的例子属于典
型的偏正复句,(134)表示因果,(135)表示条件,(136)表示假设,
(137)表示转折。

(134) 因为张三去,所以李四不去。

(135) 除非张三去,否则李四不去。

(136) 如果张三去,那么李四不去。

(137) 虽然张三去,但是李四不去。

形式标记对于连接句法成分有很大的作用。除了副词以外,传统
汉语语法学一般把所有具有连接功能的词都称为"连词"。我们把这
些"连词"按照它们所连接成分的性质分为两类:连接小句的是标句词
C,连接其他成分的是连词 Co。虽然有些标句词和连词看起来很相似,
但大体上它们的句法分布还是比较有规律的。[1]

(138) 连词

    a. 联合结构:"和、跟、及、兼、而且、或"等

    b. 偏正结构:"而"

   标句词

    a. 联合复句:"不但……而且、与其……不如"等

    b. 偏正复句:"因为……所以、虽然……但是"等

连词可以按照并连语的词类,再分为几个小类(Aoun and Li 2003:
§5.2;李艳惠 2008)。"兼"用来连接名词短语,例如(139)的"秘书"
和"打字员"都在量词"个"之后,这些名词性成分都应该分析为名词短
语 NP,可以简单描述为(140)。不合语法的(141)、(142)、(143)显示
了"兼"所连接的不是限定词短语 DP,无论是无定的"一个秘书、一个
打字员"之间、有定的"这个学生、那个学生"之间,还是代词"他"和专

---

[1] 表示偏正结构的"而",如例子(i)(胡裕树等 1995:295)等。
   (i) 为推广普通话而努力

有名词"张三"之间,"兼"的出现都不好。

(139) 我想找一个秘书兼打字员。

(140) 我想找[_DP 一个[_NP [_NP 秘书]兼[_NP 打字员]]]

(141) *我想找一个秘书兼一个打字员。

(142) *我很喜欢这个学生兼那个学生。

(143) *我很喜欢他兼张三。

跟"兼"不一样,连词"和、跟"可以用来连接限定词短语,但不能连接名词短语,例如(144)至(147)。

(144) *我想找一个秘书和打字员。

(145) 我想找一个秘书和一个打字员。

(146) 我很喜欢这个学生和那个学生。

(147) 我很喜欢他和张三。

"兼"除了连接名词短语以外,还可以连接动词性成分,(148)的"念书、做事"是动词短语,(149)的"设计、画图"等成分也都是动词短语。

(148) 张三念书兼做事,很忙。

(149) 我设计兼画图,他施工兼监工,我们合作得很好。

连接小句的"而且"是标句词,连接其他动词性成分的"而且"是连词。(150)连接由静态动词(即传统汉语语法学所讲的"形容词")组成的动词短语"柔软"和"光滑"的"而且"是连词,(151)连接小句的"而且"是标句词。Aoun and Li(2003:249,注释 7)举了(152)证明标句词"而且"所连接的小句是标句词短语 CP,"因为"本身也是标句词,并组成了标句词短语,"而且"连接了两个由标句词"因为"组成的标句词短语"因为他得到最大的奖"和"因为他有喜事降临"。

(150) 表面柔软而且光滑

(151) 我喜欢他,而且张三也喜欢他。

(152) 我们都为他高兴,因为他得到最大的奖而且因为他有喜事降临。

"而且"只能连接动词性的成分,不过,"而且"似乎也可以跟名词性成分连用。Aoun and Li（2003：150）注意到"而且"在（153）和（154）里可以同时连接由形容词（即"非谓形容词"）组成的短语（如"主要、共同"）和关系小句。虽然关系小句是动词性，但"主要、共同"却是名词性的。[1]

（153）主要的而且我们已经讨论过的事情

（154）共同的而且没人可以带回去的东西

我们注意到如果把"而且"前后的并连语颠倒过来，语感就很不一样了。（155）勉强可以接受，但（156）就不能接受。（155）和（156）的区别，可能跟"主要"一词有谓词化的倾向有关，（157）的"主要"可以作谓语，（158）的"主要"可以受程度副词修饰。[2] 因此，对于接受（155）的人来讲，"主要"已经谓词化，可以重新分析为静态动词（即传统汉语语法学所讲的"形容词"）。然而，"很共同""非常共同"是不能接受的，我们也找不到"共同"可以作谓语的例子，因此，"共同"仍然是形容词（即"非谓形容词"），属于名词性成分。

（155）？？我们已经讨论过的而且主要的事情

（156）＊没人可以带回去的而且共同的东西

（157）管好甲醇产销非常主要。

（158）有一个很主要的原因。

这样的区别可以进一步在下面的例子中显示出来。"慢性"是形容词（即"非谓形容词"）（吕叔湘、饶长溶 1981：81），属于名词性，"无人可医"可以算是关系小句，跟静态动词（即传统语法学的"形容词"）一样，都属于动词性的成分，（159）的"而且"可以连接外并连语"慢性"和内并连语"无人可医"，但词序倒过来的（160）就不能接受；（161）的"而且"连接动词性的"可怕"和"无人可医"，颠倒词序没有这个问题，（162）仍然可以接受。

（159）慢性而且无人可医的病

---

[1] Aoun and Li（2003：§5）本来是利用（153）和（154）来重点讨论关系小句附接的问题。

[2]（157）和（158）来自"北京大学汉语语言学研究中心现代汉语语料库"（CCL语料库）。

（160）＊无人可医而且慢性的病

（161）可怕而且无人可医的病

（162）无人可医而且可怕的病

（154）和（156）、（159）和（160）等例子的对立很有意思，"而且"连接的并连语没有发生变化，唯一变动的是词序。"而且"的外并连语可以是名词性的，但内并连语必须是动词性的，"而且"跟内并连语的关系好像比较密切一些。这个特点，正好跟英语的 and 相反，N. Zhang（2009：§4）注意到英语 and 的外并连语好像决定了整个联合结构的词类，地位比较重要。（163）的不合语法说明了小句 that he will be on time 不能作为动词 depend on 的宾语。虽然如此，小句 that he will be on time 进入了联合结构后，却可以出现在（164）中。如果把名词性结构 my assistance 和小句 that he will be on time 的词序颠倒过来，（165）就不合语法。N. Zhang（2009）由此推论 and 的外并连语起了决定性的作用，并且认为英语和汉语属于两种不同类型的语言，英语的联合结构以外并连语为主，汉语的联合结构以内并连语为主，我们的发现正好支持了她的理论。此外，我们对于"而且"的描述也应该修正为："而且"的内并连语必须是动词性的。

（163）＊You can depend on that he will be on time.

（164）You can depend on my assistance and that he will be on time.

（165）＊You can depend on that he will be on time and my assistance.

相对于其他几种"基本"的结构，汉语联合结构的句法分析不算很多，也没有得到很多的重视。N. Zhang（2009）从跨语言的角度，详细讨论了联合结构的各种句法问题，而且考察了汉语的联合结构，作出了深入的分析。她论证了联合结构是有层级的，绝对不是扁平的结构，外并连语和内并连语处于层级不对称的位置上，前者比后者高（又见 Munn（1987）、Larson（1990）、Zoerner（1995）、Johannessen（1998）、Vries（2006）等的讨论）。按照她的分析，联合结构应该具有以下概括化的树形图。X 是连词，外并连语位于指定语位置，而内并连语是连词的补足语，这三个成分组成联合结构。

(166)
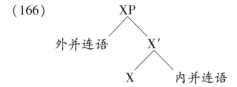

让我们以最简单的例子说明联合结构的句法问题。以上述(125)为例(重复在(167)),连词"和"组成了连词短语 CoP,并作为该短语的中心语,连接了两个成分。内并连语"李四"在补足语位置,外并连语"张三"在指定语位置,如图(168)所示。[1]

(167) 张三和李四

(168)

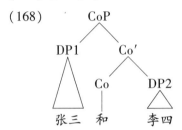

至于(139)的"兼"(重复在(169)),它跟"和"不一样,只选择名词短语 NP 作为并连语,(169)联合结构的部分可以表达为(170)的树形图。

(169) 我想找一个秘书兼打字员。

(170)

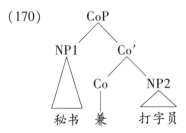

连接小句的"而且",例如(133)(重复在(171)),也应该有相似的结构。"而且"是标句词 C1,跟时间词短语 TP("东西也不好")合并,

---

[1] N. Zhang(2009)假设连词并不是一个独立的词类,不存在 CoP。以汉语的情况来看,"和"的词类应该跟内并连语的词类一致。按照她的分析,(168)的"和"应该是限定词 D,而(170)的"兼"应该是名词 N,分别组成了限定词短语 DP 和名词短语 NP。不过,为了照顾我们过往对连词的认识,以方便讨论,本书仍沿用比较"传统"的分析方法。

TP 成为内并连语。"而且"然后跟另一个已经完成好的标句词短语 CP2("不但价钱贵")合并,CP2 成为外并连语,这三个成分组成了标句词短语 CP1,以"而且"为中心语。在 CP2 内,"不但"是标句词,跟时间词短语"价钱贵"合并。"不但"在 CP2 中的作用就是用来表示该小句是外并连语,"而且"的作用就是连接这个外并连语和内并连语,组成联合结构。

(171) 不但价钱贵,而且东西也不好。

(172)

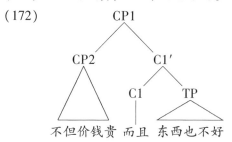

作为偏正结构的偏正复句,跟联合结构的最明显的区别就是,偏正复句内的两个分句构成修饰语和被修饰语的关系,有主从之分,而并非两个地位平等的并连语。沿用我们之前提到的偏正结构的句法分析(例如(5)),我们认为偏正复句的前句是从属小句(subordinate clause,或称"从句""偏句"),形式上是附接语,功能上是修饰语,偏正复句的后句才是根句(或称"正句"),是被修饰的部分。以(134)的因果复句为例(重复在(173)),"所以"是根句的标句词 C1,跟时间词短语"李四不去"合并,如图(174)所示。"因为"是从属小句的标句词 C2,并跟"张三去"组成标句词短语 CP2。CP2 最后通过附接的方式,加到 CP1 之上,整个 CP1 就是一个偏正结构。

(173) 因为张三去,所以李四不去。

(174)

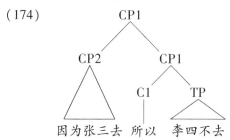

有时我们为了强调结果,可以把(173)的"李四不去"移到句首,形成"先果后因"的词序,例如(175)。何元建(2007:114)注意到在这种句子中,标句词"所以"不会跟着强调的小句移到句首,(176)是不合语法的。其他偏正复句的标句词也有相同的情况,例如(177)的"否则"、(179)的"但是"。按照我们的分析,[1](175)移前的部分是时间词短语 TP,然后附接在 CP1 之上,形成树形图(180),这样的做法没有违反什么句法限制,应该可以接受。如果要形成(176)至(179),就必须把树形图(174)下一层的 CP1 移出去,这样才可以把标句词 C1 带走。然而,下一层的 CP1 只是短语的一个分段(segment),句法学理论规定了短语的分段是不能移位的,因此,我们无法形成(176)至(179)的词序。

　　(175) 李四不去,因为张三去。

　　(176) *所以李四不去,因为张三去。

　　(177) *否则李四不去,除非张三去。

　　(178) *那么李四不去,如果张三去。

　　(179) *但是李四不去,虽然张三去。

　　(180)

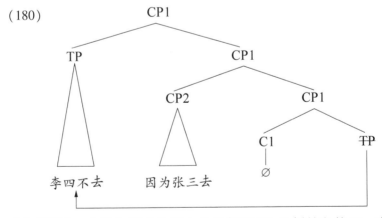

　　我们假设(180)留在原来位置上的标句词 C1 必须是空的∅。当然,我们要解释为什么标句词 C1 在这种情况下不能显示出来,形成滞

---

　　[1] 何元建(2007)认为从属小句位于指定语位置,不是附接语。虽然具体细节不尽相同,但他的分析和我们的在本质上是一致的。

后的词序,如(181)。

(181) 李四不去,因为张三去(* 所以)。

(181)的"所以"不能显示出来,应该跟这一类标句词的某些形式特征有关。我们推测这些标句词跟介词的关系非常密切,刘丹青(2003)认为古汉语"因……以"的"以"、"因……而"的"而"属于"连接性后置词",现代汉语的标句词如"所以""而"应该跟那些后置词同源。如果这个推测是对的话,标句词应该仍保留了一些介词的特点。众所周知,汉语不允许介词流落(preposition stranding)的现象,比如说,我们不能把(182)的"张三"移到句首,让介词"向"成为流落成分,如不合语法的(183);(184)的"给"是介词,间接宾语"我"不能移到句首,让介词"给"成为流落成分,(185)是不合语法的。因此,(181)的"所以"不允许显示出来,也可能跟介词流落的现象有关。

(182) 我们向张三学习。

(183) * 张三,我们向学习。

(184) 张三送了一本书给我。

(185) * 我,张三送了一本书给。

如果联合结构分析为(166)(重复在(186))的树形图是正确的话,外并连语和内并连语的地位应该是平等的,两者之间不牵涉任何补充、修饰等关系。由此看来,联合结构具备一定的独立性,应该有别于其他的结构。

(186)

不过,我们仔细来看树形图(186)就会发现,它跟主谓结构的框架基本一致。在主谓结构里,核心的部分是轻动词 $v$,轻动词的作用是连接两个成分:位于指定语的主语和位于补足语的谓语(词根),如图(187)所示。在联合结构里,核心的部分是 X,X 的作用也是连接两个成分:位于指定语的外并连语和位于补足语的内并连语。如果内并连语是小句的话,X 就是标句词 C;如果内并连语是其他的成分,X 就是连词 Co。

(187)
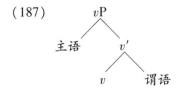

　　把主谓结构和联合结构当成一个大类,好处是可以解释它们相似的一些特点。我们先来看(188)和(189),这两个例子由前后两项组成,例如(188)的"广州、上海"和"两个大城市",(189)的"《阿 Q 正传》的作者"和"鲁迅"。文献中,这类例子一般分析为汉语的"同位结构/同位短语/同位词组"(张斌等 1988:274;胡裕树等 1995:303;邢福义 1996;黄伯荣、廖序东 2002b:63;周一民 2006:320 等),或称为"复指/复指成分/复指短语"(《中学教学语法系统提要》;刘月华等 1983:401,2001:644;张志公等 1985:30;邢福义等 1991:303;北大中文系 2004:393—394;冯志纯等 2008:104 等),朱德熙(1982:144)甚至把这种结构当作偏正结构的一种,称之为"同位性偏正结构",同位性偏正结构里的定语则称为"同位性定语"。[1]

　　(188) 广州、上海两个大城市

　　(189)《阿 Q 正传》的作者鲁迅

　　上面提到的学者大都把同位结构当作一种独立的结构来处理,而朱德熙(1982)认为同位结构属于偏正结构的一种,并非独立的结构。除了这两种意见外,还有学者认为同位结构属于联合结构。Chao(1968:§5.2.6)认为"松弛同位式"的(190)和(191)("苏弛士运河"即"苏伊士"运河)属于并列式,前后两项"中间不停"(赵元任 2002:381)。吕叔湘(1979:50)把"复指关系"当作"联合关系"的一种,并认为"成分的功能相同,整体和成分的功能相同"。刘街生(2004:152)注意到张静等(1980:126)把例句(192)的"二排排长曹大贵"和(193)的"北京——中华人民共和国首都"说成是"解说联合"。

　　(190) 文学院长陈方伯

---

[1] 刘街生(2004)对汉语同位结构作过全面的考察和深入的分析。

（191）东西交通的孔道苏彝士运河

（192）二排排长曹大贵是刚从抗大九分校调来的。

（193）北京——中华人民共和国首都是一个非常美丽的城市。

Vries（2006：238）注意到英语同位结构的后项有一种说明前项的功能（specification），例如（194）的 our boss 用来说明 John，而（195）的 a book by Golding 用来说明 a nice present。这种说明关系在汉语所谓的"下位居前式"中表现得特别明显（刘街生 2004），例如（188）的上位后项"两个大城市"用来说明下位前项"广州、上海"，（193）的上位后项"中华人民共和国首都"用来说明下位前项"北京"。

（194）John, our boss

（195）a nice present：a book by Golding

此外，Vries（2006：238）注意到英语的同位结构跟联合结构的并列式、选择式在形式上都很相似。（196）是英语的并列式，（197）是英语的选择式，前后两项都由一个连词连接，在某些情况下，英语的连词 or 也可以用在同位结构中，连接前后两项，例如（198）。

（196）Joop and Jaap

（197）Joop or Jaap

（198）the White House, or the house with the Oval Office

在荷兰语里，也有一个用在同位结构中的连词，如（199）的 en wel（and namely）连接前项 een hond（a dog）和后项 een poedel（a poodle）（Vries 2006：239）。连词在英语、荷兰语同位结构中的出现，进一步说明了同位结构和联合结构的相似性，可以把它们分析为同一种结构。

（199）Fik is een hond, en wel een poedel. （Fik is a dog, namely a poodle. ）

汉语的连词如"和、或"不能进入同位结构，（200）是不合语法的，这好像跟英语和荷兰语的情况不完全一样。

（200）＊广州、上海和/或两个大城市

虽然如此，汉语中也有一些词，功能跟英语、荷兰语同位结构中的连词差不多，用来连接前后两项，而后项是一种补充说明，例如

（201）的"即"、（202）的"也就是"、（203）的"就是说"、（204）的"包括"。[1] 按传统汉语语法学的说法，这种词称为"插入语"（黄伯荣、廖序东2002b：103；周一民2006：370；冯志纯等2008：189）、"插说"（刘月华等1983：407，2001：653；邢福义等1991：329）、"独立语"（张斌等1988：311—312；邢福义等1991：329；周一民2006），表示注释、补充、举例的词还有"正如、例如、比如"等。我们认为这些所谓的"插入语"，可以分析为连词，组成联合结构。

（201）解放后的头一年，即一九五〇年

（202）在那段日子，也就是一起在山西时期，我对他多少也关心过。

（203）"早霞不出门，晚霞行千里"，就是说早霞预兆雨天，晚霞预示晴天。

（204）自然保护包括自然环境和自然资源的保护。

如果把同位结构放在联合结构里作整体的考虑，我们就会发现汉语连词的分工非常清楚："和、兼"等用于并列式，"或"用于选择式，而"即、包括"等用于说明式。（125）（重复在（205））是并列式，（126）（重复在（206））是选择式，（207）是说明式，三个连词的分工非常清楚，不会混淆。

（205）张三和李四

（206）张三或李四

（207）张三即李四

如果汉语的同位结构属于联合结构的一类，那么，同位结构的前后项就可以理解为外并连语和内并连语。句法上，连词先跟内并连语合并，然后跟外并连语合并，组成连词短语 CoP，如图（208）所示。连词可以是空语类（形成典型的同位结构，如（188）和（189）），也可以是看得见、听得到的"即、包括"等（形成（201）至（204）等）。

---

[1] （201）引自吕叔湘等（1980：252），（202）引自黄伯荣、廖序东（2002b：103），（203）和（204）来自"北京大学汉语语言学研究中心现代汉语语料库"（CCL语料库）。

（208）

联合结构的树形图（如（186）、（208））跟主谓结构的树形图（如（187））基本上相同，都有一个负责连接两个成分的中心语。我们还发现汉语的同位关系和主谓关系偶尔有"模糊"地带，要判断一个结构属于同位还是主谓，往往要考虑"后项"（即第二个名词性成分）的特点。以（209）为例（当中的"名词短语"也包括限定词短语），（209a）是"典型"的名词谓语句，属于主谓结构，（209e）是"典型"的同位结构，接近（209a）的（209b）应该是名词谓语句，而接近（209e）的（209d）应该是同位结构，位于中间的（209c），性质有点"模糊"，既像主谓，又像同位。

（209）a. 名词短语+名词短语（如"张三学生"）

　　　b. 名词短语+X+名词短语（如"张三好学生"）

　　　c. 名词短语+个+名词短语（如"你个坏蛋"）

　　　d. 名词短语+一个+名词短语（如"张三一个学生"）

　　　e. 名词短语+这个+名词短语（如"张三这个学生"）

有些"个+名词短语"的用例看起来像名词谓语句，例如（210）和（211），可以单独使用，"大率专为骂人用"（吕叔湘1985：201）；有些"个+名词短语"却像同位结构，例如（212）的"我个苦婆子"应该是同位结构，作为动词"剩下"的宾语。[1]

（210）你个贼王八，兔小子！（老舍《微神集》）

（211）你个乌龟孙！（曹禺《正在想》）

（212）家中只剩下我个苦婆子。（老舍《归去来兮》）

吕叔湘（1985）认为"个+名词短语"由"这个+名词短语"变来，把"这"省略了。他注意到有时"这"也保留下来，例如（213），而有时只保留"个+名词短语"部分，把"你"省略了，例如（214）（吕叔湘1985：

---

[1] （210）至（212）引自吕叔湘（1985：201）。

202）。我们认为（213）应该仍然是同位结构[1]，而（214）是主谓结构，只保留了名词谓语"个混蛋"，主语是空的小代词 pro，指向听话人。

（213）你这个松头日脑的家伙！（老舍《惶惑》）

（214）个混蛋！范兴奎！范兴奎！（曹禺《蜕变》）

包含指示代词的名词性成分不能作谓语（邓思颖 2002b：218，220），下面的例子说明了这一点，（216）和（218）不合语法是因为作谓语的名词性成分包含了指示代词"这"。因此，上述（209e）只能分析为同位结构，不能分析为主谓结构。

（215）这个月二月。

（216）＊二月这个月。

（217）这位先生大学教授。

（218）＊大学教授这位先生。

尽管"个+名词短语"和"这个+名词短语"形式上有点像，历史上也可能同源，但只有前者才可以作名词谓语，后者只能形成同位结构。"个傻瓜"既可以作名词谓语（如（219）），形成所谓的"小小句"（small clause），又可以跟"你"形成同位结构（如（220）），出现在被动句"被"之后，作为致事主语（见第九章"句型和主要的句式"的讨论）；但"这个松头日脑的家伙"不能作名词谓语（如（221）），只能形成同位结构（如（222））。

（219）我当［你个傻瓜］。

（220）我被［你个傻瓜］骗了。

（221）＊我当［你这个松头日脑的家伙］。

（222）我被［你这个松头日脑的家伙］骗了。

根据上述（209a）至（209e）的分布，我们可以得出这样的结论：主谓关系和同位关系的主要区别由"后项"的指称性来决定。如果后项是非指称性的名词短语 NP，例如（209a）的"学生"、（209b）的"好学生"，则应理解为名词谓语，形成主谓关系；如果后项是指称性的限定词短语 DP，例如（209d）无定的"一个学生"、（209e）有定的"这个学

---

[1] 吕叔湘（1985：202）原本写作"松头贼脑"。

生",则应理解为联合结构的内并连语,形成同位关系。至于(209c)的"个坏蛋",如果分析为指称性的限定词短语,则表达了同位关系,跟(209d)和(209e)一样;如果分析为非指称性的量词短语ClP,则表达了主谓关系,跟(209a)和(209b)的情形差不多。[1]

综合了同位结构的(186)和主谓结构的(187),我们可以得出一个概括性的框架,如图(223)所示。这里的 X 包含了连词 Co、标句词 C、轻动词 $v$。如果位于补足语的成分是非指称性的,例如名词短语 NP、动词短语 VP 等,(223)就是主谓结构,指定语是主语;如果位于补足语的成分是指称性的,例如限定词短语 DP、能够表达"完整意义"的标句词短语 CP 等,(223)就是联合结构,指定语应理解为外并连语。

(223)

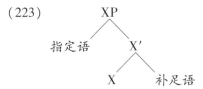

我们发现(223)这个概括性结构的特点,就是中心语具备连接功能。汉语的连词跟动词有密切的渊源关系,历史上同源,例如"跟、同、与、及、并"等,而"跟"和"同"在现代汉语中还可以用作动词。那么,我们可不可以把联合结构并入主谓结构,作为主谓结构的一类呢?这种做法并非没有道理。合并是句法部门主要的操作,原则上合并只关心怎样把两个成分有秩序地合在一起,把词组成更大的单位——短语。在一个短语内,中心语的主要作用就是连接指定语和补足语两项。到底指定语和补足语表示陈述(即主谓关系)还是表示并列、选择(即联合关系),光看中心语有时候是不行的(除非有看得见、听得到的中心语,如连词),还要看指定语和补足语的性质。这种情况跟汉语的系词句有点相似。我们一般说(224)的"是"表达了等同关系,而(225)的"是"表达了陈述关系。其实,决定这两句是等同关系还是陈述关系的关键不在于"是",而在于"是"之后的成分,(224)的"李四"是外延凸显,而(225)的"语言学家"是内涵凸显。

---

[1] 量词短语直接作谓语虽然在语法上是允许的,但必须是有标记的形式。因此(209c)在一般的情况下比较容易理解为同位结构,而不是主谓结构。

（224）张三是李四。

（225）张三是语言学家。

假如指定语的成分在（223）中都具有相同的性质（例如（209）的"张三"），那么，决定主谓关系和联合关系的关键就落在补足语上。如果补足语是非指称性的，跟指定语形成不对称的关系，它们之间就是主谓关系；如果补足语跟指定语有同等程度的指称性，它们之间就是联合关系。由此看来，联合结构跟主谓结构走在一起一点儿也不奇怪。

## 10.4　小结

本章讨论偏正结构和联合结构的句法特点。

偏正结构的核心是被修饰语。偏正结构作为一个整体，语法功能跟被修饰语基本上是一致的。定语用来修饰名词性成分，状语用来修饰动词性成分。名词性成分的修饰语不是状语，而动词性成分的修饰语不会是定语。修饰语以附接的形式产生，跟句法部门里已有的结构合并，而不改变原来的结构。鉴于定语标记"的"意义上的"空乏"，而且具有黏附性，应该把它分析为后缀，在词法里直接黏附在定语之上，在句法里没有什么独立的地位，不可能组成短语。

按照动名词名物化的分析，形义错配句的准定语所修饰的成分实际上是名物化短语，即动名词。动名词的宾语不应该是被修饰语，没有资格充当偏正结构的"正"。准定语和被修饰语所构成的是典型的偏正结构，准定语也应该正名为定语。

联合结构是连接并连语的结构，并连语在联合结构内具有平等的语法地位。标句词 C 的内并连语是小句，连词 Co 的内并连语是其他的成分。同位结构属于联合结构，表示说明关系。联合结构和主谓结构有相似的句法结构，都有一个负责连接成分的中心语。如果补足语是非指称性的，跟指定语形成不对称的关系，它们之间就是主谓关系；如果补足语跟指定语有同等程度的指称性，它们之间就是联合关系。

# 第十一章　制　图　分　析

　　制图理论是一种以精准方式描绘句法结构的研究方向，把细微的句法语义特点描绘出来。按制图理论的分析方法，句末助词可以划分为"内助词"和"外助词"，内助词包括事件和时间，事件类在词汇层次，而时间类在屈折层次。外助词包括焦点、程度、回应、感情，位于标句层次。除音段成分外，超音段成分也应作为外助词的一员。疑问尾句、形成反复问句的否定词、后续语等句末成分，跟前面的小句组成联合结构，位于补足语的位置。中心语和补足语之辨，应是句末成分研究的一个重要课题。

## 11.1　功能词分解和制图理论

　　早期生成语法学，认为小句由"S"组成，句子由"S'"组成，主语"NP"和谓语"VP"直接组成"S"，"S"是一个没有中心语的结构，如（1）所示。假如有助动词（以"Aux"代表），助动词也直接置于"S"之下。

　　（1）

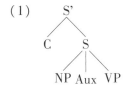

　　这种的分析，到了二十世纪八十年代，有了很大的转变。Chomsky（1981：52,140 fn 20、28）把时、一致关系、助动词等组成"屈折词"（inflection），简称"INFL"，甚至考虑把 INFL 作为原来"S"的中心语。Chomsky（1986）认为由"I"（即"INFL"）组成的短语叫"IP"，取代"S"，而标句词"C"也能形成短语"CP"，取代原来的"S'"，确立了句子由 IP 和 CP 组成的结构。（1）的树形图，可以重新画成（2）。由于主语和谓语跟这里的讨论无关，因此从略。这个结构，自提出以来，基本上一直作为句法学分析的基础，也作为组成句子的核心部分，是句子分析的基石。标句词短语 CP、屈折词短语 IP、动词短语 VP 代表了句子内部的三大块，也就是 Rizzi（1997）所描绘的"标句层次"（complementizer layer）、"屈折层次"（inflectional layer）、"词汇层次"（lexical layer）。随后句法学的发展，虽有变化，但这样的结构基本上是大同小异，万变不离其宗。

（2）
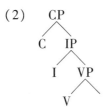

　　对句法结构提出精准的分析，从来没停止过。Larson（1988）认为原来的动词短语 VP 应该由动词短语和"动词短语壳"（VP shell）组成，Bowers（1993）所提出的"谓词"（Pr）、Kratzer（1993）的"态"（voice）、Collins（1997）的"及物性"（Tr）等，都有相似的看法，认为原本的动词短语 VP 应该进行分解，处动词短语 VP 之上，还应有一个功能词短语。Chomsky（1995：§4）所提出的轻动词短语 $v$P，也就是这样的思路。

　　Pollock（1989）、Chomsky（1995：§2）等认为屈折词 I 应该分解为时间词 T、主语一致关系（subject agreement，简称"$Agr_s$"）、宾语一致关系（object agreement，简称"$Agr_o$"）、否定词（negation，简称"Neg"）等，尝试证明屈折层次并非由单一的屈折词 I 组成。

　　至于标句层次，Rizzi（1997）认为除标句词 C 外，还包括语力（Force）、话题（Topic，简称"Top"）、焦点（Focus，简称"Foc"）等成分，丰富了标句层次的句法结构。本书第八章所提出的三层 FP 结构，也正是沿着这个方向，为原来的标句词短语 CP，作出更精准的句法分析。（3）是本书所提出的句法结构，作为汉语句子结构的讨论基础，并暂时以中心语居前的方式表示。动词短语 VP 和轻动词短语 $v$P 表达事件意义，构成论元结构，是词汇层次的核心部分。时间词短语 TP 是形成屈折层次的主要成员，而形成标句层次的句类在句法里体现为标句词短语 CP，语气则体现为语气词短语 FP，图中"FP＊"的星号"＊"表示语气词短语没有特定的数量，可以多于一个。

(3)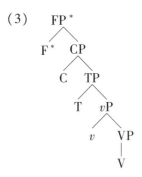

  按照句法和语义的考虑,把"传统"的功能词分解,以更精准的方式,描绘句法结构,把原本功能词的种种细微特点,通过树形图的表达,准确的排列出来,展示在读者面前。这种做法,既可为跨语言的研究提供一个可参考的平台,又可以为人类语言普遍性的特征,勾画出清晰的蓝图,让我们了解普遍语法的操作。这种以精准方式描绘句法结构的研究方向,称为"制图理论"(cartography),由 Guglielmo Cinque、Luigi Rizzi 等学者倡导(Cinque 1999、Rizzi 2004、Cinque and Rizzi 2008)。通过更精准的树形图,把细微的句法语义特点一一描绘出来。就好像用了显微镜,把原来的结构放大,发现我们没有注意到的事实,把研究者的视野带到一个新台阶。

  制图理论已应用到不同语言的分析,作了不少新尝试,并取得了非常丰富的成果。尽管文献上各家的分析不一,标签不尽相同,但这种分解式的分析,把原本单一功能词分解为一系列功能词,详细描绘句法的精密分工,已成为句法学研究的共识。至于制图理论在汉语句法的应用,可以参考 Tsai(2015)、Si(2017)所编的论文集,当中所收录的论文,集中了制图理论在汉语的分析,很好地反映了该理论在汉语句法学的成效。有兴趣的读者,可以从中按图索骥,了解制图理论在汉语句法学的应用。

## 11.2 句末助词二分说

  本书所说的时间词(如"了、来着")和语气词(如"呢、吧、吗、啊"),为方便论述,可以统称为"助词"(particle)。[1]由于出现在句末,

---

  [1] 至于传统语法所说的所谓"助词",在本书体系的归属问题,请参考第三章"特征、词和词类"的讨论。

文献也往往把这些词称为"句末助词"(sentence-final particle)。以下的讨论就以"句末助词"一词作为统称。

根据生成语法学的"经典"理论,汉语句末助词一般被分析为标句词C,组成标句词短语CP,作为句子最高的层次,是覆盖整个句子的短语,在句法里扮演重要的角色(Lee 1986,汤廷池 1989,Cheng 1991,Y.-H. A. Li 1992,何元建 2011 等)。

汉语的句末助词,往往呈现连用现象,即一个句子可以有多于一个助词,各个句末助词按照一定的词序排列,单一的标句词显然不够用。我们根据胡明扬(1981,1987)、朱德熙(1982)、太田辰夫(1987)对普通话的分析、Law(1990)对粤语的分析,为汉语提出了"内外助词"的二分说(Tang 1998):"了、来着"属于"内助词","呢、吧、吗、啊"属于"外助词"。内助词位于时间词 T 的位置,而外助词位于标句词 C 的位置。前者的词序必须在后者之前,如(4)和(5)所示(Tang 1998:51),支持了 CP 在上、TP 在下的句法结构,如(6)那样的树形图(暂定维持中心语居后的结构,其他不必要的细节从略)。

(4) 你吃了饭了吗?

(5) ＊你吃了饭吗了?

(6)

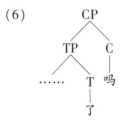

往后的文献,对汉语句末助词提出了不同的分析,如本书第八章把句末助词分析为时间词 T、三类语气词 F1、F2、F3;Paul(2014)、Pan and Paul(2016)、Paul and Pan(2016)把句末助词分析为"低标句词"(Low C)、"语力"(Force)、"态度"(Attitude);Erlewine(2017)把句末助词分为"低句末助词"(Low SFP)、"标句词"(C)、"态度"(Attitude)。虽然分析不尽相同,但基本上维持句末助词二分说,如本书的时间词、Paul(2014)等的 Low C、Erlewine(2017)的 Low SFP 属于内助词;本书的三类语气词 F、Paul(2014)等的 Force 和 Attitude、Erlewine(2017)的 C 和

Attitude 都属于外助词。内助词位于小句的层次,较为贴近谓语,而外助词属于句子的层次,位于边缘位置。由此可见,句末助词二分说既符合汉语的事实,又能跟传统语法学、生成语法学的理论兼容。

按照本书第八章"句子"的论述,"了"和"来着"跟时间有关,"呢"表示焦点,"吧、吗、嚜"跟说话者的语气程度相关,"啊、哎、呕"表示说话者的感情。普通话句末助词的连用排序呈现(7)的分布,并可以简化为(8),即时间类句末助词最贴近谓语,感情类句末助词在句子的最边缘位置,焦点类和程度类句末助词则夹在时间类和感情类句末助词之间。时间类属于内助词,焦点类、程度类、感情类属于外助词。

(7) 了/来着 > 呢 > 吧/吗/嚜 > 啊/哎/呕

(8) 时间 > 焦点 > 程度 > 感情

相对于普通话而言,粤语句末助词的数量非常丰富,有四十多个。按照意义来分析,粤语句末助词可以划分为七类(邓思颖 2015):一、事件类,跟事件发生的先后、动作次数有关,如(9)的"先"(sin1);[1]二、时间类,表达体、时等概念,如(10)的"咁滞"(gam3 zai6);三、焦点类,跟小句内某个范围相关,如(11)的"咋"(zaa3);四、情态类,表达了说话人的主观认定,有一个评价或一种认识,如(12)的"啩"(gwaa3);五、疑问类,跟说话人的言语有关,表达实施一个行为,用说话来改变外界事物的状态,如(13)的"咩"(me1);六、祈使类,也跟说话人的言语有关,表达实施一个行为,如(14)的"罢啦"(baa2 laa1);七、感情类,跟说话人的态度、情感有关,如(15)的"啊"(aa3)。

(9) 佢睇书先。(他先看书。)

(10) 佢睇完书咁滞。(他快看完书。)

(11) 佢睇书咋。(他只看书。)

(12) 佢睇书啩。(或许他看书吧。)

(13) 佢睇书咩?(难道他看书吗?)

(14) 佢睇书罢啦。(倒不如叫他看书吧。)

---

[1] 本章所采用的粤语拼音是香港语言学学会粤语拼音方案,简称"粤拼"。数字表示声调:1 高平调[55](阴平、阴入),2 高升调[35](阴上),3 中平调[33](阴去、中入),4 低降调[21](阳平),5 低升调[13](阳上),6 低平调[22](阳去、阳入)。

（15）佢睇书啊。（他看书啊。）

根据助词连用的考虑，这七类句末助词的连用排序如（16）所示（邓思颖 2015：287）。事件类句末助词最贴近谓语，感情类句末助词最远，处于句子的边缘位置。

（16）事件 ＞ 时间 ＞ 焦点 ＞ 情态／疑问／祈使 ＞ 感情

情态类、疑问类、祈使类这三类的句末助词，在粤语呈现互补现象，不能连用，有可能合并为一个大类——程度类，跟说话人对说话内容的程度级别有关。根据这些考虑，粤语句末助词的连用排序，可以重新整理如（17），一共有五个大类（邓思颖 2016c：3）。事件类、时间类属于内助词，焦点类、程度类、感情类属于外助词。

（17）事件 ＞ 时间 ＞ 焦点 ＞ 程度 ＞ 感情

假如把普通话句末助词的连用排序（8）和粤语句末助词的连用排序（17）作简单的比较，就会发现，主要的差异，就是粤语表面上好像多了事件类这类句末助词（邓思颖 2016c），两者在内助词的分类上有差异。（8）和（17）排序的比较，正好作为句末助词跨方言研究的基础，由此考察汉语句末助词连用的情况，为分析句子结构提供了一个的很有用研究工具。

## 11.3　内助词的句法分析[1]

所谓事件类句末助词，意义上，跟事件发生的先后、动作次数等相关，跟谓语所表达的事件意义有密切关系，而句法上，跟谓语的关系比较密切。粤语的事件类句末助词，包括（18）的"先"（sin1），表示事件发生的先后；（19）的"添"（tim1），有增加的意思；（20）的"乜滞"（mat1 zai6），大概表示没多少、不怎么的意思；（21）的"嚟"（lei4），用于表示判断、类属；（22）的"法"（faat3），表示方式、方法、情形等意思；（23）的"吓"（haa5），表示颇能、颇为的意思（邓思颖 2015）。

（18）佢写文先。（他先写论文。）

（19）食一碗添。（多吃一碗。）

---

[1] 本节有关"法"的讨论，主要摘录自邓思颖（2017），并作适当的补充修订。

（20）佢冇去乜滞。（他不怎么去。）

（21）呢啲乜嘢嚟？苹果嚟嘅。（这是什么啊？是苹果啊。）

（22）佢点唱歌法？（他怎样唱歌法？）

（23）佢几叻吓。（他挺聪明。）

事实上，上述粤语例子（22），可以直接翻译为普通话的（24），在普通话里一样可以找到一个位于句末的"法"。

（24）他怎样唱歌法？

除了"法"以外，其他粤语事件类句末助词，在普通话里都找不到对应的句末助词。比如说，（18）的"先"是粤语和普通话语法差异的典型例子，粤语句末的"先"，普通话只能用谓语前的状语"先"。虽然有些说粤语的人可能直接把（21）翻译为"这是什么来"，不过，这并非普通话标准的说法，是一种带有"港式"味道的普通话（邓思颖 2013b）。由此看来，五大类的句末助词（即事件类、时间类、焦点类、程度类、感情类）在普通话都齐全，普通话并没有缺乏事件类句末助词。粤语和普通话句末助词的差异，并非类别上的差异，而是数量多寡的问题。

（24）的"法"是一个值得注意的例子。Chao（1968：4.4.5）早就讨论过这个现象，认为这个"法"属于后缀（suffix）。徐复岭（1988）把这个"法"分析为"语缀"，也可以成为"助词"，可以出现在动词短语或形容词短语之后，如（25）的动词短语"吃饭"和（26）的形容词短语"贵"。这些有"法"的例子，谓语之前有"怎么、那么"等状语，也往往有"个"。

（25）哼，我在这里等着，看他怎么个吃饭法。

（26）嗬，活蹦乱跳的大鲤鱼，怪不得这样贵法。

假设谓语前的"怎么（个）"跟句末的"法"组成一个短语（简称"'法'字短语"），以下的例子似乎说明了"法"字短语的句法层次可高可低。处置句的"把"可以分析为表示使役、致使意义的"CAUSE"，是轻动词短语 $v$P 的中心语；而处置句内的"给"，则可分析为表示事件变化的"BECOME"。（27）、（28）、（29）这三个例子分别显示了"怎么（个）"可以在"把"之前、"给"之前、"给"之后出现。换句话说，"怎么（个）"可以在由 CAUSE 或 BECOME 组成的轻动词短语 $v$P 之上或之下出现。虽然并非所有人都能接受这些例子，母语者的语感不尽相同，而接受程度也有差异,但我们认为造成语感差异的原因,跟韵律有关,而不是句法的问题。[1]根据语料统计,普通话这个"法"倾向在单音节的谓语之后出现,三音节或多于三音节谓语的例子,明显少得多(徐复岭 1988,饶宏泉 2012)。有些意见认为,(29)相对比较容易接受,恐怕就是这个道理,因为"怎么(个)"和"法"两者所夹着的谓语是个单音节的动词"吃"。

(27)看他怎么个把饭给吃法。

(28)看他把饭怎么个给吃法。

(29)看他把饭给怎么个吃法。

蔡维天(Tsai 2015,蔡维天 2016)把汉语的轻动词划分为内外两类。有一种"把"的用法,主语纯粹是致事(Causer),跟施事(Agent)完全无关,例如(30)、(31)、(32)。他把这种"把"称为"外轻动词",位于一个结构较高的位置。从以下的例子所见,"怎么(个)"一样可以在"把"之前或之后出现。

(30)这瓶酒怎么个把他给喝醉法?

(31)这瓶酒把他怎么个给喝醉法?

(32)这瓶酒把他给怎么个喝醉法?

假设"怎么(个)"和"法"组成一个短语,这个"法"字短语可以在轻动词短语之上或之下出现。(27)和(31)显示了"法"字短语在由 CAUSE 组成的轻动词短语 $v$P 之上,(28)和(32)显示了"法"字短语夹在两个轻动词短语之间,即在 CAUSE 和 BECOME 所组成的轻动词短语 $v$P 之间,而(29)和(34)则显示了"法"字短语在轻动词短语 $v$P 之下。"法"可以出现的位置,起码有三个。树形图(33)显示了这三个可能性。假设"法"字短语以"法"作为中心语,暂定称之为"XP"。以表示致使意义的处置句为例,由"法$_1$"组成的 XP 在轻动词 CAUSE 之上,推导出(27);由"法$_2$"组成的 XP 夹在 CAUSE 和 BECOME 之间,推导出(28);而由"法$_3$"组成的 XP 在 BECOME 底下,直接在动词短语 VP

---

[1] 有人认为在这三个例子里,(28)的语感相对比较差。有可能"个"和"给"都有相同的声母,两者连用读起来比较拗口。感谢苏婧(个人通讯)指出这一点。至于其他例子个别语感的差异,暂时从略,只好留待日后研究。

之上,推导出(29)。至于"怎么(个)",暂时假设是状语,附接在 XP 之上,在树形图(33)从略。

(33)

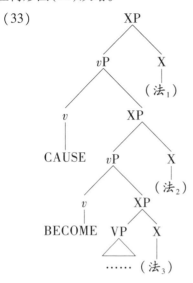

有些学者主张汉语还有一个轻动词"USE",用来引介工具(Lin 2001,冯胜利2005)。这个轻动词,可以称为"内轻动词"(Tsai 2015,蔡维天 2016,2017)。虽然本书第六、七章并没有采用这种看法,但本章暂时借用这种分析,用来测试"法"字短语的高低位置。(34)的"用"是轻动词 USE 的体现。假如内轻动词的分析是正确的话,"法"字短语甚至可以在内轻动词短语之下出现。[1]根据这些例子,"法"的分布好像挺为自由,能游走于轻动词短语 vP 之上或之下。因此,有理由相信属于事件类句末助词的"法",句法上跟轻动词短语 vP 夹在一起,属于词汇层次的一份子。

(34)他用那把刀怎么个切法?

"法"与助动词的互动关系,更能显示"法"所处的句法位置。汉语助动词可以按照情态的分类划分为知识情态(epistemic modal)、义务情态(deontic modal)、能愿情态(dynamic modal)。知识情态助动词如

---

[1] 不过,不少人认为(i)不能接受。(34)和(i)的差异,有很多可能的解释,碍于篇幅所限,暂时从略。

(i)＊他怎么个用那把刀切法?

（35）的"可能"，义务情态助动词如（36）的"必须"，能愿情态助动词如（37）的"想"。

（35）张三可能跟李四一起去。

（36）张三必须跟李四一起去。

（37）张三想跟李四一起去。

汉语助动词在句法结构里有层次高低的分布。蔡维天（2010）认为知识情态助动词最高，在时间词短语 TP 之上；义务情态助动词在中间，TP 之下、$v$P 之上；而能愿情态助动词最低，在 $v$P 之下、VP 之上，如（38）所示，"MP"是由助动词组成的情态短语（Modal Phrase）。[1]

（38）$[_{\text{MP}}$知识情态$[_{\text{TP}}$ T$[_{\text{MP}}$义务情态$[_{v\text{P}}$ $v$ $[_{\text{MP}}$能愿情态$[_{\text{VP}}$ V ⋯⋯

汉语的能愿助动词包括"敢、肯、能"，下面的例子显示了"法"字短语既可以在能愿助动词之上出现，如（39），或在能愿助动词之下出现，如（40）。虽然"法"字短语在这两句的辖域不同，所表达的意义不一样，但道出了一个事实，就是"法"字短语的分布好像有一定的弹性，而且可以在一个层次很低的位置出现，甚至在轻动词短语 $v$P 之下、动词短语 VP 之上出现。

（39）他怎么个敢／肯／能吃法？

（40）他敢／肯／能怎么个吃法？

综上所述，"法"字短语能够出现在轻动词短语 $v$P 之上或之下，即在 TP 之下、VP 之上，从句法结构的角度来考虑，"法"字短语正好处于谓语位置，属于小句较核心的部分，就是 Rizzi（1997）所讲的词汇层次，跟谓语所表示的核心意义相关，如事件意义。

除了跟事件意义相关以外，"法"字短语还有一种"名物化"（nominalization）的作用。根据历时来源的考虑，"法"来自名词，应该没有争议。方环海、沈思芹（2008）指出，在魏晋前后，已见"VP 之法"的说法，如（41）。到元明时期"VP 之法""VP 法"等说法进一步融合，成为"VP 法"（方环海、沈思芹 2008）。

（41）记载特详，闻见未接，是为著书之法。（《世说新语》旧题一

---

[1] 也可参考 Lin（2012）有关汉语助动词更详细的分类和句法特点。

首 旧跋一首)

从共时的语料来看,"法"字结构还有不少名词性的特点。Chao
(1968:4.4.5)指出"法"可以说成"法子",如(42),看起来像是一个名
词。他进一步指出谓语前的"个",还可以说成"一个",如(43),当中
的"办法"并非名词的"办法",而是谓语"办"加上句末的"法"。
(44)这个例子比较清楚,引自饶宏泉(2012:67),原文来自茅盾《秋
收》,从中可见,谓语"开"之前,还可以加上"一个"。(45)更有意思,
引自饶宏泉(2012:68),原文来自刘流《烈火金钢》,"个"之前还有一
个"的"。

(42) 这话不知道该怎么问他法子。

(43) 这事儿是这么一个办法。

(44) 可是绅士们和商人们还没议定那"方便之门"应该怎么一个
开法,……。

(45) 你怎么的个不怕法?

正如徐复岭(1988:16)所指,"法"字结构是"介于名词性结构和
动词或形容词性结构之间的一种句法形式,它既呈现出某种名词性
(前边可以加'个'),又具有动词或形容词性的特点(可受'怎么''这
么''那么'等的修饰)"。"法"字结构的"法",有可能是一个表达事件
意义的轻动词兼诱发名物化的"名物化词头"(nominalizer),因此既有
动词性的一面,又有名词性的一面。从语法化的角度来讲,这种动名兼
备的性质,也可能是历时演变的产物。方环海、沈思芹(2008)认为"怎
么"等词(如"如何、这般"等)在元明时期逐渐使用,促使"法"字结构
由名词性结构重新分析为以动词为中心的动词性结构。

词汇层次夹着这种名物化的功能词,其实并不奇怪,因为轻动词的
补足语往往有名词性特点。(46)的"have"是英语轻动词(Jespersen
1965:117),而"a chat"是名词短语,作为轻动词的补足语。(47)的
"した"(shita)是日语轻动词"する"(suru)的过去式,补足语"話"
(hanashi)是动名词(verbal noun),带上宾格助词"を"(o)(Grimshaw
and Mester 1988)。(48)的"他的老师"本来是一个动名词(gerund)"他
的当老师",只不过"当"进行移位,离开了动名词,移到轻动词,形成

(48)的词序(Huang 1997,黄正德 2008)。由此可见,有名物化作用的"法"出现在轻动词短语的层次,并非没有道理。[1]

(46) We have a chat.

(47) ジョンはメアリーに話をした

John-wa Mary-ni hanashi-o shita.

John-Top Mary-to talk-Acc suru-Past

'John talked to Mary. '

(48) 他当他的老师。

粤语的"法"字结构,看来跟普通话的差不多,但最明显的分别,是谓语之前不能有"个"。上述普通话有"个"的例子,在粤语都不能说,如(49)、(50)、(51)。"怎么"在粤语可以说成"点样"或"点"。

(49) 佢点样( * 个)食饭法?(他怎么个吃饭法?)

(50) 应该点样( * 一个)开法?(应该怎么一个开法?)

(51) 你点样( * 嘅个)唔惊法?(你怎么的个不怕法?)

粤语这些不能接受的例子,似乎说明了一个可能性:粤语的"法"比普通话的"法"更具动词性。正因如此,粤语的"法"已丢失了名词性的特点,也不具备名物化的作用,导致谓语前不能有"个"。"法"丢失名词性,应该是语法化的结果。"法"到了粤语的发展,已经摆脱了名词性特点。丧失名物化作用的粤语"法",正好跟粤语名物化词头缺乏诱发动词移位的特征互相呼应,导致粤语名物化较为贫乏(邓思颖2008e,2009c)。[2]以下的排列,左边是名词性的"法",右边是动词性的"法",显示了"法"从名词性(魏晋)到动词性(粤语)的发展过程,而普通话的"法"估计仍处于一个"混合"的阶段。

(52) 魏晋"法" > 普通话"法" > 粤语"法"

时间类句末助词的"了、来着",本书分析为时间词 T,作为时间词短语 TP 的中心语,属于内助词。Paul and Pan(2016)认为"了、来着"应该在 TP 之上,标签为"Low C",而并非 TP 的中心语。他们(2016:57)举了(53)和(54)两例,认为"来着、了"的辖域比否定词"没"为广,

---

[1] 目前只能说明"法"跟名物化有关,而不是所有事件类句末助词都跟名物化有关。

[2] 也可参考本书第十章"偏正结构和联合结构"第 10.2 节的讨论。

因而句法上"来着、了"的位置应该比"没"为高。

（53）我刚刚没做什么来着。

（54）他没去巴黎了。

（53）和（54）两例只证明句法上"来着、了"比"没"高，但没证明"来着、了"比时间词短语 TP 高。Wang（1965）论证了"没"所否定的是表示体的"有"，而"有"是表示体的动词后缀"了"的变体。动词后缀"了"跟轻动词所表示的事件意义有密切关系，我们可以假设动词后缀"了"跟轻动词连接在一起（邓思颖 2003b）。即使把动词后缀"了"当成是一个独立的功能词，位于动词短语 VP 之上（Lin 2001：258，Tang 2003a，邓思颖 2006e 等），这个功能词短语的位置，也不会太高，应该位于时间词短语 TP 之下，绝对不会超越时间词短语 TP。无论"没"应该分析为附接语还是否定词短语 NegP 的中心语（见本书第十章"偏正结构和联合结构"第 10.1 节的介绍），"没"的位置也不会超越时间词短语 TP。因此，（53）和（54）两例并不能否定分析"了"为时间词的可能性。

Erlewine（2017：47－48）区分了"不"和"不是"，认为（55）"了"的辖域比"不"高，而（56）"不是"的辖域比"了"高，不认为"了"位处 C 那么高，由此反驳了 Paul and Pan（2016）的观点。如果"了"真的在 C 那个层次，（55）和（56）的辖域差异就无法区别。

（55）我不想家了。

（56）我不是想家了。

Paul and Pan（2016：57）还举了（57）这个例子，尝试论证"了"在时间词短语 TP 之上。事实上，这个例子是显示了"了"在否定词"不"之上，而"不"所否定的应该是一个表示能愿情态的助动词，而这个助动词是无声的（Huang 1988）。根据蔡维天（2010）的分析，能愿情态助动词在句法上位于一个很低的位置，甚至比轻动词短语 vP 还要低（参考（38））。因此，（57）并不能说明"了"一定要在时间词短语 TP 之上。

（57）他今年连圣诞节都（开始）不放假了。

Lin（2012：168）举了（58），认为表示知识情态的助动词"可能"，辖域比"了"为广。因此，在句法上，他把"去台北了"分析为时间词短语 TP,作为"可能"的补足语,如(59)所示。[1]这种分析,正好说明"了"位于时间词短语 TP 的层次,作为支持本书分析的有力证据(也参考 Erlewine 2017:49－50 相关的论证)。

(58) 张三可能去台北了。

(59) 张三可能[$_{TP}$ e 去台北了]

内助词包括时间类和事件类句末助词。根据本节的讨论,时间类句末助词是时间词,作为时间词短语 TP 的中心语;事件类句末助词以"法"作为代表,标签为"X",句法分布好像较为自由,既可以在轻动词短语 $v$P 之上或之下。以下的树形图总结了本节的讨论。由于词序跟本节讨论无关,暂且以中心语居前的结构表示。

(60)

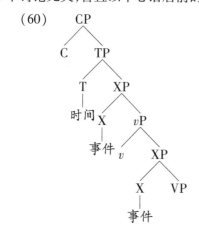

## 11.4　外助词的句法分析

外助词包括焦点、程度、感情这三类句末助词,在本书第八章"句子"分析为标句词短语 CP 以外的三层语气词短语 FP。B. Li(2006:64)把这三类句末助词分别称为"评估情态"(Evaluative)、"程度"(Degree)、"话语"(Discourse)。[2]Paul and Pan(2016)对外助词基本上

---

[1] "可能"属于"提升动词"(raising verb)(Lin and Tang 1995),就好像英语的"seem"。根据这种分析,"张三"原本在 TP 之内,后来进行移位,提升到"可能"之前。当中的空语类"e",是"张三"移位后留下来的语迹。

[2] 其实 B. Li(2006)还提出了"语力"(Force)、"语态"(Mood)等功能词,不过,这些功能词在汉语普通话都是无声的,没有证明它们存在的直接证据,因此不在本节讨论。

提出了两层的分类,如"语力"(Force)和"态度"(Attitude)。Erlewine(2017)把表示焦点的"呢"、表示程度的"吗、吧"分析为"标句词"(C)、而表示感情的"呕、啊"等分析为"态度"(Attitude)。虽然这些分析不尽相同,对某些句末助词的具体分类或有差异,但共通之处就是把外助词起码分为两大类,各占据句子的边缘位置,而不是单一的功能词。

外助词这个层次,往往跟言语行为(speech act)有密切的关系。通过句法结构表示言语行为,是"句法语义接口"(syntax-semantics interface)研究的一个重要课题,也是制图理论所探索的一个极具挑战性的领域。Speas(2004)、Tenny(2006)、Hill(2007)、Miyagawa(2012,2017)、Wiltschko and Heim(2016)、Wiltschko(2017a,b,c)等学者尝试为这个表示言语行为的层次,提出种种句法分析,对丰富标句层次的句法结构,作了很大的贡献。通过汉语丰富的句末助词来验证这些分析,或利用这些分析来发现更多有关句末助词的问题,正好为汉语句末助词研究带来了新思路。比如说,我们曾借用 Speas(2004)框架,分析了表示传信情态(evidentiality)的粤语句末助词,并作了跨语言的比较(Tang 2015a)。

Wiltschko and Heim(2016)对表示言语行为的句法层次,提出了两个重要的组成部分,一个跟说话人对命题态度有关的"基础层次"(grounding layer),一个跟说话人要求听话人回应有关的"回应层次"(response layer,或称为"Call on Addressee",简称"CoA")。句法上,基础层次在下,回应层次在上。Lam(2014)、Heim 等(2016)按照这种句法结构,分析了粤语表示疑问的句末助词"咩"(me1)和"嗬"(ho2)。以 Wiltschko and Heim(2016)的分析作为蓝本,Wiltschko(2017a,b,c)对基础层次和回应层次这两个跟言语行为相关的句法层次提出进一步的分析。

假如把 Wiltschko and Heim(2016)所提出的两层结构和本书第八章所提出的三层语气词短语 FP 结合起来,可以综合成为(61)这样的结构,当中的"焦点"FP1 和"程度"FP2 共同组成基础层次,表达了说话人对命题的态度、判断;CoA 构成了回应层次,表达了说话人要求听话人作出回应;表示感情的 FP3 位处最高的位置。由 CoA 组成的短语,Wiltschko and Heim(2016)称之为"RespP"。

(61)

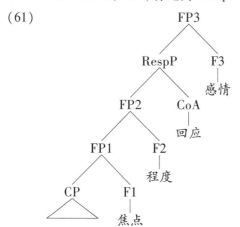

Heim 等(2016:112)认为加拿大英语例子(62),可以用于这样的语境:说话人刚拥有一只狗,当看见听话人的时候,不清楚是否早已告诉对方。为了确认,在这样的语境下,说话人说了(62),表示了说话人相信句中的命题,怀疑听话人也知道这个命题,并希望听话人能够确认已知这个命题。从意义来讲,加拿大英语"eh"用于引介说话人对命题的相信度,而上升语调"↗"则用来确认。根据他们所提出的句法分析,"eh"处于基础层次,而"↗"处于回应层次。套用到(61)这样的句法结构,"eh"应该在 F2,表示了说话人的态度,而"↗"应在 CoA 这个地方,要求对方回应。

(62) I have a new dog, eh ↗

把语调等超音段(suprasegmental)成分当作句末助词,安置于外助词的层次,并非不可能。我们尝试把英语的语调分析为标句词 C(Tang 1998),也曾把粤语的疑问语调当作句末助词,并且跟疑问类句末助词有互补分布(邓思颖 2006c);Wakefield(2010)论证了粤语某些句末助词跟英语的语调有相同的地位;L. Zhang(2014)进行了实验语音学的研究,支持了粤语具有超音段成分的句末助词;张凌、邓思颖(2016)就粤语某些疑问类句末助词作了实验语言学的分析,把音段层次的句末助词和超音段层次的语调区分开来,也把语调跟声调分开。表示疑问的上升语调虽然依附在音节上,但有独立的地位,应该在语法体系里独立处理。根据种种的研究分析,把语调分析为句末助词是可行的,甚至在(61)这样的树形图占一席位,并非没有道理。

以普通话为例,林茂灿(2004,2006)详细论证了普通话可通过语调表示疑问语气,而语调跟声调有不同的声学表现。已知语调本身对语气起影响作用,把普通话句末助词的音段和超音段分开来分析,是非常合理的。以普通话"吧、吗"为例,陆俭明(1984)讨论语调对疑问和非疑问"吧"、疑问"吗"的关系,阐述语调和"吧、吗"的互动关系。这种分析方法,为汉语句末助词的研究,开创了新的思路,也对往后的研究产生了重要的影响。虽然"吧、吗"的疑问、非疑问性质在文献仍有不少的争论,而语调对"吧"的互动作用,学者也有不同的认识和分析,还没有一致的结论,但大多数学者都应该会同意,句末助词的音段层次和超音段层次应该分开来考虑,而语调对句末助词的理解起关键的作用。

可行的方法之一,就是把"吧、吗"分解为音段和超音段两个部分,分别占据句法结构的不同位置。以"吗"为例,把音段成分"ma"分析为一个表示高程度的语素(B. Li 2006),而表示疑问和肯定的意思,分别通过高语调和低语调来显示(熊子瑜、林茂灿 2003,熊子瑜 2005)。"ma"跟高语调结合,表示疑问程度高,一般写作(63)的"吗",形成疑问句;"ma"跟低语调结合,表示肯定程度高,一般写作(64)的"嘛",形成陈述句。按照(61)的树形图,表示高程度的"ma"位于 F2 的"程度",而高低语调则位于跟回应有关的"CoA"。

(63) 张三已经当爷爷了吗?

(64) 张三已经当爷爷了嘛。

至于"吧"的情况,把音段成分"ba"分析为一个表示低程度的语素(B. Li 2006),而表示疑问和肯定的意思,分别通过其低语调和低语调来显示(贺阳、刘芳 2016)。"ba"跟其低语调结合,表示疑问程度低,如(65),形成疑问句;"ba"跟低语调结合,表示肯定程度低,如(66),形成陈述句。书写上,疑问和非疑问的"ba"都写作"吧",没有区别。按照(61)的树形图,表示低程度的"ba"位于 F2 的"程度",而低、其低语调则位于跟回应有关的"CoA"。

（65）他可能回家了吧？

（66）他可能回家了吧。

根据这样的分析，"ba、ma"这些音段成分只表示程度的高低，也就是跟 Wiltschko and Heim（2016）所说的基础层次相关，本身并没有疑问的意义，疑问的意义来自回应层次的 CoA，主要通过不同的语调来表示。[1]汉语"吧、吗"的句法地位，有可能跟加拿大英语"eh"差不多：音段成分的"ba、ma、eh"跟说话人对命题的态度有关，属于基础层次，而超音段成分的语调用来区别疑问、非疑问等作用，属于回应层次的成分。[2]

把句末助词的语调区分开来研究，应该是一个正确的方向。把语调纳入外助词的系统，以制图理论的角度，为语调安排一个句法位置，是一种新尝试。当然，本节的描述，只是一个粗略的蓝图，并非定论。汉语语调的描述，还有跟句末助词的互动关系，仍有待大量的实验数据的验证，以此作仔细的分析。毋庸置疑，这是今后句末助词研究的一个重要方向，也是句法音韵接口研究的一个新课题，应对跨方言、跨语言语法比较有新的启示。

## 11.5　其他句末成分

除句末助词外，汉语还有一些句末成分，疑问尾句（tag question）就是其中一种。[3]Li and Thompson（1981：546）把（67）、（68）等疑问句分析为疑问尾句，就是在陈述句之后，加上形式上较为短小的反复问句。

（67）你们是九点钟开门的，对不对？

（68）他在耕田，是不是？

汉语疑问尾句的句法分析，过往的文献讨论得不多。我们曾为句末成分提出过"联合结构说"（Tang 2015b，邓思颖 2016a，b，c，d，e，

---

　　[1]　我们在本书第三章"特征、词和词类"和第八章"句子"假设决定句类的语调跟标句词 C 有关。假如 CoA 的分析是正确的话，语调应该是 CoA 的体现，而不是标句词的体现。有关语调确切的句法位置，有待日后研究。

　　[2]　汉语的高语调跟英语的上升语调虽然有相同的作用，但不等于说它们声学的表现是一样的。事实上，汉语和英语的语调是有差异的（林茂灿 2004）。

　　[3]　本节有关疑问尾句的介绍，主要综合邓思颖（2016a，c）的讨论内容。

2018),尝试为句末现象提供一个统一的解释。根据这个假说,疑问尾句跟前面的小句组成联合结构,小句是外并连语(external conjunct),疑问尾句是内并连语(internal conjunct),两者由一个无声的连词"∅"连接,如(69)所示(邓思颖2016a)。按本书第十章"偏正结构和联合结构"的介绍,内并连语是连词的补足语,而外并连语是指定语,组成了一个连词短语 CoP 结构。

(69) [小句]∅[疑问尾句]

(69)的内并连语位置,在形式上,位于句末;从功能角度来考虑,这个位置提供了种种语用信息。以(67)为例,句法结构可以简单描绘如(70)。陈述句和反复问句由一个无声的连词"∅"所连接,分别作为联合结构的外并连语和内并连语。疑问尾句跟前面陈述句重复的部分,是一个有指称能力的空语类,以"e"来表示。[1]当中的"对不对"是谓语(张和友、邓思颖2011),"e"是无声主语,指向前面的陈述句,大致表达了这样的意思:"你们是九点钟开门的,这个说法对不对?"回答的时候,可以光说"对"或"不对"。通过无声主语"e",疑问尾句有一定的照应能力,可以回指前边的陈述句。

(70) [你们是九点钟开门的]∅[e 对不对]

汉语这种疑问尾句,跟英语例子(71)的"right"相似。Greenbaum(1996:49)认为这种疑问尾句是一种"固定"的形式(well-established fixed tag)。

(71) We're on the list, right?

Kayne(2016)认为(71)跟(72)有关。唯一的区别,是"isn't that"在(72)是听得到的,而"isn't that"在(71)是听不到的。他进一步假设(71)应该由(73)产生,当中包含了无声的"ISN'T THAT",他用大写以资区别。如果 Kayne(2016)对英语疑问尾句"right"的分析是正确的话,正好跟(70)的"对不对"有平行的结构:无声的"THAT"是汉语的无声主语"e","right"和"对"都是形容词谓语,只不过"对"能直接做谓

---

[1] 汉语是一个允许主语失落的语言,严格来讲,空主语应该是一个小代词"pro"(Huang 1984b)。汤廷池(1988)甚至认为前面的陈述句是主语,而疑问尾句(他称为"附带问句")是谓语,直接组成主谓结构。

语,不必通过助动词"be"的加入。

(72) We're on the list, isn't that right?

(73) We're on the list ISN'T THAT right

汉语还有一种疑问句,如(74),黄伯荣、廖序东(2002b)把这种疑问句分析为是非问句。事实上,这一种是非问句,也应该分析为疑问尾句。除了"是吗"外,"不是吗、是吧、好吗、行吗、可以吗"等也可以当作疑问尾句(汤廷池 1988:271),如(75)。

(74) 你要淘汰掉这匹马,是吗?

(75) 快一点来,好吗?

"是"虽然是谓词,跟(67)的"对"不一样。"对"是谓语,跟无声主语组成主谓结构,而"是"是允准动词短语省略(VP ellipsis)的谓词(张和友、邓思颖 2011),就好像(76)有"是"的小句,通过动词短语省略而产生(cf. Xu 2003)。

(76) 张三喜欢他的妈妈,李四也是。

假设(74)的"是"和(76)的"是"有相同的语法地位(张和友、邓思颖 2011),(74)的句法结构可以描绘如(77)。(77)的"∅"是一个无声连词,连接陈述句"你要淘汰掉这匹马"和是非问句"是你要淘汰掉这匹马吗",是非问句内重复的部分经过省略,剩下"是吗",构成了疑问尾句。

(77) [你要淘汰掉这匹马] ∅ [是你要淘汰掉这匹马吗]

英语有一种疑问尾句,形式上跟汉语的"是吗"有点像,如(78)和(79)的"is it",Greenbaum(1996:49)认为"is it"这种用法是新近形成的固定用法(recently coined fixed tag)。[1]

(78) You mean about Felicity and her achievements, is it?

(79) She looks she looks Puerto Rican or something, is it?

英语疑问尾句"is it"也有一个否定形式"isn't it",在非正式的口语也可以说成"innit"(Greenbaum 1996:49),如(80)。[2]

---

[1] (78)和(79)来自 Greenbaum(1996:49)。

[2] (80)来自 *Cambridge Dictionaries Online*。这种用例见于伦敦英语口语(Greenbaum 1996,Martínez 2015 等)。

（80）They're such a wicked band, innit?

至于（75）的疑问尾句"好吗"，内部结构应该跟（70）的"对不对"差不多，即"好"是谓语，无声主语"e"回指前面的陈述句，这两个小句由无声连词"∅"所连接，如（81），可以理解为"快一点来，而快一点这个要求好吗？"虽然（74）的"是吗"和（75）的"好吗"在形式上同属是非问句，但（75）的"好吗"通过跟无声主语组合而形，而并非通过谓语省略产生，跟（74）的"是吗"不同（见（77）的分析）。

（81）[快一点来]∅[e 好吗]

就疑问尾句的内部句法而言，（67）的"对不对"，跟（82）其实是一样的，都是主谓结构，而"对不对"做谓语，构成反复问句，只不过（67）有个无声主语"e"，构成联合结构；而（82）的主语是显性的"这个说法"，是一句单句。至于（75）的"好吗"，也跟汉语一般的是非问句差不多，都是在谓语/小句之后加上"吗"，如（83）。主要的差别，只是（75）有个无声主语"e"，而（83）的主语是显性的"这个建议"。

（82）这个说法对不对？

（83）这个建议好吗？

在形式上，疑问尾句跟一般的反复问句、是非问句确实无异，汤廷池（1988：272）甚至认为可以取消疑问尾句这一类（他称为"附带问句"），"似无另立一类的必要"。虽然汉语疑问尾句的内部结构跟一般的反复问句、是非问句没有区别，但特别之处，在于那种"附着"的性质，还有那种照应能力。由此可见，疑问尾句也有独特的一面，有值得研究的价值。在语法学的研究里，实在有另立一类的必要。

除疑问尾句外，汉语有一种反复问句，是在句末加上否定词所形成的句式，如（84）的"没有"、（85）的"没"、（86）的"不"。这一种的反复问句，在文献里也称为"VP-Neg questions"或"negative particle questions"。[1]

（84）他买了书没有？

---

　　[1] 本节有关反复问句的介绍，主要引自（邓思颖 2016e），而这里的讨论并不包括"他买不买书"这类的反复问句（也称为"A-not-A questions""V-not-VP questions"），产生方式也跟这里所讨论的反复问句不一样（Huang 1991，Huang, Li, and Li 2009）。

（85）他买了书没？

（86）他买书不？

对于这种反复问句，文献早已提出过联合结构的分析（Wang 1967，Huang 1991，Hsieh 2001 等），也正符合句末成分"联合结构说"的思路（Tang 2015b，邓思颖 2016a，b，c，d，e，2018）。根据这种分析，反复问句的否定词跟前面的谓语组成联合结构，谓语是外并连语，否定词位于内并连语之内，两者由一个无声的析取（disjunctive）连词"∅"连接，如（87）所示。除了否定词之外，内并连语之内还有一个跟外并连语一样的谓语，只不过这个谓语在表面上被省略了，情况有如动词短语省略。换句话说，根据（87）的结构，这一类的反复问句事实上就是选择问句的一种（朱德熙 1982）。

（87）主语[[谓语]∅[否定词 谓语]]

无声的析取连词"∅"把内外并连语连接起来，所表示的就是一正一反的意思。以（86）为例，用（88）的方式来表达，大概的意思就是问他买书还是不买书。表面上，内并连语内相同的谓语"买书"被省略了，只剩下否定词"不"，表面上看来"不"好像处于句末的位置。

（88）他[买书]∅[不 买书]

汉语还有一种句末成分，（89）和（90）句末的"你"，从功能的角度来考虑，可称为"追补成分"。这种例子所呈现的现象，在文献上，曾称为"变式"（黎锦熙 1992）、"易位句"（陆俭明 1980；Tai and Hu 1991；张伯江、方梅 1996）、"延伸句"（陆镜光 2004、邓思颖 2018），或许跟"追补"（Chao 1968；史有为 1992）、"追加"（陈建民 1984）、"重复"（孟琮 1982）有关。这种句式起一定的话语作用（Luke 2012，陆镜光 2004），往往受语体的影响（Lai，Law，and Kong 2017）。

（89）进来吧，你！

（90）你进来吧，你！

从形式的角度分析，文献上也有不同的理论分析（Packard 1986；张伯江、方梅 1996；Cheung 1997，2009；Law 2003；梁源 2005 等）。以（89）为例，由两个部分组成，"进来吧"这部分称为"主体句"，后面的"你"称为"后续语"（陆镜光 2004）。根据史有为（1992）、陆镜光（Luke

2012,陆镜光 2004)等的观点,(89)并非通过移位产生。后续语本来就位于句末,通过一个无声连词,主体句和后续语联系起来,形成联合结构,符合句末成分"联合结构说",如(91)所示。至于后续语内部的结构,可以通过省略、无声成分所形成。有关分析,可参考邓思颖(2018)的讨论。

(91)［主体句］∅［后续语］

根据句末成分"联合结构说",上述提及的几种句末成分都可分析为内并连语的成分。有些句末成分比较"实",如(67)的"对不对";有些成分却相对较"虚",如(86)的"不"。"联合结构说"甚至可以延伸到句末助词的历时分析(Tang 2015b,邓思颖 2016c,d)。

从历时来源的角度来讲,有些句末助词跟谓语相关,包括"了、呢、来着、吗、吧、啊、嚜"。[1]"了"来自动词"了",争议不大(太田辰夫1987、曹广顺 1995 等)。"来着"来自动词"来",也应该是定论(太田辰夫 1987 等),表示事件曾经发生过(曹广顺 1995)。即使"来着"的用法可能受满语的影响(陈前瑞 2008),但仍无损"来着"与动词"来"的密切关系。"吗"来源自(92)的否定词"无",后来写作"磨、摩、么",到清代才写作"吗"(太田辰夫 1987)。"无"的性质跟"有"一样,都是谓词,或跟谓语有密切关系。"嚜"常跟"啊"连用成为"嘛"(胡明扬1987:90)。甚至"有人不加分别,一概写作'吗'"(吕叔湘主编 1984:338),它们可谓没有区别(左思民 2009:360)。我们不妨假定"嚜"本来就来自"吗",甚至是前文讨论(63)、(64)所提出的音段成分"ma",沿着"无"这条线演变过来。

(92)秦川得及此间无?(李白诗)

"吧"在清代以前写作(93)的"罢",而"罢"原来是"述语性",可以分析为所谓"准句末助词"(太田辰夫 1987:338 - 339),可表示罢休之意(冯春田 2000)。

(93)你将妻子休了罢!(《快嘴李翠莲记》)

至于"呢"的来源,文献有不同的看法。综合学者的意见,我们可

---

[1] 本节有关句末助词历时讨论,主要引自邓思颖(2016d)。

以假定表示疑问的"呢"来自"聻"（太田辰夫 1987）。[1]"聻"本为"指物貌"（《广韵》），所谓"指物貌"，孙锡信（1999：63－64）认为是指"说话人在发出'聻'这个音时配合以某种身势以表示某种情况或某种态度"，意为"这么个样子"。[2]如果用在名词短语之后，表示"怎么样"的意思，如（94）。至于非疑问的"呢"，跟（95）的"在裏"（吕叔湘1984）或（96）的"裏/里"（太田辰夫 1987）有关。句末的"裏/里"表示"某个处所中动作、状态的存在"（太田辰夫 1987：350），跟疑问用法的"聻"差不多，也是指向前面小句所表示的动作、状态。我们甚至认为这种用法跟当代口语的"这样子"（如（97））和流行用语、网络用语"酱子"（如（98））非常相似（Tang 2015b），[3]都指向"睡着了"这个状态。

（94）不落意此人聻。（《祖堂集》）

（95）他不是摆脱得开，只为立不住，便放却，忒早在裏。（《上蔡语录》）

（96）幸有光严童子里。（《维摩变文》）

（97）医生也说我大概六分钟就睡着了这样子。

（98）最后哭累了就睡着了酱子。

至于"啊"，本源不容易考究，应有多个来源，其中一个是（99）的"好"，表示感叹或祈使的语气（孙锡信 1999）。假若"啊"来源自"好"，"啊"应有一个谓词的源头。

（99）问：如何是客中主？师云：识取好。（《祖堂集》）

从词类的角度来考虑，"了、来着、吗、吧、嚟、啊"来源自谓词，而"呢"则来自体词。从语法功能的角度来考虑，这些句末助词原本都担当谓语的角色，如"了"陈述前面的小句，表示的事件完成了；"来着"的"来"表示事件曾经发生过；"罢"仍可表示罢休的意思，表达了说话人的程度；"吗"来源自否定词"无"，形成选择；又如来源自形容词"好"的"啊"，从判断作用引导出感叹的语气。至于来源自体词的"呢"，本来是"聻"或"裏/里"，用来表示前面小句的存在，陈述小句所表达的动

---

[1] "聻"可能有更早的源头，来自"尔"（王力 1980、江蓝生 1986、太田辰夫 1987 等）。

[2] "聻"也有独用的情况，往往"带有指示的意思"（曹广顺 1995：156）。

[3] 例子（97）和（98）都来自互联网。

作或状态。

至于多音节句末助词，跟谓词的关系更为明显。张斌主编（2010）罗列了数个多音节例子，包括双音节的"也好、也罢、似的、的话、着呢、便了、罢了、而已"（如（100）的"也好"）和三音节的"就是了"（如（101））。除了这九个多音节例子外，李思旭（2011）还介绍了"不成"（如（102））和几个"X 了"，如"好了、算了、行了、得了"等。

（100）说说也好，免得以后误会。（张斌主编 2010：250）

（101）我一定办到，你放心就是了。（《现代汉语词典》第七版）

（102）难道我怕你不成？（李思旭 2011：199）

这些多音节句末助词，除了"的话"是体词，不能当作谓语以外，其他几个都由谓词组成，可以充当谓语，例如"罢、算、行、得、是、似、着、便"是动词，"好"是形容词，"而已"的"已"在古汉语是动词。

多音节句末助词的产生年代相对较晚。太田辰夫（1987：362）把多音节句末助词分析为"准句末助词"，认为表示强调的"才好"等在元代产生，表示限制的"就是（了）"等的产生年代稍晚，"有些陈述的功能还不能说完全消失了"。彭伶楠（2005）甚至认为到了老舍、冰心的作品才找到"好了"虚化为句末助词的用例。孙锡信（1999）把这种多音节句末助词称为"语气短语词"，认为它们形式上表现为短语，功用上却相当于一个词。这些多音节句末助词，本来是谓词，担当谓语的角色。由于产生的时代较晚，虚化过程较慢，好像仍保留较多实词的性质，陈述功能并没有丢失，甚至让我们感受到仍有一点"半实半虚"的感觉，或许仍处于从实词到虚词的发展阶段中。[1]

从这些句末助词谓词的性质来考虑，汉语句末助词在某个历时阶段曾用作谓词，扮演谓语的角色。这些句末助词，有可能跟前面的小句组成联合结构，小句是外并连语，句末助词是内并连语，两者通过无声连词"∅"连接着，如（103）所示。至于内并连语内，有可能包含不同形式的无声成分或省略成分，回指前面的小句。

（103）［小句］∅［…句末助词…］

---

[1] 粤语句末助词的历时发展也有相似的情况，不少跟谓词有关，可参考邓思颖（2015：§13.2）的综合讨论，也可参考黄卓琳（2014）的句法分析。

把句末助词分析为内并连语,跟前面的小句组成联合结构,是个大胆的假设。句末助词作为组成联合结构的一部分,或许在历时上有一定的根据,也符合事实。不同形式的句末成分,在内并连语的位置,通过无声成分或省略方式形成,并经历不同的虚化过程,有虚有实。不过,从历时到共时,到了现代汉语,句末助词是否仍然停留在属于补足语的内并连语的位置,如我们曾提出的假设(Tang 2015b)? 还是跟前面的小句作"重新分析",成为中心语,如本书的假设? 还是两种可能都存在?

从(104)的词序所见,反复问句的否定词"没"在最低的位置,后续语"你"在最高,句末助词"呢"在中间;(105)显示了句末助词"吧"在下,疑问尾句"对不对"在上。这些词序,好像是有规律的,并非任意的。

(104) 看书没呢,你?

(105) 明天会下雨吧,对不对?

从(104)、(105)两例的简单对比,(106)的树形图反映了形成反复问句的否定词在最低位置,后续语在最高,句末助词(包括内助词和外助词)夹在中间。假如树形图当中的否定词和后续语都是内并连语,组成联合结构,那么,中间的句末助词到底是中心语还是属于补足语的内并连语? 假如维持"经典"的分析,即把句末助词分析为中心语,句末成分在句法结构里则形成了"夹心"结构:"补足语—中心语—补足语"。这种"夹心"结构,能为我们揭示人类语言的什么特质呢? 对制图理论的分析,又会带来什么冲击(邓思颖 2016c)?

(106)

上述的问题,都是极具挑战性而饶有趣味的,也是今后值得注意的新课题。形式汉语句法学有意思之处,不是为我们作出什么定论,给出一个什么标准答案,而是提供一个框架,可以操作的分析方法,还有一些新的问题,刺激我们重新思考现有的理论和目前所见的语料,从而发

现更多有趣的现象,对汉语以及人类语言作更深入的认识和了解。

从本章(1)的树形图,到(60)和(61)的内外助词结构,还有更复杂的综合结构如(106),说明了句法学理论由"简"变"繁"的发展。这种发展是正常的,也是必然的。制图理论看似"繁",但"繁"是因为人类语言本来就是"繁",是一个复杂的体系。由"简"变"繁",其实跟最简方案的研究方向并不矛盾。最简方案的提出,就是希望尽量能用精准的理论,把复杂的现象,找出简单的解释道理。既然有了制图理论这样精准的工具,我们就可以通过这样的工具,发现语言"繁"的一面,并由此找出造成"繁"的原因,寻找"简"的答案。这就是最简方案的精神,也是形式句法学研究"繁简由之"的乐趣。

本章提出(106)这样的树形图,正好是我们对语言事实作了深入分析的结果,符合了制图理论的原意,就是以精密的绘图,把人类语言复杂的结构,清晰的描绘出来,从而解释语言的个性和共性。制图理论,并非句法学研究的终止,反而是一个起步,以此作为新课题研究的开始。

## 11.6  小结

本章通过介绍制图理论的基本操作方法,重新探讨句末助词和其他句末成分的句法分析。

制图理论是一种以精准方式描绘句法结构的研究方向,把细微的句法语义特点描绘出来。重点工作之一,就是按照句法和语义的考虑,把"传统"的功能词分解,以更精准的方式,描绘句法结构,把原本功能词的种种细微特点,通过树形图的表达,准确的排列出来,展示在读者面前。制图理论的分析方法,既可为跨语言的研究提供一个可参考的平台,又可以为人类语言普遍性的特征,勾画出清晰的蓝图,让我们了解普遍语法的操作。

本书的时间词和语气词,统称为"句末助词"。按制图理论的分析方法,句子分为三个层次:词汇层次、屈折层次、标句层次。句末助词划分为"内助词"和"外助词",内助词包括事件类和时间类。事件类句末助词以"法"作为代表,句法分布好像较为自由,既可以在轻动词短

语 $v$P 之上或之下，处于词汇层次，跟名物化有关。时间类句末助词是本书所称的时间词 T，作为时间词短语 TP 的中心语，属于屈折层次。

在本书原本所提出的焦点、程度、感情三类句末助词之上，本章增添表示回应的 CoA，跟疑问、非疑问相关的语调，应该是 CoA 的体现。根据本章的分析，外助词包括焦点、程度、回应、感情，组成标句层次。除音段成分外，超音段成分也应作为外助词的一员。

疑问尾句、形成反复问句的否定词、后续语等句末成分，跟前面的小句组成联合结构。无声的连词把位于外并连语的小句和位于内并连语的句末成分连接起来，句末成分作为无声连词的补足语。从历时的角度来考虑，句末助词应曾位于补足语的位置。至于现代汉语的句末助词，是否仍然位于补足语，有待探索。中心语和补足语之辨，应是句末成分研究的一个重要课题，并且有跨时代、跨语言的理论意义。

# 第十二章 结 语

　　本书的研究建立在最简方案的基本精神之上,目的就是简化汉语语法学理论,并且利用目前句法学的理论,为常见的汉语语法现象和语法学的概念作重新的分析;希望建构一个简约的语法学体系,能够解释一些句法的现象,找出"真正"的答案。这既可以加深对汉语的认识,又可以尝试对人类语言结构性和递归性特点进行认识。

## 12.1　简约的语法学体系

　　Chomsky(1995)在生成语法学原有的原则与参数理论模式下,提出一系列需要解答的问题,或对过去不合理的地方提出质疑,从新的角度来检视旧的问题。这种研究方向称为语言学理论的"最简方案"(Minimalist Program)。最简方案的核心精神,就是要求语法学家重新思索过去所提出的假设,并且精简理论,目的就是建构一个更合理的语法学体系,帮助我们认识人类语言"真正"的特点。

　　本书的研究就是建立在最简方案的基本精神之上,尤其是从"方法上的经济"的角度,考察汉语语法学体系的问题,目的就是简化汉语语法学理论,从而更容易地找出汉语句法问题的"精髓"。我们参考了目前比较普及的传统汉语语法学体系,选取了一些常见的汉语语法现象,整理了一些汉语语法学普遍接受的概念,并且利用目前句法学理论,为那些语法现象和语法学的概念作重新的分析。我们希望把一些不应该属于句法学的问题分离出去,有些问题跟句法部门(以下简称"句法")的运算有关,而有些问题却跟接口现象有关。句法学探讨的核心问题必须跟句法的运算有关,接口现象是句法以外的现象,严格来讲,已经超出了句法学的核心范畴,属于句法学的"边缘"问题。这种做法并非贬低非句法学的问题,相反,只有把问题划分清楚了,我们才容易对症下药,找出答案,知道什么问题该用什么理论来分析。因此,我们希望建构一个清晰简单的语法学体系,能够解释一些句法的现象,找出"真正"的答案,而不会弄出一个企图包打天下的理论。最简方案的提出，就是引导我们朝这个方向发展。

汉语语法学的研究，就是研究组合汉语语法单位的规律。汉语句法学的研究，就是研究跟句法相关的问题。虽然构词、语义、音韵、语用等问题都是语法的问题，而且可能跟句法相关，但它们都不是句法的问题。因此，构词、语义、音韵、语用等不是句法学研究的对象。

句法学关心的语法单位只有三类，那就是特征、词、短语。特征是能够进入句法的最小的语法单位，而短语是句法内最大的语法单位。

（1）语法单位：特征、词、短语

能够在句法里运作的特征应该只有形式特征。形式特征的内涵体现在词类的差异上，不同词类由不同的形式特征组成。汉语的词可以分类，也应该分类。汉语按照［名词性］和［动词性］这两种形式特征分别衍生出名词性词类和动词性词类。名词性词类包括名词 N、形容词 A、量词 Cl、数词 Num、限定词 D，而动词性词类包括动词 V、副词 Adv、轻动词 $v$、时间词 T、标句词 C、语气词 F、介词 P、连词 Co。汉语的词也可以划分为词汇词和功能词两大类。词汇词负载主要的语义内容，功能词主要起语法作用。汉语词汇词只有名词、形容词、动词和部分的副词，除此以外，其他的词类都是功能词。

短语由词组成，每一个词在句法里都可以组成短语。按照名词性和动词性两大类来划分，汉语名词性的短语包括名词短语 NP、形容词短语 AP、量词短语 ClP、数词短语 NumP、限定词短语 DP，而动词性的短语包括动词短语 VP、副词短语 AdvP、轻动词短语 $v$P、时间词短语 TP、标句词短语 CP、语气词短语 FP、介词短语 PP、连词短语 CoP。

除了特征、词、短语这三类语法单位以外，其他的成分或概念往往跟句法无关，超出了句法学研究的范畴。比如说，语素是词法的一个重要的语法单位，但跟句法无关，不应该放在句法学里讨论。句子（包括小句）是传统语法学的重要概念，但事实上句子由短语组成，句子的特点都可以从短语推导出来。既然句子在句法里并没有什么固有的特点，句子这个概念在句法学里也就不应该有什么地位。句子这个概念只不过是我们使用语言时一个非正式的术语，作为方便研究和教学之用。在一个严谨的句法学理论中，句子这个概念是完全可以删除的。

## 12.2 三种语法关系

句法的任务就是把词组合起来,所依赖的操作是合并。合并是句法最重要的操作,也是人类语言所具有的特点。合并按照一定的步骤把词组成短语,按阶段进行推导,有步骤地合并,结果是形成了层级结构,使语言具有结构性。合并可以重复使用,使语言具有递归的特点。做好的短语就送出去,让其他的部门使用。句法的主要操作就是合并,而合并所管的就是特征、词、短语,除此之外,就应该什么都不管了。句法学就是研究这几种成分的互动关系。

短语是合并的产品,而能够参与合并的成分就是句法成分。合并是有步骤的,短语之内的句法成分按照合并的先后次序可以划分为中心语、补足语、指定语、附接语。由这几个句法成分所形成的关系,就是语法关系,或者更准确地说,是结构性的语法关系。句法形成了三种最基本的结构性语法关系,即指定语—中心语、中心语—补足语、附接。

(2)结构性语法关系:中心语—补足语、指定语—中心语、附接

这三种语法关系可以简单描绘成下面的树形图(3)。X 是中心语,XP 是短语,中心语是组成短语的必要成分。补足语是中心语第一个合并的成分,跟中心语有比较密切的关系,位于结构的最底层,形成"中心语—补足语"的关系。指定语是第二个合并的成分,位于层级较高的位置,跟中心语形成"指定语—中心语"的关系。附接语是后来以附接的方式加进来的成分,用来修饰原来的结构,但并不影响原来的结构。附接语跟被修饰语形成"附接"的关系。这三种关系是句法里最核心的、无可取代的关系。

(3)

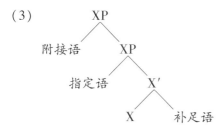

在传统汉语语法学的讨论里,主谓结构、述宾结构、述补结构、偏正

结构、联合结构一般被认为是汉语"基本"的结构（张静等 1980：76；刘月华等 1983：4—5，2001：5—7；邢福义等 1991：299；黄伯荣、廖序东 2002b：63；北大中文系 2004：270—275；周一民 2006：320；冯志纯等 2008：102 等）。这五种结构分别表达了五种语法关系，如主谓结构表达了陈述关系，述宾结构表达了述语和宾语之间的支配、关涉关系，述补结构表达了补充关系，偏正关系表达了修饰关系，联合结构表达了并列、选择等联合关系。事实上，传统语法学所讲的这五种"基本"的结构，有些概念并不是纯粹形式结构的概念，而是功能的概念，例如陈述、支配、补充等。因此，这五种关系可以称为"功能性语法关系"，有别于上述（2）所讲的"结构性语法关系"。

述宾结构和述补结构基本上可以合为一类，都拥有中心语—补足语的关系。主谓结构和联合结构可以合为一类，都拥有指定语—中心语的关系。偏正结构的性质比较独特，它所表达的关系就是附接关系。因此，这五种"基本"的功能性语法关系，可以进一步归纳为三种结构性语法关系，成为汉语最核心的语法关系。

同样属于中心语—补足语关系的述宾结构和述补结构，宾语和补语的区别除了词类的差异以外（补语一定是动词性的成分），补语的一个重要的特点是具有补充性，这是出于功能的考虑。作为补充性的成分，意义是"不完整"的。意义不完整的成分，也可能体现出一些形式上的特点，例如不具备"完整意义"的时间词短语、有空语类（包括空主语、空算子等）的短语。

同样属于指定语—中心语关系的主谓结构和联合结构，它们共同的特点是中心语都具备连接的功能。到底指定语—中心语关系形成的是主谓结构还是联合结构，除了由中心语的性质来决定外，补足语的性质也很重要。如果指定语和补足语表示陈述，所组成的结构就应理解为主谓结构；如果指定语和补足语表示并列、选择，所组成的结构就应理解为联合结构。像陈述、并列、选择等概念是功能的概念，区别主谓结构和联合结构并非单纯由形式来决定，还要受功能性的因素影响。

除了这五种"基本"的功能性语法关系外，不少学者还把同位结构、连动句、兼语句提升到语法关系的层面上，组成独立的结构（或称为词组、短语），跟上述五种"基本"的功能性语法关系平起平坐（张斌等 1988：274—275；胡裕树等 1995：303—304；邢福义等 1991：302；邢福义 1996：§2.5.3；黄伯荣、廖序东 2002b：63；冯志纯等 2008：104—105 等）。我们对于同位结构、连动句、兼语句具独立地位的看法是有保留的。

我们在本书中论证过，同位结构无论在功能上还是在形式上都跟联合结构是一样的，可以并入联合结构的一类，而联合结构属于指定语—中心语关系，因此，同位结构没有独立的地位。连动句不应该分析为一种独立的结构，要么可以分析为偏正结构，要么可以分析为述补结构，连动句在形式上没有任何特点，它的功能都可以从偏正结构或述补结构推导出来。因此，连动句应该重新分析为附接关系或中心语—补足语关系。表示使令意义的兼语句和述补结构的句法结构是相同的。表示赞许、责怪意义的兼语句，第二个动词用来补充动词所表示的事件，具有补语的功能。因此，兼语句属于中心语—补足语关系这一个大类，兼语句不是独立的结构。

不少学者把上面提到的连动句、兼语句跟被动句、处置句、存现句等分析为汉语的句式。事实上，被动句和处置句并没有作为独立句式的条件，被动句"被"和之后的成分形成述补结构。处置句是形成长被动句的"核心"部分，基本上由主谓结构和述补结构组成，因此被动句（包括处置句）最终可以分解为主谓结构、述补结构等，并且归并到中心语—补足语关系和指定语—中心语关系。至于存现句，由述宾结构和述补结构组成。换句话说，存现句的句法特点都可以从中心语—补足语关系推导出来。由此看来，汉语几种常见的句式，都缺乏独立的条件，没有独特的句法特点，它们都可以从中心语—补足语关系、指定语—中心语关系、附接关系推导出来。句式所拥有的特点并不是句法的，把这些句子分析为句式往往是从意义和功能上来考虑的。为研究和教学的方便进行句式分析实在无可厚非，但在句法内句式是否真的有独立的地位，我们的看法是有保留的。

黄伯荣、廖序东（2002b：64—67）还提到四类短语，认为它们具有独立的地位：方位短语、量词短语、介词短语、助词短语。我们认为黏附在名词之后、不能插入"的"字的单音节方位词属于后缀(如"桌子上"的"上"),助词"的"也应该是后缀,不在句法里形成,因此,方位词和助词都没有形成独立短语的条件。至于"量词短语",我们认为量词跟名词短语合并,名词短语作为量词的补足语;数词跟量词短语合并,量词短语作为数词的补足语,因此,数词和量词短语的关系、量词和名词短语的关系,正符合了中心语—补足语的关系,"量词短语"并不是句法里独立的结构。介词短语也与"量词短语"的情况相似,介词跟名词短语合并,名词短语作为介词的补足语,形成了中心语—补足语的关系。因此,黄伯荣、廖序东(2002b)所提到的四类短语,在句法里都不可能有独立的地位。

我们可以这样设想,句法作为一个运算系统,就像一台机器负责组件的装嵌。这台机器能管的只是从词库输进来的零件(即特征和词)。这台机器的责任,就是利用合并的手段,一步一步把零件装嵌成可用的成品(即短语),并且分阶段把成品输送出去,让下一道工序和其他的机器(如语义部门和音韵部门)继续加工。这台机器按照原来设计好的订单,把零件装嵌成三种结构模式(即中心语—补足语关系、指定语—中心语关系、附接关系)。为什么有那份订单,生产好的成品有什么用,这台机器都不管。它只负责把零件装嵌好,满足下一道工序的要求(即接口条件)。达到要求,就是合格(合语法)的成品;达不到要求,就是不合格(不合语法)的。这台机器不理会零件的功能(如功能性语法关系)和用途(如语义诠释),也不会考虑日后的顾客会怎样使用(如语用)这些成品。因此,句法学就是研究这台机器的运作、处理各种零件的方法以及满足下一道工序的手段。

本书的工作,就是以汉语作为研究对象,把汉语句法这台机器所应该处理的零件划分清楚,并且描述装嵌零件的过程,以及描述几种装嵌的结构模式。我们把表面上看起来五花八门的繁琐现象,最终归纳成为数不多的结构性语法关系,并且强调合并是句法运算的核心。

## 12.3 从句法看语言

每个人的大脑中天生有一个跟语言有关的装置——语言机制,以配合后天的学习,这种装置能衍生出无穷无尽的新句子,具有创造性。也就是这个装置,使人类能说话,跟禽兽区分开来。没有这个装置的生物,无论我们怎样努力去教,它们都没有可能学会语言。人类拥有语言机制,有些语言现象不是靠后天学来的,而且每种语言都有一些相同点。那些相同的特点,正好反映了人类语言的共性,它跟人类天生的语言机制有关。语法学的一个研究目标,就是希望探索人类的语言能力。探索人类语言能力的真相和语言知识的获得是生成语法学研究的核心问题,期望借此发现更多关于人类大脑认知的秘密,因此,研究语言也成为研究人类大脑的一个途径。

什么是人类语言共性的一面?语言的结构性和递归性可算是人类语言的共同特点。没有一个语言不具备这些特点,而这些特点也成为定义语言的条件。语言结构性和递归性的特点跟合并有关。合并有秩序地运用,产生出层级结构,而合并的反复运用,就呈现出递归的特点。既然合并是句法的一个重要的操作,要了解人类语言的特点,就必须认识语言结构性和递归性的特点;要认识这些特点,就必须从合并的操作入手,研究合并和其他相关的句法操作。因此,句法学也就成为语言学研究的重要一环。

根据本书的描述,汉语跟其他的人类语言一样,也应该是一个结构严谨、层级分明的语言。每一个词、每一个短语都是有规则、有步骤、有系统地组合起来的,而并非把一堆词和短语胡乱拼凑起来。以往的学者已经做了大量的工作,作出了卓越的贡献,我们站在他们的肩上,用形式化的方式,进一步证实了汉语语法有规则的一面,并且按照最简方案的基本精神,精简汉语语法学理论,提出了一个简约的语法学体系,这既可以让我们对汉语语法有一个宏观的认识,又可以让我们对个别的语法现象有新的了解和不同的思考。

除了加深对汉语的认识外,我们还希望从汉语的句法现象入手,以合并作为句法学讨论的核心,尝试抓住几个重要的结构,阐述句法运算的大致情况,从而认识汉语以及人类语言结构性和递归性的特点。借用形式句法学理论作为研究的平台,我们不仅可以有一个严谨的、精确的同时又可操作的理论框架,作更深入的分析,而且可以方便日后把本书中的一些分析方法和概念应用到跨方言、跨语言的比较研究中去。只有通过比较,才可以让我们对汉语有更准确的认识,知道什么是汉语的特点,什么不是。

最后,我想借用吕叔湘(1979:7)在《汉语语法分析问题》序言中的一段话作为本书的结尾:

> 提出各种看法,目的在于促使读者进行观察和思考。所希望得到的反应,不是简单的"这个我赞成","那个我不同意",而是"原来这里边还大有讲究",因而引起研究的兴趣。如果进一步研究的结果,我这些意见全都被推翻,我也认为已经达到我写这本小书的目的了。

# 参 考 文 献

北京大学中文系现代汉语教研室.现代汉语(重排本)[M].北京:商务印书馆,2004.

蔡维天.一、二、三[M]//徐杰.汉语研究的类型学视角.北京:北京语言大学出版社,2005a:144-156.

蔡维天.谈汉语的蒙受结构(手稿)[J].新竹:新竹清华大学语言学研究所,2005b.

蔡维天.重温"为什么问怎么样,怎么样问为什么"[J].中国语文,2007(3):195-207.

蔡维天.谈汉语模态词其分布与诠释的对应关系[J].中国语文,2010(3):208-221.

蔡维天.论汉语内、外轻动词的分布与诠释[J].语言科学,2016(4):362-376.

蔡维天.及物化、施用结构与轻动词分析[J].现在中国语研究,2017(19):1-13.

曹广顺.近代汉语助词[M],北京:语文出版社,1995.

陈建民.汉语口语里的追加现象[J]//语法研究和探索(二):117-132,北京:北京大学出版社,1984.

陈满华.体词谓语句研究[M],北京:中国文联出版社,2008.

陈前瑞.汉语体貌研究的类型学视野[M],北京:商务印书馆,2008.

程工.语言共性论[M],上海:上海外语教育出版社,1999.

邓思颖.自然语言的词序和短语结构理论[J].当代语言学,2000(3):138-154.

邓思颖.经济原则和汉语没有动词的句子[J].现代外语,2002a(1):1-13.

邓思颖.汉语时间词谓语句的限制条件[J].中国语文,2002b(3):217-221.

邓思颖.粤语句末助词的不对称分布[J].中国语文研究,2002c(2):75-84.

邓思颖.数量词主语的指称和情态[M]//语法研究和探索(十二),北京:商务印书馆,2003a:292-308.

邓思颖.汉语方言语法的参数理论[M].北京:北京大学出版社,2003b.

邓思颖.作格化和汉语被动句[J].中国语文,2004a(4):291-301.

邓思颖.空动词从属小句的特点[J].汉语学报,2004b(1):23-32.

邓思颖.从生成语法学观点看"小句中枢说"[J].汉语学报,2005a(1):56-63.

邓思颖.最简方案与汉语语法研究[M]//刘丹青主编.语言学前沿与汉语研究.上海:上海教育出版社,2005b:106-122.

邓思颖.汉语被动句的三个句法问题[M]//邢福义主编.汉语被动表述问题研究新拓展.武汉:华中师范大学出版社,2006a:92-99.

邓思颖.粤语疑问句"先"的句法特点[J].中国语文,2006b(3):225-232.

邓思颖.粤语框式虚词结构的句法分析[J].汉语学报,2006c(2):16-23.

邓思颖.以"的"为中心语的一些问题[J].当代语言学,2006d(3):205-212.

邓思颖.汉语方言受事话题句类型的参数分析[J].语言科学,2006e(6):3-11.

邓思颖.汉语复合词的论元结构[J].语言教学与研究,2008a(4):10-17.

邓思颖.轻动词在汉语句法和词法上的地位[J].现代中国语研究,2008b(10)：11-17.

邓思颖.汉语被动句句法分析的重新思考[J].当代语言学,2008c(4)：308-319.

邓思颖.粤语框式虚词"咪……啰"的句法特点[J].中国语言学集刊,2008d(1)：145-159.

邓思颖."形义错配"与名物化的参数分析[J].汉语学报,2008e(4)：72-79.

邓思颖.话题句的形成[M]//程工、刘丹青主编.汉语的形式与功能研究.北京：商务印书馆,2009a：36-49.

邓思颖.粤语句末"住"和框式虚词结构[J].中国语文,2009b(3)：234-240.

邓思颖."他的老师当得好"及汉语方言的名物化[J].语言科学,2009c(3)：239-247.

邓思颖.阶段式的句法推导[J].当代语言学,2009d(3)：207-215.

邓思颖.汉语句类和语气的句法分析[J].汉语学报,2010a(1)：59-63.

邓思颖."形义错配"与汉英的差异——再谈"他的老师当得好"[J].语言教学与研究,2010b(3)：51-56.

邓思颖.再谈"了$_2$"的行、知、言三域——以粤语为例[J].中国语文,2013a(3)：195-200.

邓思颖.方言语法问题研究的思考[J].汉语学报,2013b(2)：9-15.

邓思颖.粤语语法讲义[M].北京：商务印书馆,2015.

邓思颖.英语和汉语疑问句尾的句法分析[J].外语教学与研究,2016a(1)：29-35.

邓思颖.汉语助词研究的两个问题[J].安徽师范大学学报(人文社会科学版),2016b(4)：420-423.

邓思颖.制图理论与助词的联合结构说[J].语言研究集刊,2016c(16)：1-10.

邓思颖.汉语语气词的谓语功能[M]//丁邦新、张洪年、邓思颖、钱志安编.汉语研究的新貌：方言、语法与文献——献给余霭芹教授.香港：香港中文大学中国文化研究所吴多泰中国语文研究中心,2016d：15-24.

邓思颖.反复问句的联合结构分析[J].现代外语,2016e(6)：742-750.

邓思颖.延伸句的句法分析[J].语言教学与研究,2018(3)：48-57.

邓思颖.轻动词短语层次的句末助词[M]//冯胜利、蔡维天编.汉语轻动词句法研究.北京：北京大学出版社,2019：122-137.

丁声树等.现代汉语语法讲话[M].北京：商务印书馆,1961.

戴曼纯.广义左向合并理论——来自附加语的证据[J].现代外语,2002(2)：120-141.

戴曼纯.最简方案框架下的句法新理论[J].外国语言文学,2007(2)：73-82.

范晓,张豫峰.语法理论纲要[M].上海：上海译文出版社,2003.

方环海,沈思芹."V法"结构的演变及其动因[J].中国语言学学报,2008(13)：117-131.

方立. 逻辑语义学[M]. 北京：北京语言文化大学出版社,2000.

冯春田. 近代汉语语法研究[M]. 济南：山东教育出版社,2000.

冯胜利. "管约"理论与汉语的被动句[M]//黄正德主编. 中国语言学论丛(1). 北京：北京语言文化大学出版社,1997：1－28.

冯胜利. 汉语韵律语法研究[M]. 北京：北京大学出版社,2005a.

冯胜利. 轻动词移位与古今汉语的动宾关系[J]. 语言科学,2005b(1)：3－6.

冯志纯等. 现代汉语(下册)(修订本)[M]. 重庆：西南师范大学出版社,2008.

顾阳. 关于存现结构的理论探讨[M]//徐烈炯主编. 共性与个性——汉语语言学中的争议. 北京：北京语言文化大学出版社,1999：91－110.

顾阳. 试论汉语双宾语结构的语义和句法特征[M]//语法研究和探索(十). 北京：商务印书馆,2000：121－134.

顾阳. 时态、时制理论与汉语时间参照研究[M]//沈阳、冯胜利. 当代语言学理论和汉语研究. 北京：商务印书馆,2008：97－119.

郭锐. 现代汉语词类研究[M]. 北京：商务印书馆,2002.

何晓炜. 最简方案新框架内的句法推导——Chomsky(1999)《语段推导》评述[J]. 现代外语,2000(3)：317－322.

何晓炜. 语段及语段的句法推导——Chomsky 近期思想述解[J]. 外语教学与研究,2007(5)：345－351.

何晓炜. 最简方案框架下的英汉双宾语结构生成研究[J]. 现代外语,2008a(1)：1－12.

何晓炜. 双及物结构与重型名词短语移位研究[J]. 外语教学,2008b(2)：6－11.

何晓炜. 合并顺序与英汉双及物结构对比研究[J]. 外国语,2008c(2)：13－22.

何晓炜. 双宾语结构的生成语法研究[J]. 当代语言学,2009(3)：216－223.

贺阳. 汉语完句成分初探[J]. 语言教学与研究,1994(4)：26－38.

贺阳,刘芳. 北京话甚低语调及其功能——兼论语气词"啊""吧"的性质[J]. 语文研究,2016(3)：10－15.

何元建. 生成语言学背景下的汉语语法及翻译研究[M]. 北京：北京大学出版社,2007.

何元建. 现代汉语生成语法[M]. 北京：北京大学出版社,2011.

胡建华. 现代汉语不及物动词的论元和宾语——从抽象动词"有"到句法—信息结构接口[J]. 中国语文,2008(5)：396－409.

胡建华,石定栩. 完句条件与指称特征的允准[J]. 语言科学,2005(5)：42－49.

胡附,文炼. 现代汉语语法探索[M]. 北京：商务印书馆,1990.

胡明扬. 北京话的语气助词和叹词[J]. 中国语文,1981(5)：347－350;1981(6)：416－423.

胡明扬. 北京话初探[M]. 北京：商务印书馆,1987.

胡裕树等. 现代汉语(重订本)[M]. 上海：上海教育出版社,1995.

黄伯荣,廖序东. 现代汉语·上册(增订三版)[M]. 北京：高等教育出版社,2002.

黄伯荣,廖序东.现代汉语·下册(增订三版)[M].北京:高等教育出版社,2002.

黄国营.伪定语和准定语[J].语言教学与研究,1981(4):38-44.

黄正德.汉语正反问句的模组语法[J].中国语文,1988(3):247-264.

黄正德.汉语动词的题元结构与其句法表现[J].语言科学,2007(4):3-21.

黄正德.从"他的老师当得好"谈起[J].语言科学,2008(3):225-241.

黄卓琳.粤语复合助词的研究[J].香港中文大学哲学博士论文,2014.

江蓝生.疑问语气词"呢"的来源[J].语文研究,1986(2):17-26.

蒋严,潘海华.形式语义学引论[M].北京:中国社会科学出版社,1998.

竟成.汉语的成句过程和时间概念的表达[J].语文研究,1996(1):1-5.

克里斯特尔.现代语言学词典(沈家煊译)[M].北京:商务印书馆,2000.

孔令达.影响汉语句子自足的语言形式[J].中国语文,1994(6):434-440.

黎锦熙.新著国语文法[M].北京:商务印书馆,1992.

李宝伦,潘海华.基于事件的语义学理论[M]//刘丹青编.语言学前沿与汉语研究.上海:上海教育出版社,2005:123-142.

李临定.现代汉语句型[M].北京:商务印书馆,1986.

李珊.现代汉语被字句研究[M].北京:北京大学出版社,1994.

李思旭.试论双音节化在语法化中双重作用的句法位置[J].世界汉语教学,2011(2):193-206.

李亚非.汉语方位词的词性及其理论意义[J].中国语文,2009(2):99-109.

李艳惠.短语结构与语类标记:"的"是中心词?[J].当代语言学,2008(2):97-108.

梁源.语序和信息结构:对粤语移位句的语用分析[J].中国语文,2005(3):239-252.

林茂灿.汉语语调与声调[J].语言文字应用,2004(3):57-67.

林茂灿.疑问和陈述语气与边界调[J].中国语文,2006(4):364-376.

刘丹青.语序类型学与介词理论[M].北京:商务印书馆,2003.

刘丹青.并列结构的句法限制及其初步解释[M]//语法研究和探索(十四).北京:商务印书馆,2008:1-21.

刘街生.现代汉语同位组构研究[M].武汉:华中师范大学出版社,2004.

刘礼进.也谈"NP1的NP2的+V得R"的生成[J].外国语,2009(3):44-51.

刘月华等.实用现代汉语语法[M].北京:外语教学与研究出版社,1983.

刘月华等.实用现代汉语语法(增订本)[M].北京:商务印书馆,2001.

陆俭明.汉语口语句法里的易位现象[J].中国语文,1980(1).

陆俭明.由"非疑问形式+呢"造成的疑问句[J].中国语文,1982(6):435-438.

陆俭明.现代汉语里的疑问语气词[J].中国语文,1984(5):330-337.

陆俭明.说"年、月、日"[J].世界汉语教学,1987(1);陆俭明自选集[M].郑州:河南教育出版社,1993:111-114.

陆俭明.关于语义指向分析[M]//黄正德主编.中国语言学论丛(1).北京:北京语

言文化大学出版社,1997:34-48.

陆俭明.再谈"吃了他三个苹果"一类结构的性质[J].中国语文,2002(4):317-325.

陆俭明.现代汉语语法研究教程[M].北京:北京大学出版社,2003.

陆镜光.说"延伸句"[M]//中国社会科学院语言研究所《中国语文》编辑部编.庆祝《中国语文》创刊50周年学术论文集.北京:商务印书馆,2004:39-48.

吕叔湘.汉语语法分析问题[M].北京:商务印书馆,1979.

吕叔湘.中国文法要略[M].北京:商务印书馆,1982.

吕叔湘.语文杂记[M].上海:上海教育出版社,1984a.

吕叔湘.释《景德传灯录》中"在""着"二助词[M].//汉语语法论文集.北京:商务印书馆,1984b.

吕叔湘.近代汉语代词[M].上海:学林出版社,1985.

吕叔湘等.现代汉语八百词[M].北京:商务印书馆,1980.

吕叔湘,饶长溶.试论非谓形容词[J].中国语文,1981(2):81-85.

吕叔湘,朱德熙.语法修辞讲话(第二版)[M].北京:中国青年出版社,1979.

马庆株.顺序义对体词语法功能的影响[J].中国语言学报,1991(4):59-83;马庆株.汉语语义语法范畴问题[M].北京:北京语言文化大学出版社,1998:39-69.

马真.现代汉语虚词研究方法论[M].北京:商务印书馆,2004.

马志刚.局域非对称成分统制结构、题元角色和领主属宾句的跨语言差异[J].语言科学,2008a(5):492-501.

马志刚.最简方案下语段及其中心语特征移交理论述评[J].北京第二外国语学院学报,2008b(12):6-12,5.

梅广.国语语法中的动词组补语[J].//屈万里先生七秩荣庆论文集.台北:联经出版事业公司,1978:511-536.

梅德明等.现代句法学[M].上海:上海外语教育出版社,2008.

孟琮.口语里的一种重复:兼谈易位[J].中国语文,1982(1).

潘海华,韩景泉.显性非宾格动词结构的句法研究[J].语言研究,2005(3):1-13.

潘海华,韩景泉.汉语保留宾语结构的句法生成机制[J].中国语文,2008(6):511-522.

彭家法.附加语句法语义研究[M].合肥:安徽大学出版社,2009.

彭伶楠."好了"的词化、分化和虚化[J].语言科学,2005(3):74-80.

桥本万太郎.汉语被动式的历史·区域发展[J].中国语文,1987(1):36-49.

屈承熹,纪宗仁.汉语认知功能语法[M].哈尔滨:黑龙江人民出版社,2005.

屈哨兵.现代汉语被动标记研究[M].武汉:华中师范大学出版社,2008.

饶宏泉.构式"怎么个X法"的特征解析及其固化过程[J].汉语学习,2012(6):61-68.

任鹰.现代汉语非受事宾语句研究[M].北京:社会科学文献出版社,2005.

邵敬敏. 现代汉语疑问句研究[M]. 上海：华东师范大学出版社,1996.

邵敬敏. 从准定语看结构重组的三个原则[J]. 山西大学学报(哲学社会科学版), 2009(1)：62－66.

沈家煊. "有界"与"无界"[J]. 中国语文,1995(5)：367－380.

沈家煊. 转指和转喻[J]. 当代语言学,1999(1)：3－15.

沈家煊. "王冕死了父亲"的生成方式——兼说汉语"糅合"造句[J]. 中国语文, 2006(4)：291－300.

沈家煊. 也谈"他的老师当得好"及相关句式[J]. 现代中国语研究,2007(9)： 1－12.

沈力. 汉语蒙受句的语义结构[J]. 中国语文,2009(1)：45－53.

沈阳,何元建,顾阳. 生成语法理论与汉语语法研究[M]. 哈尔滨：黑龙江教育出版 社,2001.

沈园. 句法-语义界面研究[M]. 上海：上海教育出版社,2007.

石定栩. 主题句研究[M]//徐烈炯主编. 共性与个性——汉语语言学中的争议. 北 京：北京语言文化大学出版社,1999a：1－36.

石定栩. 疑问句研究[M]//徐烈炯主编. 共性与个性——汉语语言学中的争议. 北 京：北京语言文化大学出版社,1999b：37－59.

石定栩. 乔姆斯基的形式句法——历时进程与最新理论[M]. 北京：北京语言文化 大学出版社,2002a.

石定栩. 复合词与短语的句法地位[M]//语法研究和探索(十一). 北京：商务印书 馆,2002b：35－51.

石定栩. Chomsky 句法理论的最新动向[J]. 当代语言学,2003a(1)：33－40.

石定栩. 动词的名词化和名物化[M]//语法研究和探索(十二). 北京：商务印书 馆,2003b：255－273.

石定栩. "被"字句的归属[J]. 汉语学报,2005(1)：38－48.

石定栩. "的"和"的"字结构[J]. 当代语言学,2008(4)：298－307.

石定栩. 体词谓语句与词类的划分[J]. 汉语学报,2009a(1)：29－40.

石定栩. 汉语的语气和句末助词[J]. 语言学论丛,2009b(39)：445－462.

石定栩. 名词和名词性成分[M]. 北京：北京大学出版社,2011.

石定栩,胡建华. "被"的句法地位[J]. 当代语言学,2005(3)：213－224.

石定栩,胡建华. "了₂"的句法语义地位[M]//语法研究和探索(十三). 北京：商务 印书馆,2006：94－112.

史有为. 一种口语句子模式的在探讨——"倒装""易位""重复""追补"合议 [M]//呼唤柔性——汉语语法探异. 海口：海南出版社,1992：161－178.

石毓智. 语法化的动因与机制[M]. 北京：北京大学出版社,2006.

司富珍. 汉语的标句词"的"及相关的句法问题[J]. 语言教学与研究,2002(2)： 35－40.

司富珍. 中心语理论和汉语的 DeP[J]. 当代语言学,2004(1)：26－34.

司富珍.语言论题——乔姆斯基生物语言学视角下的语言和语言研究[M].北京：中国社会科学出版社,2008.

司富珍.多重特征核查及其句法影响[M].北京：北京语言大学出版社,2009.

司马翎.北方方言和粤语中名词的可数标记[J].语言学论丛,2007(35)：234-245.

宋国明.句法理论概要[M].北京：中国社会科学出版社,1997.

宋文辉,罗政静,于景超.现代汉语被动句施事隐现的计量分析[J].中国语文,2007(2)：113-124.

孙锡信.近代汉语语气词[M].北京：语文出版社,1999.

太田辰夫.中国语历史文法[M].北京：北京大学出版社,1987.

汤廷池.汉语词法句法论集[M].台北：台湾学生书局,1988.

汤廷池.汉语词法句法续集[M].台北：台湾学生书局,1989.

汤廷池.汉语词法句法三集[M].台北：台湾学生书局,1992a.

汤廷池.汉语词法句法四集[M].台北：台湾学生书局,1992b.

汤廷池.汉语词法句法五集[M].台北：台湾学生书局,1994.

王灿龙."谁是NP"与"NP是谁?"的句式语义[J].发表于"语言教学与研究国际学术研讨会暨《语言教学与研究》创刊30周年庆典",北京语言大学,2009.

王力.汉语史稿[M].北京：中华书局,1980.

王力.中国语法理论(1944)[M]//王力文集·第一卷.济南：山东教育出版社,1984.

王力.中国现代语法(1943/1944)[M].北京：商务印书馆,1985.

王玲玲,何元建.汉语动结结构[M].杭州：浙江教育出版社,2002.

温宾利.当代句法学导论[M].北京：外语教学与研究出版社,2002.

吴刚.生成语法研究[M].上海：上海外语教育出版社,2006.

吴庚堂."被"字的特征与转换[J].当代语言学,1999(4)：25-37.

吴庚堂.汉语被动式与动词被动化[J].现代外语,2000(3)：249-260.

武果."主位问"——谈"非疑问形式+呢?"疑问句[J].语言学论丛,2006(32)：64-82.

吴怀成."准定语+N+V得R"句式的产生机制[J].语言科学,2008(2)：127-134.

伍雅清.《原则与残书》评价[J].当代语言学,2000(2)：111-114.

伍雅清.疑问词的句法和语义[M].长沙：湖南教育出版社,2002.

邢福义.汉语语法学[M].长春：东北师范大学出版社,1997.

邢福义.汉语复句研究[M].北京：商务印书馆,2001.

邢福义等.现代汉语[M].北京：高等教育出版社,1991.

邢欣.现代汉语兼语式[M].北京：北京广播学院出版社,2004.

熊建国. Chomsky: Beyond Explanatory Adequacy[J].现代外语,2002(3)：323-330.

熊仲儒.存现句与格理论的发展[J].现代外语,2002(1)：35-47.

熊仲儒.汉语被动句句法结构分析[J].当代语言学,2003a(3)：206－221.

熊仲儒."来着"的词汇特征[J].语言科学,2003b(2)：58－65.

熊仲儒.现代汉语中的致使句式[M].合肥：安徽大学出版社,2004.

熊仲儒.以"的"为核心的 DP 结构[J].当代语言学,2005(2)：148－165.

熊仲儒.再论"来着"[J].汉语学习,2009(3)：12－16.

熊子瑜.普通话中"吗"字是非问句的语调音高特征分析[J].声学技术,2005(3).

熊子瑜,林茂灿.语气词"ma0"的疑问用法和非疑问用法[M]//第七届全国人机语
  音通讯学术会议(NCMMSC7)论文集.中国中文信息学会,2003：257－260.

徐丹.汉语句法引论(张祖建译)[J].北京：北京语言大学出版社,2004.

徐德宽.现代汉语双宾构造研究[M].上海：上海辞书出版社,2004.

徐德宽.基于最简方案框架的汉语被字结构研究[J].外语学刊,2007(4)：60－63.

徐复岭.关于语缀"法"的几个问题[J].汉语学习,1988(6)：13－16.

徐杰.两种保留宾语句式与相关语法理论[J].当代语言学,1999a(1)：16－29.

徐杰."打碎了他四个杯子"与约束原则[J].中国语文,1999b(3)：185－191.

徐杰.普遍语法原则与汉语语法现象[M].北京：北京大学出版社,2001.

徐杰.领有名词的提升移位与多项名词性结构的切分方向[J].当代语言学,2008
  (3)：193－199.

徐烈炯.生成语法理论[M].上海：上海外语教育出版社,1988.

徐烈炯.语义学[M].北京：语文出版社,1990.

徐烈炯.反身代词的所指对象[M]//徐烈炯主编.共性与个性——汉语语言学中的
  争议.北京：北京语言文化大学出版社,1999：139－158.

徐烈炯.功能主义与形式主义[J].外国语,2002(2)：8－14.

徐烈炯.话题句的合格条件[M]//徐烈炯,刘丹青主编.话题与焦点新论.上海：上
  海教育出版社,2003：131－144.

徐烈炯.指称、语序和语义解释——徐烈炯语言学论文选译[M].北京：商务印书
  馆,2009.

徐烈炯,刘丹青.话题的结构与功能(增订本)[M].上海：上海教育出版社,2007.

徐阳春.虚词"的"及其相关问题研究[M].北京：中国社会科学出版社/文化艺术
  出版社,2006.

袁毓林.话题化及相关的语法过程[J].中国语文,1996(4)：241－254.

曾立英.现代汉语作格动词的判定标准[J].语言学论丛,2007(35)：46－68.

张斌等.现代汉语[M].中央广播电视大学出版社,1988.

张斌主编.现代汉语描写语法[M].北京：商务印书馆,2010.

张伯江.被字句和把字句的对称与不对称[J].中国语文,2001(6)：519－524.

张伯江.从施受关系到句式语义[M].北京：商务印书馆,2009.

张伯江,方梅.汉语功能语法研究[M].南昌：江西教育出版社,1996.

张国宪.制约夺事成分句位实现的语义因素[J].中国语文,2001(6)：508－518.

张和友.从焦点理论看汉语分裂式判断句的生成[J].语言学论丛,2004(30)：

91－116.

张和友,邓思颖.普通话、粤语比较义系词句的句法差异及相关问题[J].汉语学习,
　　2009(3)：23－27.

张和友,邓思颖.论"是"和"yes"[J].现代外语,2011(2)：111－118.

张静等.新编现代汉语(上册)[M].上海：上海教育出版社,1980.

张凌,邓思颖.香港粤语句末助词声调与句调关系的初探[M]//韵律研究(一).北
　　京：科学出版社,2016：113－127.

张宁.汉语双宾语的结构分析[M]//陆俭明,沈阳,袁毓林编.面临新世纪挑战的现
　　代汉语语法研究.济南：山东教育出版社,2000：212－223.

张庆文."V+个+XP"结构中"个"的语法地位[J].现代外语,2009(1)：13－22.

张谊生.助词与相关格式[M].合肥：安徽教育出版社,2002.

张志公等.现代汉语(中册)[M].北京：人民教育出版社,1985.

赵强.复杂的数量结构[M]//陆俭明等编.面临新世纪挑战的现代汉语语法研究：
　　98现代汉语语法学国际学术会议论文集.济南：山东教育出版社,2000：
　　814－822.

赵世开.传统语法、结构主义语法、转换生成语法[M]//张志公等编.现代汉语(中
　　册).北京：人民教育出版社,1985：185－198.

赵元任(Yuen－Ren Chao)著,丁邦新译.《中国话的文法[M]//赵元任全集(第
　　1卷).北京：商务印书馆.原著：*A Grammar of Spoken Chinese*. Berkeley and
　　Los Angeles：University of California Press,1968.

周一民.现代汉语(修订版)[M].北京：北京师范大学出版社,2006.

朱德熙.现代汉语语法研究[M].北京：商务印书馆,1980a.

朱德熙.北京话、广州话、文水话和福州话里的"的"字[J].方言,1980b(3)：
　　161－165.

朱德熙.语法讲义[M].北京：商务印书馆,1982.

朱德熙.语法答问[M].北京：商务印书馆,1985.

朱德熙."V-neg-VO"与"VO-neg-V"两种反复问句在汉语方言里的分布[J].中国语
　　文,1991(5)：321－332.

朱行帆.轻动词和汉语不及物动词带宾语现象[J].现代外语,2005(3)：221－231.

左思民.普通话基本语气词的主要特点[M]//程工,刘丹青主编.汉语的形式与功
　　能研究.北京：商务印书馆,2009：357－372.


Abney, Steven Paul. The English noun phrase in its sentential aspect. Doctoral
　　dissertation, MIT,1987.

Aoun, Joseph, and Yen-hui Audrey Li(李艳惠). *Wh*-elements in-situ：syntax or LF？
　　*Linguistic Inquiry*, 1993,24：199－238.

Aoun, Joseph, and Yen-hui Audrey Li. *Essays on the Representational and Derivational*
　　*Nature of Grammar: the Diversity of* Wh-*Constructions* Cambridge, MA：The MIT

Press, 2003.

Au Yeung, Wai Hoo (欧阳伟豪). An interface program for parameterization of classifiers in Chinese. Doctoral dissertation, Hong Kong University of Science and Technology, 2005.

Baltin, Mark. A landing site theory of movement rules. *Linguistic Inquiry*, 1982, 13: 1–38.

Barss, Andrew, and Howard Lasnik. A note on anaphora and double objects. *Linguistic Inquiry*, 1986, 17: 347–354.

Boeckx, Cedric, and Sandra Stjepanović. Head-ing toward PF. *Linguistic Inquiry*, 2001, 32: 345–355.

Borer, Hagit. *In Name Only*. Oxford and New York: Oxford University Press, 2005.

Bowers, John. The syntax of predication. *Linguistic Inquiry* 24, 1993: 591–656.

Burzio, Luigi. *Italian Syntax*. Dordrecht: Kluwer Academic Publishers, 1986.

Chao, Yuen-Ren (赵元任). 1968. *A Grammar of Spoken Chinese*. Berkeley and Los Angeles: University of California Press, 1968.

Cheng, Lisa L.-S (郑礼珊). On the typology of *wh*-questions. Doctoral dissertation, MIT, 1991.

Cheng, Lisa L.-S., and C.-T. James Huang (黄正德). On the argument structure of resultative compounds. In Matthew Y. Chen, and Ovid J.-L. Tzeng, eds *In Honor of William S. Y. Wang: Interdisciplinary Studies on Language and Language Change*, 187–221. Taipei: Pyramid Press, 1994.

Cheng, Lisa L.-S., C.-T. James Huang, and C.-C. Jane Tang. Negative particle questions: a dialectal comparison. In James R. Black and Virginia Motapanyane, eds *Microparametric Syntax and Dialect Variation*, 41–78. Amsterdam: John Benjamins, 1996.

Cheng, Lisa L.-S., C.-T. James Huang (黄正德), Y.-H. Audrey Li (李艳惠), and C.-C. Jane Tang (汤志真). 1999. *Hoo, hoo, hoo*: syntax of the causative, dative, and passive constructions in Taiwanese. In Pang-hsin Ting, ed. *Contemporary Studies on the Min Dialects*, *Journal of Chinese Linguistics Monograph* 14, 1999: 146–203.

Cheng, Lisa L.-S., and Rint Sybesma. Bare and not-so-bare nouns and the structure of NP. *Linguistic Inquiry*, 1999, 30: 509–542.

Cheng, Lisa L.-S., and Rint Sybesma. Postverbal "can" in Cantonese (and Hakka) and Agree. *Lingua*, 2004, 114: 419–445.

Cheng, Lisa Lai-Shen, and Rint Sybesma. Classifiers in four varieties of Chinese. In Guglielmo Cinque and Richard S. Kayne, eds., *The Oxford Handbook of Comparative Syntax*, 2005: 259–292. Oxford and New York: Oxford University Press.

304

Cheung, Lawrence Yam Leung ( 张 钦 良 ). A study of right dislocation in Cantonese. MPhil thesis, The Chinese University of Hong Kong, 1997.

Cheung, Lawrence Yam-Leung. Dislocation focus construction in Chinese. *Journal of East Asian Linguistics* 18, 2009: 197 - 232.

Chiu, Bonnie Hui-Chun ( 邱慧君 ). The inflectional structure of Mandarin Chinese. Doctoral dissertation, University of California, Los Angeles. 1993.

Chiu, Bonnie. An object clitic projection in Mandarin Chinese. *Journal of East Asian Linguistics* 4, 1995: 77 - 117.

Chomsky, Noam. *Syntactic Structures*. The Hague: Mouton. 1957.

Chomsky, Noam. Remarks on nominalizations, In R. A. Jacobs and P. S. Rosenbaum, eds. , *Readings in English Transformational Grammar*, 184 - 221. Waltham, MA. : Ginn and Co. 1970.

Chomsky, Noam. *Lectures on Government and Binding*. Dordrecht: Foris Publications. 1981.

Chomsky, Noam. *Barriers*. Cambridge, MA. : The MIT Press, 1986.

Chomsky, Noam. *The Minimalist Program*. Cambridge, MA: The MIT Press, 1995.

Chomsky, Noam. Some observations on economy in generative grammar. In Pilar Barbosa, et al. , *Is the Best Good Enough? Optimality and Competition in Syntax*, 115 - 127. Cambridge, MA: The MIT Press and MITWPL, 1998.

Chomsky, Noam. Minimalist inquiries: the framework. In Roger Martin, David Michaels, and Juan Uriagereka, eds. , *Step by Step: Essays on Minimalist Syntax in Honor of Howard Lasnik*, 89 - 155. Cambridge, MA. : The MIT Press, 2000.

Chomsky, Noam. Derivation by phase. In Michael Kenstowicz ed. , *Ken Hale: a Life in Language*, 1 - 52. Cambridge, MA. : The MIT Press, 2001.

Chomsky, Noam. Beyond explanatory adequacy. In Adriana Belletti, ed. *Structures and Beyond*, 104 - 131. Oxford: Oxford University Press, 2004.

Chomsky, Noam. Three factors in language design. *Linguistic Inquiry* 36, 2005: 1 - 22.

Chomsky, Noam. Approaching UG from below. In Uli Sauerland, and Hans-Martin Gärtner, eds. , *Interfaces + Recursion = Language? Chomsky's Minimalism and the View from Syntax-Semantics*, 1 - 29. Berlin and New York: Mouton de Gruyter, 2007.

Chomsky, Noam. On phases. In Robert Freidin, Carlos P. Otero, and Maria Luisa Zubizarreta, eds. , *Foundational Issues in Linguistic Theory: Essays in Honor of Jean-Roger Vergnaud*, 133 - 166. Cambridge, MA: The MIT Press, 2008.

Chomsky, Noam. Problems of projection. *Lingua* 130, 2013: 33 - 49.

Chomsky, Noam, and Morris Halle. *The Sound Pattern of English*. New York: Harper and Row, 1968.

Chomsky, Noam, and Howard Lasnik. The theory of principles and parameters. In Joachim Jacobs, et al. eds. , *Syntax: an International Handbook of Contemporary Research*. Berlin and New York: Walter de Gruyter,1993: 506 - 569.

Chu, Chauncey C. (屈承熹). The passive construction: Chinese and English. *Journal of Chinese Linguistics* 1, 1973: 437 - 470.

Cinque, Guglielmo. *Adverbs and Functional Heads*. New York and Oxford: Oxford University Press,1999.

Cinque, Guglielmo, and Luigi Rizzi. The cartography of syntactic structures. *STiL-Studies in Linguistics*, *CISCL Working Papers*. Volume 2, 2008: 42 - 58.

Collins, Chris. *Local Economy*. Cambridge, MA. : The MIT Press,1997.

Dikken, Marcel den. , and Pornsiri Singhapreecha. Complex noun phrases and linkers. *Syntax* 7(1), 2004: 1 - 54.

Dowty, David. *Word Meaning and Montague Grammar*. Dordrecht: Kluwer Academic Publishers,1997.

Dowty, David. Thematic proto-roles and argument selection. *Language* 67, 1991: 547 - 619.

Erlewine, Michael Yoshitaka. Low sentence-final particles in Mandarin Chinese and the Final-over-Final Constraint. *Journal of East Asian Linguistics* 26, 2017: 37 - 75.

Feng, Shengli(冯胜利). 1990. The passive construction in Chinese. Ms. , University of Pennsylvania.

Feng, Shengli. Prosodic structure and prosodically constrained syntax in Chinese. Doctoral dissertation, University of Pennsylvania, 1995.

Fillmore, Charles J. *Lectures on Deixis*. Stanford: CSLI Publications. 1997.

Fromkin, Victoria, Robert Rodman, and Nina Hyams. *An Introduction to Language* (8th edition). Boston: Thomson Wadsworth,2007.

Fu, Jingqi(傅京起). On deriving Chinese derived nomimals: evidence for V-to-N raising. Doctoral dissertation, University of Massachusetts, Amherst,1994.

Fukui, Naoki and Hiromu Sakai. The visibility guideline for functional categories: verb raising in Japanese and related issues. *Lingua* 113, 2003: 321 - 375.

Fukui, Naoki, and Margaret Speas. Specifiers and projections. In *MIT Working Papers in Linguistics* 8: 128 - 172. Cambridge, MA: MITWPL,1986.

Fukui, Naoki, and Yuji Takano. Symmetry in syntax: merge and demerge. *Journal of East Asian Linguistics* 7, 1998: 27 - 86.

Glass, Arnold L. , and Keith J. Holyoak. Alternative conceptions of semantic memory. *Cognition* 3, 1975: 313 - 333.

Greenbaum, Sidney. *Oxford English Grammar*. Oxford: Oxford University Press,1996.

Grimshaw, Jane, and Armin Mester. Light verbs and theta-marking. *Linguistic Inquiry* 19, 1988: 205 - 232.

Haegeman, Liliane. *Thinking Syntactically: a Guide to Argumentation and Analysis.* Oxford: Blackwell Publishing, 2006.

Hale, Ken, and Samuel Jay Keyser. *Prolegomenon to a Theory of Argument Structure.* Cambridge, MA: The MIT Press, 2002.

Hankamer, Jorge, and Ivan Sag. Deep and surface anaphora. *Linguistic Inquiry* 7, 1976: 391 - 426.

Hashimoto, Mantaro(桥本万太郎). Observations on the passive construction. *Unicorn* 5, 1969: 59 - 71.

Hauser, Marc D., Noam Chomsky, and W. Tecumseh Fitch. The faculty of language: what is it, who has it, and how did it evolve? *Science* 298, 2002: 1569 - 1579.

Heim, Johannes, Hermann Keupdjio, Zoe Wai-Man Lam(林慧雯), Adriana Osa-Gómez, Sonja Thoma, and Martina Wiltschko. Intonation and particles as speech act modifiers: a syntactic analysis. *Studies in Chinese Linguistics* 37(2), 2016: 109 - 129.

Hill, Virginia. Vocatives and the pragmatics-syntax interface. *Lingua* 117, 2001: 2077 - 2105.

Hornstein, Norbert. *Move! A Minimalist Theory of Construal.* Malden, MA and Oxford: Blackwell, 2001.

Hornstein, Norbert. *A Theory of Syntax: Minimal Operations and Universal Grammar.* Cambridge: Cambridge University Press, 2009.

Hsieh, Miao-ling(谢妙玲). Form and meaning: negation and question in Chinese. Doctoral dissertation, University of Southern California, 2001.

Hsieh, Miao-ling. *The Internal Structure of Noun Phrases in Chinese.* Taipei: Crane Publishing Co. Ltd, 2008.

Hu, Jianhua(胡建华), Haihua Pan(潘海华), and Liejiong Xu(徐烈炯). Is there a finite vs. nonfinite distinction in Chinese? *Linguistics* 39(6), 2008: 1117 - 1148.

Huang, C. - T. James(黄正德). Logical relations in Chinese and the theory of grammar. Doctoral dissertation, MIT, 2008.

Huang, C. - T. James. Phrase structure, lexical integrity, and Chinese compounds. *Journal of the Chinese Language Teachers Association* 19(2), 1984: 53 - 78.

Huang, C. - T. James. On the distribution and reference of empty pronouns. *Linguistics Inquiry* 15, 1984: 531 - 574. Reprinted in C. - T. James Huang. *Between Syntax and Semantics*, 232 - 270. New York and London: Routledge, 2010.

Huang, C. - T. James. Remarks on empty categories in Chinese. *Linguistic Inquiry* 18, 1987: 321 - 337.

Huang, C. - T. James. Existential sentences in Chinese and (in)definiteness. In Eric

J. Reuland and Alice G. B. ter Meulen, eds. , *The Representation of* ( *In* ) *definiteness*, 226 – 253. Cambridge, MA: The MIT Press. Reprinted in C. – T. James Huang. *Between Syntax and Semantics*, 63 – 85. New York and London: Routledge, 2010.

Huang, C. – T. James. *Wo pao de kuai* and Chinese phrase structure. *Language* 64(2), 1988: 274 – 311.

Huang, C. – T. James. Pro-drop in Chinese: a generalized control theory. In Osvaldo Jaeggli and Kenneth J. Safir, eds. , *The Null Subject Parameter*, 185 – 214. Dordrecht: Kluwer Academic Publishers, 1989.

Huang, C. – T. James. Modularity and Chinese A-not-A questions. In Carol Georgopolous and Robert Ishihara, eds. , *Interdisciplinary Approaches to Language: Essays in Honor of Yuki Kuroda*, 305 – 322. Dordrecht: Kluwer Academic Publishers. Reprinted in C. – T. James Huang. *Between Syntax and Semantics*, 106 – 130. New York and London: Routledge, 2010.

Huang, C. – T. James. Complex predicates in control. In Richard K. Larson, Utpal Lahiri, Sabine Iatridou, and James Higginbotham, eds. , *Control and Grammar*, 109 – 147, Dordrecht: Kluwer Academic Publishers, 1992.

Huang, C. – T. James. Reconstruction and the structure of VP: some theoretical consequences. *Linguistic Inquiry* 24, 1993: 103 – 138. Reprinted in C. – T. James Huang. *Between Syntax and Semantics*, 271 – 299. New York and London: Routledge, 2010.

Huang, C. – T. James. More on Chinese word order and parametric theory. In Barbara Lust, Margarita Suñer, and John Whitman, eds. , *Syntactic Theory and First Language Acquisition: Cross-linguistic Perspectives*, *Volume 1 Heads*, *Projections*, *and Learnability*, 15 – 35. Hillsdale, NJ. : Lawrence Erlbaum Associates, Publishers, 1994.

Huang, C. – T. James. On lexical structure and syntactic projection. In Feng-fu Tsao and H. Samuel Wang, eds. , *Chinese Languages and Linguistics 3*, 1997: 45 – 89. Taipei: Academia Sinica. Reprinted in C. – T. James Huang. *Between Syntax and Semantics*, 347 – 376. New York and London: Routledge, 2010.

Huang, C. – T. James. Chinese passives in comparative perspective. *Tsing Hua Journal of Chinese Studies* 29(4) ,1999: 423 – 509.

Huang, C. – T. James. Resultative and unaccusatives: a parametric view. *Bulletin of the Chinese Linguistic Society of Japan* 253,2006: 1 – 43. Reprinted in C. – T. James Huang. *Between Syntax and Semantics*, 377 – 403. New York and London: Routledge, 2010.

Huang, C. – T. James, and Y. – H. Audrey Li(李艳惠). Recent generative studies in Chinese syntax. In C. – T. J. Huang and Y. – H. A. Li, eds. , *New Horizons in*

*Chinese Linguistics*, 49 - 95. Dordrecht: Kluwer Academic Publishers, 1996.

Huang, C. - T. James, Y. - H. Audrey Li(李艳惠), and Yafei Li(李亚非). *The Syntax of Chinese*. Cambridge: Cambridge University Press,2009.

Jespersen, Otto. *A Modern English Grammar on Historical Principles*, *Part VI*, *Morphology*. London: George Allen & Unwin Ltd and Copenhagen: Ejnar Munskgaard,1965.

Johannessen, Janne Bondi. *Coordination*. Oxford: Oxford University Press,1998.

Katz, Jerrold, and Jerry A. Fodor. The structure of a semantic theory. *Language* 39, 1963: 170 - 210.

Kayne, Richard S. *The Antisymmetry of Syntax*. Cambridge, Mass. : The MIT Press, 1994.

Kayne, Richard S. The silence of heads. *Studies in Chinese Linguistics* 37, 2016: 1 - 37.

Koopman, Hilda J. *The Syntax of Specifiers and Heads*. London: Routledge,2000.

Koopman, Hilda, and Dominque Sportiche. The position of subjects. *Lingua*, 85, 1991: 211 - 258.

Kratzer, Angelika. On external arguments. In E. Benedicto and J. Runner, eds. , *Functional Projections: University of Massachusetts Occasional Papers 17*, 103 - 130. Amherst, MA. : GSLA, University of Massachusetts, Amherst, 1993.

Kuroda, S. - Y. Whether we agree or not: a comparative syntax of English and Japanese. *Linvisticae Investigationes* 12, 1988: 1 - 47. Reprinted in *Japanese Syntax and Semantics: Collected Papers*. 315 - 357. Dordrecht: Kluwer Academic Publishers.

Lai, Christy Choi-Ting(赖彩婷), Sam-Po Law(罗心宝), Anthony Pak-Hin Kong(江柏轩). A quantitative study of right dislocation in Cantonese spoken discourse. *Language and Speech* 60(4), 2017: 633 - 642.

Lam, Zoe Wai-Man(林慧雯). A complex ForceP for speaker- and addressee-oriented discourse particles in Cantonese. *Studies in Chinese Linguistics* 35(2), 2014: 61 - 80.

Larson, Richard K. On the double object construction. *Linguistic Inquiry* 19, 1988: 335 - 391.

Larson, Richard K. Double objects revisited: reply to Jackendoff. *Linguistic Inquiry* 21, 1990: 589 - 632.

Law, Ann. Right dislocation in Cantonese as a focus-marking device. *UCL Working Papers in Linguistics* 15, 2003: 243 - 275.

Law, Sam-Po (罗心宝). The syntax and phonology of Cantonese sentence-final particles. Doctoral dissertation, Boston University,1990.

Lebeaux, David. Language acquisition and the form of the grammar. Doctoral dissertation, University of Massachusetts, Amherst, 1988.

Lee, Thomas Hun-tak (李行德). Studies on quantification in Chinese. Doctoral dissertation, University of California, Los Angeles, 1986.

Li, Boya. *Chinese Final Particles and the Syntax of the Periphery*. Utrecht: LOT, 2006.

Li, Charles N. (李纳), and Sandra A. Thompson. Serial verb constructions in Mandarin Chinese: Subordination or coordination? In C. Corum, T. C. Smith-Stark and A. Weiser, eds., *You Take the High Node and I'll take the Low Node: Papers from the Comparative Syntax Festival*, 96 – 103. Chicago: Chicago Linguistic Society, 1973.

Li, Charles N., and Sandra A. Thompson. *Mandarin Chinese: a Functional Reference Grammar*. Berkeley and Los Angeles: University of California Press, 1981.

Li, Yafei (李亚非). On V – V compounds in Chinese. *Natural Language and Linguistic Theory* 8, 177 – 207, 1990.

Li, Yafei. Structural head and aspectuality. *Language* 69, 1993: 480 – 504.

Li, Yen-hui Audrey (李艳惠). *Order and Constituency in Mandarin Chinese*. Dordrecht: Kluwer Academic Publishers, 1990.

Li, Yen-hui Audrey. Indefinite *Wh* in Mandarin Chinese. *Journal of East Asian Linguistics* 1, 1992: 125 – 155.

Li, Yen-hui Audrey. Structures and interpretations of nominal expressions. Ms. University of Southern California, 1997.

Li, Yen-hui Audrey. Argument determiner and number phrases. *Linguistic Inquiry* 29, 1998: 693 – 702.

Li, Yen-hui Audrey. Plurality in a classifier language. *Journal of East Asian Linguistics* 8, 1999: 75 – 99.

Li, Yen-hui Audrey. Chinese *ba*. In Martin Everaert and Henk van Riemsdijk, eds., *The Blackwell Companion to Syntax*, volume 1, 374 – 468. Oxford: Blackwell, 2006.

Li, Yen-hui Audrey, and Yuzhi Shi (石毓智). NP as argument. In Yen-hui Audrey Li and Andrew Simpson, eds., *Functional Structure (s), Form, and Interpretation: Perspectives from East Asian Languages*, 2003: 3 – 27. London: Routledge Curson.

Lin, Jo-Wang (林若望), and C. – C. Jane Tang (汤志真). Modals as verbs in Chinese: a GB perspective. *The Bulletin of Institute of History and Philology* 66, 1995: 53 – 105.

Lin, Tzong-hong Jonah (林宗宏). Light verb syntax and the theory of phrase structure. Doctoral dissertation, University of California, Irvine, 2001.

Lin, Tzong-hong Jonah. Licensing "gapless" *bei* passives. *Journal of East Asian*

*Linguistics* 18, 2009: 167 – 177.

Lin, Tzong-hong Jonah. Multiple-modal constructions in Mandarin Chinese and their finiteness properties. *Journal of Linguistics* 48, 2012: 151 – 186.

Liu, Feng-hsi(刘凤樨). A clitic analysis of locative particles. *Journal of Chinese Linguistics* 16, 1998: 48 – 70.

Longobardi, Giuseppe. Reference and proper names. *Linguistic Inquiry* 25, 1994: 609 – 666.

Luke, Kang-kwong(陆镜光). Dislocation or afterthought? — a conversation analytic account of incremental sentences in Chinese. *Discourse Processes*, 49(3 – 4), 2012: 338 – 365.

Lyons, John. *Linguistic Semantics: an Introduction*. Cambridge: Cambridge University Press, 1995.

Martin, Roger, and Juan Uriagereka. Some possible foundations of the minimalist program. In Roger Martin, David Michaels, and Juan Uriagereka, eds. , *Step by Step: Essays on Minimalist Syntax in Honor of Howard Lasnik*, 1 – 29. Cambridge, MA: The MIT Press, 2000.

Martínez, Ignacio Palacios. Variation, development and pragmatic uses of *innit* in the language of British adults and teenagers. *English Language and Linguistics* 19, 2015: 383 – 405.

McCawley, James D. Lexical insertion in a transformational grammar without Deep Structure. *Papers from the Fourth Regional Meeting*, *Chicago Linguistic Society*, 71 – 80. Chicago: Chicago Linguistic Society, 1968.

McCawley, James D. Lexical insertion in a transformational grammar without Deep Structure. Reprinted in James D. McCawley, ed. *Grammar and Meaning: papers on syntactic and semantic topics*, 155 – 166. New York: Academic Press, 1976.

Miyagawa, Shigeru(宫川 繁). Agreements that mainly occur in the main clause. In Lobke Aelbrecht, Liliane Haegeman, and Rachel Nye, eds. , *Main Clause Phenomena. New Horizons*, 79 – 111. John Benjamins Publishing Company, 2012.

Miyagawa, Shigeru. *Agreement beyond Phi*. Cambridge, MA. : The MIT Press, 2017.

Munn, Alan. Coordinate structure and X-bar theory. *McGill Working Papers in Linguistics* 4. 1, 1987: 121 – 140.

Ning, Chunyan(宁春岩). The overt syntax of relativization and topicalization in Chinese. Doctoral dissertation, University of California, Irvine, 1993.

Ning, Chunyan. De as a functional head in Chinese. In Brian Agbayani, Kazue Takeda, and Sze-Wing Tang, eds. , *UCI Working Papers in Linguistics 1*, 63 – 79. Irvine, CA: ILSA, University of California, Irvine, 1996.

O'Grady, William, Michael Dobrovolsky, and Mark Aronoff. *Contemporary Linguistics:*

*an Introduction* (third edition). New York: St. Martin's Press, 1997.

Packard, Jerome. A left-dislocation analysis of "afterthought" sentences in Peking Mandarin. *Journal of the Chinese Language Teachers Association* 21 (3), 1986: 1 – 12.

Pan, Haihua(潘海华), and Jianhua Hu(胡建华). A semantic – pragmatic interface account of (dangling) topics in Mandarin Chinese. *Journal of Pragmatics* 40, 2008: 1966 – 1981.

Pan, Victor Junnan(潘俊楠), and Waltraud Paul. Why Chinese SFPs are neither optional nor disjunctors. *Lingua* 170, 2016: 23 – 34.

Parsons, Terence. *Events in the Semantics of English: a Study in Subatomic Semantics*. Cambridge, MA: The MIT Press, 1990.

Paul, Waltraud. Adjectival modification in Mandarin Chinese and related issues. *Linguistics* 43(4), 2005: 757 – 793.

Paul, Waltraud. The serial verb construction in Chinese: a tenacious myth and a Gordian knot. *The Linguistic Review* 25, 2008: 367 – 411.

Paul, Waltraud. Why particles are not particular: sentence-final particles in Chinese as heads of a split CP. *Studia Linguistica* 68(1), 2014: 77 – 115.

Paul, Waltraud, and Victor Junnan Pan(潘俊楠). What you see is what you get: Chinese sentence-final particles as head-final complementizers. In Josef Bayer and Volker Struckmeier, eds., *Discourse Particles: Formal Approaches to their Syntax and Semantics*, 49 – 77. Berlin: De Gruyter, 2016.

Perlmutter, David. Impersonal passives and the unaccusative hypothesis. *Proceedings of the Fourth Annual Meeting of the Berkeley Linguistics Society*, 157 – 189. Berkeley: Berkeley Linguistics Society, University of California, Berkeley, 1978.

Pollock, Jean-Yves. Verb movement, Universal Grammar, and the structure of IP. *Linguistic Inquiry* 20, 1989: 365 – 424.

Postal, Paul. On so-called 'pronouns' in English. In David Reibel and Sanford Schane, eds., *Modern Studies in English*, 201 – 244. Englewoods Cliffs, NJ.: Prentice Hall, 1989.

Radford, Andrew. *Syntax: a Minimalist Introduction*. Cambridge: Cambridge University Press, 1997.

Rizzi, Luigi. The fine structure of the left periphery. In Liliane Haegeman, ed., *Elements of grammar*, 281 – 337. Dordrecht: Kluwer Academic Publishers, 1997.

Rizzi, Luigi. Locality and the left periphery. In Adriana Belletti, ed., *Structures and Beyond: the Cartography of Syntactic Structures*, Vol. 3, 223 – 251. New York and Oxford: Oxford University Press, 2004.

Rizzi, Luigi, ed. *The Structurof CP and IP: the Cartography of Syntactic Structures*,

Vol. 2. New York and Oxford: Oxford University Press,2006.

Rothstein, Susan D. *The Syntactic Forms of Predication*. Bloomington: Indiana University Linguistics Club,1985.

Rubin, Edward J. The structure of modifiers. Ms. , University of Utah,2002.

Safir, Kenneth J. Syntactic chains and the definiteness effect. Doctoral dissertation, MIT,1982.

Shi, Dingxu(石定栩). Issues on Chinese passives. *Journal of Chinese Linguistics* 25, 1997: 41 – 70.

Shi, Dingxu. Topic and topic-comment constructions in Mandarin Chinese. *Language* 76(2), 2000: 383 – 408.

Si, Fuzhen(司富珍), ed. 2017. *Studies on Syntactic Cartography*. Beijing: China Social Sciences Press.

Simpson, Andrew. On the status of 'modifying' DE and the structure of the Chinese DP. In Sze-Wing Tang and Chen-Sheng Luther Liu, eds. , *On the Formal Way to Chinese Linguistics*, 74 – 101. Stanford: CSLI, 2002.

Sio, Joanna Ut-seong (萧月嫦). *Modification and Reference in the Chinese Nominal*. Utrecht: LOT (Landelijke Onderzoekschool Taalwetenschap),2006.

Smith, Carlota S. *The Parameter of Aspect* (*second edition*). Dordrecht: Kluwer Academic Publishers, 1997.

Speas, Margaret. Evidentiality, logophoricity and the syntactic representation of pragmatic features. *Lingua* 144(3), 2004: 255 – 276.

Stowell, Tim. Subjects across categories. *The Linguistic Review* 2, 1983: 285 – 312.

Sybesma, Rint. *Causatives and Accomplishments: the Case of Chinese ba*. Dordrecht: Kluwer Academic Publishers,1992.

Sybesma, Rint. Chinese functional projections. Handout of talk given at Theoretical East Asian Linguistics Workshop, April 13, University of California, Irvine,1996.

Sybesma, Rint. *The Mandarin VP*. Dordrecht: Kluwer Academic Publications, 1999.

Tai, James(戴浩一), and Wenze Hu(胡文泽). Functional motivations for the so-called "inverted sentences" in Beijing conversational discourse. *Journal of the Chinese Language Teachers Association* 26(3), 1991: 75 – 104.

Takano, Yuji. Movement and parametric variation in syntax. Doctoral dissertation, University of California, Irvine,1996.

Tang, Chih-Chen Jane (汤志真). Chinese phrase structure and the extended X'-theory. Doctoral dissertation, Cornell University,1990.

Tang, Sze-Wing(邓思颖). The parametric approach to the resultative construction in Chinese and English. In Luther C. – S. Liu and Kazue Takeda, eds. , *UCI Working Papers in Linguistics 3*, 203 – 226. Irvine, CA: Irvine Linguistics Students Association. 1997.

Tang, Sze-Wing. Parametrization of features in syntax. Doctoral dissertation, University of California, Irvine, 1998.

Tang, Sze-Wing. Some speculations about the syntax of noun phrases. In Francesca Del Gobbo and Hidehito Hoshi, eds. , *UCI Working Papers in Linguistics 5*, 135 - 154. Irvine, CA: Irvine Linguistics Students Association, 1999.

Tang, Sze-Wing. A complementation approach to Chinese passives and its consequences. *Linguistics* 39, 2001a: 257 - 295.

Tang, Sze-Wing. The (non-) existence of gapping in Chinese and its implications for the theory of gapping. *Journal of East Asian Linguistics* 10, 2001b: 201 - 224.

Tang, Sze-Wing. Nominal predication and focus anchoring. In Gerhard Jäger, Anatoli Strigin, Chris Wilder, and Niina Zhang, eds. , *ZAS Papers in Linguistics* 22, 159 - 172. Berlin: ZAS, 2001c.

Tang, Sze-Wing. Properties of *ngaang* and the syntax of verbal particles in Cantonese. *Journal of Chinese Linguistics* 31(2) , 2003a: 245 - 269.

Tang, Sze-Wing. Verbless adverbial clauses and economy. In Jie Xu, Donghong Ji, and Kim Teng Lua, eds. , *Chinese Syntax and Semantics*, 157 - 176. Singapore: Prentice Hall, 2003b.

Tang, Sze-Wing. A minimalist view on the syntax of BECOME. In Changguk Yim, ed. , *Minimalist Views on Language Design*, 301 - 311. Seoul: Hankook Publishing Company/The Korean Generative Grammar Circle, 2006.

Tang, Sze-Wing. The syntax of two approximatives in Cantonese: discontinuous constructions formed with *zai6*. *Journal of Chinese Linguistics* 37 ( 2 ) , 2009: 227 - 256.

Tang, Sze-Wing. Cartographic syntax of pragmatic projections. In Audrey Li, Andrew Simpson, and Wei-tien Dylan Tsai, eds. , *Chinese Syntax in a Cross-Linguistic Perspective*, 429 - 441. Oxford and New York: Oxford University Press, 2015a.

Tang, Sze-Wing. A generalized syntactic schema for utterance particles in Chinese. *Lingua Sinica* 1(3) , 2015b.

Tang, Sze-Wing, and Thomas Hun-Tak Lee ( 李行德 ). Focus as an anchoring condition. Paper presented at the International Symposium on Topic and Focus in Chinese, The Hong Kong Polytechnic University, 2000.

Tenny, Carol L. Evidentiality, experiencers, and the syntax of sentience in Japanese. *Journal of East Asian Linguistics* 15, 2006: 245 - 288.

Ting, Jen ( 丁仁 ). A non-uniform analysis of the passive construction in Mandarin Chinese. Doctoral dissertation, University of Rochester, 1995.

Ting, Jen. Deriving the *bei*-construction in Mandarin Chinese. *Journal of East Asian Linguistics* 4, 1998: 319 - 354.

Ting, Jen. The nature of the particle *suo* in Mandarin Chinese. *Journal of East Asian*

*Linguistics* 12, 2003: 121 – 139.

Ting, Jen. On the syntax of the *suo* construction in Classical Chinese. *Journal of Chinese Linguistics* 33(2), 2005: 233 – 267.

Ting, Jen. The nature of the particle *suo* in the passive constructions in Classical Chinese. *Journal of Chinese Linguistics* 36(1), 2008: 30 – 72.

Tsai, Wei-tien Dylan (蔡维天). Visibility, complement selection and the Case requirement of CP. In Jonathan D. Bobaljik and Colin Phillips, eds., *MIT Working Papers in Linguistics* 18, 215 – 242. Cambridge, MA.: MITWPL, 1993.

Tsai, Wei-tien Dylan. On economizing the theory of A-bar dependencies. Doctoral dissertation, MIT, 1994.

Tsai, Wei-Tien Dylan. Visibility, complement selection and the case requirement of CP. *Journal of East Asian Linguistics* 4, 1995: 281 – 312.

Tsai, Wei-Tien Dylan. On subject specificity and theory of syntax-semantics interface. *Journal of East Asian Linguistics* 10, 2001: 129 – 168.

Tsai, Wei-tien Dylan. Left periphery and *how-why* alternations. *Journal of East Asian Linguistics* 17, 2008: 83 – 115.

Tsai, Wei-tien Dylan. A tale of two peripheries: evidence from Chinese adverbials, light verbs, applicatives and object fronting. In Wei-tien Dylan Tsai, ed., *The Cartography of Chinese Syntax*, 1 – 32. Oxford and New York: Oxford University Press, 2015.

Tsai, Wei-Tien Dylan, ed. *The Cartography of Chinese Syntax: The Cartography of Syntactic Structures*, *Volume 11*. Oxford and New York: Oxford University Press, 2015.

Tsao, Feng-fu (曹逢甫). Topics and clause connectives in Chinese. *Bulletin of the Institute of History and Philology*, *Academia Sinica* 59(3), 1988: 695 – 737.

Vendler, Zeno. *Linguistics in Philosophy*. Ithaca, NY: Cornell, 1967.

Verkuyl, Henk J. *On the Compositional Nature of the Aspects*. Dordrecht: Kluwer Academic Publishers, 1972.

Verkuyl, Henk J. *A Theory of Aspectuality*. Dordrecht: Kluwer Academic Publishers, 1993.

Vries, Mark de. The syntax of appositive relativization: on specifying coordination, false free relatives, and promotion. *Linguistic Inquiry* 37, 2006: 229 – 270.

Wakefield, John C. The English equivalents of Cantonese sentence-final particles: a contrastive analysis. Doctoral dissertation, The Hong Kong Polytechnic University, 2010.

Wang, William S. - Y. (王士元). Two aspect markers in Mandarin. *Language* 41(3), 1965: 457 – 470.

Wang, William S. - Y. Conjoining and deletion in Mandarin syntax. *Monumenta Serica*

26, 1967: 224 – 236.

Wei, Ting-Chi (魏廷冀). Predication and sluicing in Mandarin Chinese. Doctoral dissertation, National Kaohsiung Normal University, 2004.

Williams, Edwin. Predication. *Linguistic Inquiry* 11, 1980: 203 – 238.

Wiltschko, Martina, and Johannes Heim. The syntax of confirmationals: a neo-performative analysis. In Gunther Kaltenböck, Evelien Keizer, and Arne Lohmann, eds. , *Outside the Clause. Form and Function of Extra-clausal Constituent*, 303 – 340. Amsterdam: John Benjamins, 2016.

Wiltschko, Martina. Ergative constellations in the structure of speech acts. In Jessica Coon, Diane Massam, and Lisa deMena Travis, eds. , *The Oxford Handbook of Ergativity*, 419 – 446. Oxford and New York: Oxford University Press, 2017a.

Wiltschko, Martina. Response particles beyond answering. In Laura R. Bailey and Michelle Sheehan, eds. , *Order and Structure in Syntax I: Word Order and Syntactic Structure*, 241 – 279. Berlin: Language Science Press, 2017b.

Wiltschko, Martina. Response markers as a window into linguistic modularity. In Clemens Mayr and Edwin Williams, eds. , *Wiener Linguistische Gazette 82: Festschrift für Martin Prinzhorn*, 303 – 311. Vienna: Institut für Sprachwissenschaft, Universität Wien, 2017c.

Wu, Xiu – Zhi Zoe (吴秀枝). Grammaticalization and the development of functional categories in Chinese. Doctoral dissertation, University of Southern California, 2000.

Wu, Yicheng (吴义诚), and Adams Bomodo. 2009. Classifiers ≠ determiners. *Linguistic Inquiry* 40, 2000: 487 – 503.

Xu, Ding (徐丁). *Functional Categories in Mandarin Chinese*. Holland Institute of Generative Linguistics, 1997.

Xu, Liejiong (徐烈炯). Remarks on VP-ellipsis in disguise. *Linguistic Inquiry* 34(1), 2003: 163 – 171.

Xu, Liejiong, and D. Terence Langendoen. Topic structures in Chinese. *Language* 61(1), 1985: 1 – 27.

Yue-Hashimoto, Anne (余霭芹). Mandarin syntactic structures. *Unicorn 8*, 1971.

Zhang, Ling (张凌). Segmentless sentence-final particles in Cantonese: an experimental study. *Studies in Chinese Linguistics* 35(2), 2014: 47 – 60.

Zhang, Niina Ning (张宁). Syntactic dependencies in Mandarin Chinese. Doctoral dissertation, University of Toronto, 1997.

Zhang, Niina Ning. Argument interpretations in the ditransitive construction. *Nordic Journal of Linguistics* 21, 1998: 179 – 209.

Zhang, Niina Ning. *Coordination in Syntax*. Cambridge: Cambridge University Press, 2009.

Zhang, Qingwen ( 张庆文 ). On the syntax of non-verbal predication in Mandarin Chinese. Doctoral dissertation, The Hong Kong Polytechnic University, 2009.

Zoerner, Cyril Edward, III. Coordination: the syntax of & P. Doctoral dissertation, University of California, Irvine, 1995.

# 附录一：汉英语言学术语对照表及索引

（按汉语拼音排序，数字为本书的页码）

| B | | |
|---|---|---|
| 变项 | variable | 111 |
| 表层复指 | surface anaphora | 239 |
| 标句层次 | complementizer layer | 143 |
| 标句词 | complementizer | 37 |
| 标引 | index | 77 |
| 表示特征的句子 | characterizing sentence | 77 |
| 表现系统 | performance systems | 11 |
| 表征性 | representational | 230 |
| 别处条件 | elsewhere condition | 90 |
| 并连语 | conjunct | 242 |
| 补足语 | complement | 17 |
| 不对称统领 | asymmetric c-command | 60 |
| 不及物动词 | intransitive verb | 31 |
| 不可解释的屈折特征 | uninterpretable inflectional feature | 145 |
| C | | |
| 参数 | parameter | 9 |
| 层级结构 | hierarchical structure | 12 |
| 长被动句 | long passive | 190 |
| 超音段 | suprasegmental | 22 |
| 陈述式 | declarative | 137 |

| | | |
|---|---|---|
| 程度,程度级别 | degree | 156 |
| 初始状态 | initial state | 8 |
| 传信情态 | evidentiality | 273 |
| 词 | word | 15 |
| 词根 | root | 91 |
| 词汇层次 | lexical layer | 259,260 |
| 词汇词 | lexical word | 15 |
| 词汇分解 | lexical decomposition | 87 |
| 词汇完整性假设 | Lexical Integrity Hypothesis | 25 |
| 词库 | lexicon | 10 |
| 词项 | lexical item | 24 |
| 词项阵列 | lexical array | 11 |
| 词序 | word order | 56 |
| 词缀 | affix | 41 |
| 次谓语 | secondary predicate | 123 |
| 从属小句 | subordinate clause | 37 |
| **D** | | |
| 达成 | achievement | 33 |
| 大代词 | PRO | 126 |
| 带标加括法 | labeled bracketing | 52 |
| 递归 | recursion | 11 |
| 定式 | finite | 36 |
| 动词 | verb | 31 |
| 动词短语壳 | VP shell | 33 |
| 动词短语省略 | VP ellipsis | 278 |

| | | |
|---|---|---|
| 动名词 | gerund | 94 |
| 动名词名物化 | gerundive nominalization | 237 |
| 动态 | dynamic | 86 |
| 短被动句 | short passive | 190 |
| 短语 | phrase | 15 |
| **F** | | |
| 范畴 | category | 26 |
| 范围 | domain | 209 |
| 非宾格 | unaccusative | 31 |
| 非定式 | nonfinite | 36 |
| 非断言 | nonassertive | 207 |
| 非论元约束 | A'-binding | 230 |
| 非现实意义 | irrealis | 75 |
| 非移动 | nonmovable | 220 |
| 非指称 | nonreferential | 70 |
| 非作格 | unergative | 31 |
| 分叉 | branching | 59 |
| 分段 | segment | 250 |
| 否定词 | negation | 222 |
| 否定词短语 | Negation Phrase | 222 |
| 副词 | adverb | 32 |
| 复合词 | compound | 25 |
| 附接 | adjunction | 17 |
| 附接语 | adjunct | 17 |
| 复述代词 | resumptive pronoun | 200 |

| 复写 | Copy | 55 |
|------|------|-----|
| 附着形式 | clitic | 39 |

**G**

| 概化控制理论 | generalized control theory | 224 |
|------|------|-----|
| 概念意向系统 | conceptual-intentional systems | 11 |
| 感觉运动系统 | sensorimotor systems | 11 |
| 感事 | Experiencer | 89 |
| 感叹式 | exclamative | 137 |
| 杠 | bar | 49 |
| 格 | Case | 143 |
| 个别语言 | particular language | 7 |
| 个体谓词 | individual-level predicate | 210 |
| 个体性 | individuated | 115 |
| 根句 | root clause | 141 |
| 功能词 | functional word | 15 |
| 功能的角度 | functional approach | 13 |
| 功能符 | functor | 41 |
| 关涉关系 | aboutness | 203 |
| 关系小句 | relative clause | 238 |
| 管辖与约束理论 | government and binding theory | 9 |
| 管约论 | GB theory | 9 |
| 冠词 | article | 31 |
| 过去时 | past tense | 35 |

**H**

| 合并 | Merge | 11 |
|------|------|-----|

| 后置词 | postposition | 38 |
|---|---|---|
| 呼语 | vocative | 151 |
| 话段意义 | utterance-meaning | 37 |
| 话题 | topic | 12 |
| 话题句 | topic sentence | 25 |
| 话语 | discourse | 138 |
| 话语焦点 | discourse focus | 159 |
| 活动 | activity | 33 |
| **J** | | |
| 基元 | primitive | 20 |
| 及物动词 | transitive verb | 31 |
| 及物性 | transitivity | 59 |
| 极性对立 | polarity | 128 |
| 阶段不透性条件 | Phase-Impenetrability Condition | 225 |
| 集合 | set | 47 |
| 集合合并 | set-Merge | 17 |
| 间接被动句 | indirect passive | 192 |
| 间接受事 | Indirect Patient | 114 |
| 焦点词 | Focus | 37 |
| 阶段 | phase | 11 |
| 阶段式推导 | derivation by phase | 11 |
| 接口 | interface | 12 |
| 节点 | node | 59 |
| 解释上的充分 | explanatory adequacy | 8 |
| 介词 | preposition | 38 |

| 介词流落 | preposition stranding | 251 |
|---|---|---|
| 进展 | progress | 209 |
| 经济 | economy | 10 |
| 经济原则 | economy principles | 10 |
| 静态 | stative | 86 |
| 句法部门 | syntactic component，syntax | 10 |
| 句法学 | syntax | 1 |
| 句末助词 | sentence-final particle | 262 |
| 句子 | sentence | 140 |
| 句子意义 | sentence-meaning | 38 |
| **K** | | |
| 可移动 | movable | 220 |
| 客体 | Theme | 89 |
| 空代词的形式 | pro-form | 239 |
| 空算子 | null operator | 200 |
| 空语类 | empty category | 21 |
| 控制 | control | 183 |
| 扩展投射原则 | Extended Projection Principle，EPP | 145 |
| 扩展投射原则特征 | EPP-feature | 145 |
| **L** | | |
| 兰姆达表达式 | λ-expression | 200 |
| 类指 | generic | 70 |
| 历史的角度 | historical approach | 13 |
| 例外格标记 | exceptional Case marking，ECM | 200 |

| 连词 | conjunction | 38 |
|------|------|------|
| 量词 | classifier | 30 |
| 量化 | quantification | 30 |
| 量化词 | quantifier | 111 |
| 论元 | argument | 92 |
| 论元结构 | argument structure | 92 |
| 逻辑形式 | Logical Form, LF | 11 |
| **M** | | |
| 蒙事 | Affectee | 114 |
| 描述上的充分 | descriptive adequacy | 8 |
| 描述意义 | descriptive content | 41 |
| 名词 | noun | 28 |
| 名物化词头 | nominalizer | 237 |
| 明确 | explicit | 8 |
| 命题 | proposition | 35 |
| **N** | | |
| 内并连语 | internal conjunct | 242 |
| 内部合并 | Internal Merge | 55 |
| 内部论元 | internal argument | 31 |
| 内部主语假定 | Internal Subject Hypothesis | 145 |
| 能愿情态 | dynamic modal | 267 |
| **P** | | |
| 派生性 | derivational | 230 |
| 配对合并 | pair-Merge | 17 |
| 评估情态 | evaluative | 161 |

| 平面 | plane | 217 |
|---|---|---|
| 普遍语法 | Universal Grammar, UG | 8 |

**Q**

| 祈使式 | imperative | 137 |
|---|---|---|
| 启后性 | persistence | 116 |
| 起始动词 | inchoative verb | 31 |
| 嵌套小句 | embedded clause | 141 |
| 强跨越 | strong crossover | 149 |
| 强名词短语特征 | strong NP-feature | 145 |
| 强限定词特征 | strong D-feature | 145 |
| 轻动词 | light verb | 33 |
| 情景意义 | situation | 33 |
| 屈折层次 | inflectional layer | 143 |
| 缺位 | gap | 226 |

**R**

| 认知的角度 | cognitive approach | 13 |
|---|---|---|
| 认知系统 | cognitive system | 10 |

**S**

| 深层复指 | deep anaphora | 239 |
|---|---|---|
| 生成语法学 | generative grammar | 8 |
| 生物语言学 | biolinguistics | 9 |
| 施事 | Agent | 31 |
| 施行句 | performative | 143 |
| 时 | tense | 138 |
| 时间词 | tense | 34 |

| 实现的关系 | realization | 165 |
|---|---|---|
| 使役动词 | causative verb | 31 |
| 事件 | event | 87 |
| 事件结构 | event structure | 89 |
| 事件时间 | event time | 35 |
| 事件述语 | eventuality predicate | 87 |
| 事件意义 | eventuality | 33 |
| 示意语力 | illocutionary force | 138 |
| 受事 | Patient | 89 |
| 受影响意义 | affectedness | 198 |
| 数词 | number | 30 |
| 数量意义 | quantity | 76 |
| 述题 | comment | 12 |
| 树形图 | tree diagram | 47 |
| 说话时间 | speech time | 35 |
| 说明 | specification | 253 |
| 思想系统 | systems of thought | 11 |
| 算子 | operator | 143 |
| **T** | | |
| 态 | voice | 33 |
| 特征 | feature | 15 |
| 提升 | raising | 55 |
| 题元词 | thematic category | 41 |
| 题元关系 | thematic relation | 89 |
| 题元角色 | thematic role | 89 |

| 体标记 | aspect marker | 34 |
|---|---|---|
| 统领 | c-command | 59 |
| 投射 | project | 47 |
| 推导 | derivation | 11 |
| 推导式 | derivational | 46 |
| **W** | | |
| 外并连语 | external conjunct | 242 |
| 外部合并 | External Merge | 55 |
| 外部论元 | external argument | 31 |
| 外排式间接被动句 | exclusive indirect passive | 193 |
| 完成时 | perfect | 35 |
| 完结 | accomplishment | 33 |
| 谓词 | predicate | 33 |
| 谓项 | predication | 205 |
| 无定 | indefinite | 70 |
| 无界 | unbounded | 86 |
| 无指 | nonspecific | 75 |
| 无终体 | atelic | 86 |
| **X** | | |
| 析取 | disjunctive | 280 |
| 狭义句法 | narrow syntax | 10 |
| 辖域 | scope | 62 |
| 先行语 | antecedent | 110 |
| 限定词 | determiner | 30 |
| 限定词短语假定 | DP Hypothesis | 65 |

| 现实意义 | realis | 75 |
|---|---|---|
| 线性 | linear | 56 |
| 线性对应定理 | Linear Correspondence Axiom | 57 |
| 线性化 | linearization | 57 |
| 小代词 | *pro* | 23 |
| 小句 | clause | 140 |
| 小小句 | small clause | 109 |
| 形容词 | adjective | 29 |
| 形式句法学 | formal syntax | 13 |
| 形式特征 | formal feature | 15 |
| 形态学 | morphology | 13 |
| 形义错配 | syntax-semantics mismatch | 234 |
| 虚位 | expletive | 208 |
| 悬空话题 | dangling topic | 203 |
| 循环性 | cyclicity | 143 |
| **Y** | | |
| 言语行为 | speech act | 37 |
| 一切时 | generic time | 121 |
| 一致关系 | agreement | 143 |
| 一致关系特征 | agreement feature | 145 |
| 义务情态 | deontic modal | 267 |
| 移位 | Move | 54 |
| 疑问式 | interrogative | 137 |
| 疑问尾句 | tag question | 276 |
| 疑问助词 | Q-particle | 157 |

| | | |
|---|---|---|
| 音段 | segmental | 22 |
| 音系学 | phonology | 13 |
| 音韵部门 | phonological component | 11 |
| 音韵合并 | phonological merger | 120 |
| 音韵特征 | phonological feature | 15 |
| 有定 | definite | 70 |
| 有定效应 | definiteness effect | 206 |
| 有定性 | definiteness | 30 |
| 有界 | bounded | 86 |
| 有指 | specific | 75 |
| 与格结构 | dative construction | 112 |
| 语调 | intonation | 58 |
| 语迹 | trace | 82 |
| 语力 | force | 142 |
| 语气词 | force | 143 |
| 语素 | morpheme | 15 |
| 语态 | mood | 37 |
| 语言机制 | language faculty | 8 |
| 语言学 | linguistics | 1 |
| 语义变项 | semantic variable | 203 |
| 语义部门 | semantic component | 11 |
| 语义特征 | semantic feature | 15 |
| 语义学 | semantics | 1 |
| 语音形式 | Phonetic Form, PF | 11 |
| 语音学 | phonetics | 1 |

| 源点 | source | 209 |
|---|---|---|
| 原则 | principle | 9 |
| 原则与参数理论 | principles-and-parameters framework | 9 |
| 约束理论 | binding theory | 110 |
| 运算系统 | computational system | 10 |
| **Z** | | |
| 支配 | domination | 59 |
| 知识情态 | epistemic modal | 267 |
| 值 | value | 9 |
| 直接被动句 | direct passive | 192 |
| 直指 | deictic | 137 |
| 指称 | referential | 70 |
| 指称时间 | reference time | 35 |
| 指定语 | specifier | 17 |
| 指令 | directive | 155 |
| 致事 | Causer | 90 |
| 制图理论 | cartographic approach | 38 |
| 终结体 | telic | 86 |
| 中心语 | head | 15 |
| 中心语居后 | head final | 57 |
| 中心语居前 | head initial | 57 |
| 中心语移位 | head movement | 82 |
| 中心语移位限制 | head movement constraint | 199 |
| 重音 | stress | 58 |

| 助词 | particle | 39,139,232, 261—285 |
|------|----------|---------------------|
| 状态 | state | 33 |
| 状态性谓词 | stage-level predicate | 210 |
| 组成关系 | composition | 165 |
| 最大投射 | maximal projection | 47 |
| 最简方案 | Minimalist Program | 9 |
| 最外宾语 | outermost object | 203 |
| 最小投射 | minimal projection | 48 |

# 附录二：英汉语言学术语对照表及索引

（数字为本书的页码）

| A | | |
|---|---|---|
| A'-binding | 非论元约束 | 230 |
| aboutness | 关涉关系 | 203 |
| accomplishment | 完结 | 33,86 |
| achievement | 达成 | 33,86 |
| activity | 活动 | 33,86 |
| adjective | 形容词 | 29 |
| adjunct | 附接语 | 17,65,217 |
| adjunction | 附接 | 17,217 |
| adverb | 副词 | 32 |
| affectedness | 受影响意义 | 198 |
| Affectee | 蒙事 | 114 |
| affix | 词缀 | 41 |
| Agent | 施事 | 31,89 |
| agreement | 一致关系 | 143 |
| agreement feature | 一致关系特征 | 145 |
| antecedent | 先行语 | 110 |
| argument | 论元 | 92 |
| argument structure | 论元结构 | 92 |
| article | 冠词 | 31 |
| aspect marker | 体标记 | 34 |

| asymmetric c-command | 不对称统领 | 60 |
|---|---|---|
| atelic | 无终体 | 86 |
| **B** | | |
| bar | 杠 | 49 |
| binding theory | 约束理论 | 110,148 |
| biolinguistics | 生物语言学 | 9 |
| bounded | 有界 | 86 |
| branching | 分叉 | 59 |
| **C** | | |
| cartographic approach | 制图理论 | 38,164 |
| Case | 格 | 143,203 |
| category | 范畴 | 26 |
| causative verb | 使役动词 | 31 |
| Causer | 致事 | 90 |
| c-command | 统领 | 59 |
| characterizing sentence | 表示特征的句子 | 77 |
| classifier | 量词 | 30,111 |
| clause | 小句 | 140 |
| clitic | 附着形式 | 39,41 |
| cognitive approach | 认知的角度 | 13 |
| cognitive system | 认知系统 | 10 |
| comment | 述题 | 12,203 |
| complement | 补足语 | 17,49 |
| complementizer | 标句词 | 37 |
| complementizer layer | 标句层次 | 143 |

| composition | 组成关系 | 165 |
|---|---|---|
| compound | 复合词 | 25 |
| computational system | 运算系统 | 10 |
| conceptual-intentional systems | 概念意向系统 | 11 |
| conjunct | 并连语 | 242 |
| conjunction | 连词 | 38 |
| control | 控制 | 183 |
| Copy | 复写 | 55 |
| cyclicity | 循环性 | 143 |
| **D** | | |
| dangling topic | 悬空话题 | 203,226 |
| dative construction | 与格结构 | 112 |
| declarative | 陈述式 | 137 |
| deep anaphora | 深层复指 | 239 |
| definite | 有定 | 70 |
| definiteness | 有定性 | 30 |
| definiteness effect | 有定效应 | 206 |
| degree | 程度,程度级别 | 156 |
| deictic | 直指 | 137 |
| deontic modal | 义务情态 | 267 |
| derivation | 推导 | 11 |
| derivation by phase | 阶段式推导 | 11,142 |
| derivational | 派生性 | 230 |
| derivational | 推导式 | 46 |
| descriptive adequacy | 描述上的充分 | 8 |

| | | |
|---|---|---|
| descriptive content | 描述意义 | 41 |
| determiner | 限定词 | 30 |
| direct passive | 直接被动句 | 192 |
| directive | 指令 | 155 |
| discourse | 话语 | 138 |
| discourse focus | 话语焦点 | 159 |
| disjunctive | 析取 | 280 |
| domain | 范围 | 209 |
| domination | 支配 | 59 |
| DP Hypothesis | 限定词短语假定 | 65 |
| dynamic | 动态 | 86 |
| dynamic modal | 能愿情态 | 267 |
| **E** | | |
| economy | 经济 | 10,55 |
| economy principles | 经济原则 | 10 |
| elsewhere condition | 别处条件 | 90,106 |
| embedded clause | 嵌套小句 | 141 |
| empty category | 空语类 | 21,178,230 |
| epistemic modal | 知识情态 | 267 |
| EPP-feature | 扩展投射原则特征 | 145 |
| evaluative | 评估情态 | 161 |
| event | 事件 | 87 |
| event structure | 事件结构 | 89 |
| event time | 事件时间 | 35,138 |
| eventuality | 事件意义 | 33,86 |

| eventuality predicate | 事件述语 | 87 |
|---|---|---|
| evidentiality | 传信情态 | 273 |
| exceptional Case marking, ECM | 例外格标记 | 200 |
| exclamative | 感叹式 | 137 |
| exclusive indirect passive | 外排式间接被动句 | 193 |
| Experiencer | 感事 | 89,196 |
| explanatory adequacy | 解释上的充分 | 8 |
| expletive | 虚位 | 208,240 |
| explicit | 明确 | 8 |
| Extended Projection Principle, EPP | 扩展投射原则 | 145 |
| external argument | 外部论元 | 31 |
| external conjunct | 外并连语 | 242 |
| External Merge | 外部合并 | 55 |
| **F** | | |
| feature | 特征 | 15,20 |
| finite | 定式 | 36,183 |
| focus | 焦点 | 37,143,162 |
| force | 语力 | 142 |
| force | 语气词 | 143 |
| formal feature | 形式特征 | 15,20 |
| formal syntax | 形式句法学 | 13 |
| functional approach | 功能的角度 | 13 |
| functional word | 功能词 | 15,41,143 |

| functor | 功能符 | 41 |
|---|---|---|
| **G** | | |
| gap | 缺位 | 226 |
| GB theory | 管约论 | 9 |
| generalized control theory | 概化控制理论 | 224 |
| generative grammar | 生成语法学 | 8 |
| generic | 类指 | 70 |
| generic time | 一切时 | 121 |
| gerund | 动名词 | 94,237 |
| gerundive nominalization | 动名词名物化 | 237 |
| government and binding theory | 管辖与约束理论 | 9 |
| **H** | | |
| head | 中心语 | 15,48 |
| head final | 中心语居后 | 57,146 |
| head initial | 中心语居前 | 57,146,153 |
| head movement | 中心语移位 | 82 |
| head movement constraint | 中心语移位限制 | 199 |
| hierarchical structure | 层级结构 | 12,46 |
| historical approach | 历史的角度 | 13 |
| **I** | | |
| illocutionary force | 示意语力 | 138 |
| imperative | 祈使式 | 137 |
| inchoative verb | 起始动词 | 31 |
| indefinite | 无定 | 70 |
| index | 标引 | 77,110 |

| indirect passive | 间接被动句 | 192 |
|---|---|---|
| Indirect Patient | 间接受事 | 114 |
| individual-level predicate | 个体谓词 | 210 |
| individuated | 个体性 | 115 |
| inflectional layer | 屈折层次 | 143 |
| initial state | 初始状态 | 8 |
| interface | 接口 | 12,57 |
| internal argument | 内部论元 | 31 |
| internal conjunct | 内并连语 | 242 |
| Internal Merge | 内部合并 | 55 |
| Internal Subject Hypothesis | 内部主语假定 | 145 |
| interrogative | 疑问式 | 137 |
| intonation | 语调 | 58 |
| intransitive verb | 不及物动词 | 31 |
| irrealis | 非现实意义 | 75 |
| **L** | | |
| λ-expression | 兰姆达表达式 | 200,229 |
| labeled bracketing | 带标加括法 | 52 |
| language faculty | 语言机制 | 8 |
| lexical array | 词项阵列 | 11 |
| lexical decomposition | 词汇分解 | 87 |
| Lexical Integrity Hypothesis | 词汇完整性假设 | 25 |
| lexical item | 词项 | 24 |
| lexical layer | 词汇层次 | 260 |
| lexical word | 词汇词 | 15,41 |

| lexicon | 词库 | 10 |
|---|---|---|
| light verb | 轻动词 | 33 |
| linear | 线性 | 56 |
| Linear Correspondence Axiom | 线性对应定理 | 57 |
| linearization | 线性化 | 57 |
| linguistics | 语言学 | 1 |
| Logical Form, LF | 逻辑形式 | 11 |
| long passive | 长被动句 | 190 |
| **M** | | |
| maximal projection | 最大投射 | 47 |
| Merge | 合并 | 11, 46 |
| minimal projection | 最小投射 | 48 |
| Minimalist Program | 最简方案 | 9, 287 |
| mood | 语态 | 37, 138 |
| morpheme | 语素 | 15, 21 |
| morphology | 形态学 | 13 |
| movable | 可移动 | 220 |
| Move | 移位 | 54 |
| **N** | | |
| narrow syntax | 狭义句法 | 10 |
| negation | 否定词 | 222 |
| Negation Phrase | 否定词短语 | 222 |
| node | 节点 | 59 |
| nominalizer | 名物化词头 | 237 |
| nonassertive | 非断言 | 207 |

| | | |
|---|---|---|
| nonfinite | 非定式 | 36 |
| nonmovable | 非移动 | 220 |
| nonreferential | 非指称 | 70 |
| nonspecific | 无指 | 75,76 |
| noun | 名词 | 28 |
| null operator | 空算子 | 200 |
| number | 数词 | 30 |
| **O** | | |
| operator | 算子 | 143 |
| outermost object | 最外宾语 | 203 |
| **P** | | |
| pair-Merge | 配对合并 | 17 |
| parameter | 参数 | 9 |
| particle | 助词 | 261 |
| particular language | 个别语言 | 7 |
| past tense | 过去时 | 35 |
| Patient | 受事 | 89 |
| perfect | 完成时 | 35 |
| performance systems | 表现系统 | 11 |
| performative | 施行句 | 143 |
| persistence | 启后性 | 116 |
| phase | 阶段 | 11,142,225 |
| Phase-Impenetrability Condition | 阶段不透性条件 | 225 |
| Phonetic Form, PF | 语音形式 | 11 |
| phonetics | 语音学 | 1 |

| phonological component | 音韵部门 | 11 |
|---|---|---|
| phonological feature | 音韵特征 | 15,20 |
| phonological merger | 音韵合并 | 120 |
| phonology | 音系学 | 13 |
| phrase | 短语 | 15,45 |
| plane | 平面 | 217 |
| polarity | 极性对立 | 128 |
| postposition | 后置词 | 38 |
| predicate | 谓词 | 33 |
| predication | 谓项 | 205 |
| preposition | 介词 | 38 |
| preposition stranding | 介词流落 | 251 |
| primitive | 基元 | 20 |
| principle | 原则 | 9 |
| principles-and-parameters framework | 原则与参数理论 | 9 |
| PRO | 大代词 | 126,183 |
| *pro* | 小代词 | 23 |
| pro-form | 空代词的形式 | 239 |
| progress | 进展 | 209 |
| project | 投射 | 47 |
| proposition | 命题 | 35,142,200 |
| **Q** | | |
| Q-particle | 疑问助词 | 157 |
| quantification | 量化 | 30 |

| quantifier | 量化词 | 111 |
|---|---|---|
| quantity | 数量意义 | 76 |
| **R** | | |
| raising | 提升 | 55 |
| realis | 现实意义 | 75 |
| realization | 实现的关系 | 165 |
| recursion | 递归 | 11 |
| reference time | 指称时间 | 35,138 |
| referential | 指称 | 70 |
| relative clause | 关系小句 | 238 |
| representational | 表征性 | 230 |
| resumptive pronoun | 复述代词 | 200 |
| root | 词根 | 91 |
| root clause | 根句 | 141 |
| **S** | | |
| scope | 辖域 | 62,77 |
| secondary predicate | 次谓语 | 123,186 |
| segment | 分段 | 250 |
| segmental | 音段 | 22 |
| semantic component | 语义部门 | 11 |
| semantic feature | 语义特征 | 15,20 |
| semantic variable | 语义变项 | 203 |
| semantics | 语义学 | 1 |
| sensorimotor systems | 感觉运动系统 | 11 |
| sentence | 句子 | 140 |

| sentence-final particle | 句末助词 | 262 |
| --- | --- | --- |
| sentence-meaning | 句子意义 | 38,150 |
| set | 集合 | 47 |
| set-Merge | 集合合并 | 17 |
| short passive | 短被动句 | 190 |
| situation | 情景意义 | 33,86 |
| small clause | 小小句 | 109,172,256 |
| source | 源点 | 209 |
| specific | 有指 | 75 |
| specification | 说明 | 253 |
| specifier | 指定语 | 17,49 |
| speech act | 言语行为 | 37,138 |
| speech time | 说话时间 | 35,138 |
| stage-level predicate | 状态性谓词 | 210 |
| state | 状态 | 33,86 |
| stative | 静态 | 86 |
| stress | 重音 | 58 |
| strong crossover | 强跨越 | 149 |
| strong D-feature | 强限定词特征 | 145 |
| strong NP-feature | 强名词短语特征 | 145 |
| subordinate clause | 从属小句 | 37 |
| suprasegmental | 超音段 | 22,37 |
| surface anaphora | 表层复指 | 239 |
| syntactic component | 句法部门 | 10 |
| syntax | 句法学 | 1,13 |

| | | |
|---|---|---|
| syntax-semantics mismatch | 形义错配句 | 234 |
| systems of thought | 思想系统 | 11 |
| **T** | | |
| tag question | 疑问尾句 | 276 |
| telic | 终结体 | 86 |
| tense | 时 | 138 |
| tense | 时间词 | 34 |
| thematic category | 题元词 | 41 |
| thematic relation | 题元关系 | 89 |
| thematic role | 题元角色 | 89 |
| Theme | 客体 | 89 |
| topic | 话题 | 12,143,168 |
| topic sentence | 话题句 | 25 |
| trace | 语迹 | 82 |
| transitive verb | 及物动词 | 31 |
| transitivity | 及物性 | 59,227 |
| tree diagram | 树形图 | 47 |
| **U** | | |
| unaccusative | 非宾格 | 31,92 |
| unbounded | 无界 | 86 |
| unergative | 非作格 | 31,92 |
| uninterpretable inflectional feature | 不可解释的屈折特征 | 145 |
| Universal Grammar, UG | 普遍语法 | 8 |
| utterance-meaning | 话段意义 | 37,138 |

| V | | |
|---|---|---|
| value | 值 | 9 |
| variable | 变项 | 111, 200 |
| verb | 动词 | 31, 108 |
| vocative | 呼语 | 151, 168, 230 |
| voice | 态 | 33 |
| VP ellipsis | 动词短语省略 | 278 |
| VP shell | 动词短语壳 | 33 |
| W | | |
| word | 词 | 15, 24 |
| word order | 词序 | 56 |

# 后　记

　　萌发撰写拙著的念头在六年前。2004年,沈家煊先生向上海教育出版社推荐我作为"西方最新语言学理论译介丛书"的作者之一,负责介绍生成语法学理论。接到邀请,一则以喜,一则以惧。喜者,能够为学术界尽点力是我的光荣;惧者,我注意到介绍生成语法学理论的文章、专书已经不少了,要既能完成对理论的介绍,又能够有点个人的风格,甚至对学界有点长远的贡献,实在不容易。无论如何,我仍然欣然接受了这项极具挑战性的任务。当时的构思是,用大多数人比较熟悉的"传统"汉语语法学的框架,并结合汉语语法的特点,由浅入深地介绍形式句法学最新的理论,有别于一般的介绍生成语法学的专著。

　　刚好,我于2005—2006学年开始负责给本科生讲授现代汉语语法学,除了沿用比较"传统"的模式外,还把形式句法学的基本原理融入课程里,让学生可以通过句法学理论分析汉语语法的特点。然而,当时头号难题就是选择什么书作为教科书和参考书。介绍形式句法学的专著大致上有两类,第一类是句法学的教科书,各章节的内容按句法学理论来编排,介绍理论的内容及其操作方法。这种以句法学理论为纲的专著,重点显然是介绍理论,而且所用的例子往往是外语,难以直接借用为汉语语法学的教科书。第二类是汉语语法专题研究著作,这类专著选择汉语某些语法专题,用句法学理论作深入的分析,这对于汉语语法学的初学者而言,有一定的难度。因此,我只好按照教学的实际需要,自己动手编写讲义,这样一来,拙著的撰写更显得刻不容缓了。

　　可惜好事多磨,这几年我的教学和行政工作相当繁重,由于忙于应付各种各样的事宜,没有机会安静下来思索书中的问题,以致撰写工作时常中断。倏忽之间宝贵光阴已经过去了,但进展仍然甚为缓慢,不禁感到汗颜。去年暑假,我终于静下心来,闭关静修,潜心治学,好好整理手头上这几年给本科生、硕士生、博士生讲课的讲义,在内容方面作了全面的删改和补充,并且增加了新的章节,把我近年形成的新观点写进去。灵感一到,思潮起伏,不分昼夜地坐在电脑前面,以黑眼圈换来一页又一页、一章又一章的成果,暑假结束后,终于把拖了多年的书稿写好了，并于去年秋呈送出版社。

在这几年的写作过程中，我的朋友、同事、学生给了我很多帮忙与协助，要感谢的人实在太多，恐怕不能在此一一尽录。不过，我想在此诚恳地向以下几位表示我的谢忱。首先是沈家煊先生，没有他的推荐，我不可能成为本丛书的作者，拙著也不可能面世。承蒙黄正德老师拨冗赐序，不仅使拙著增色良多，也对我的研究工作给予了莫大的鼓励，令我对汉语语言学的前途充满信心。黄老师对于学术的那份执著和热忱、对学生无微不至的关爱、对后辈的提携，都是我学习的楷模，我非常钦佩并深深受到感染。张荣先生、芮东莉编辑一直不厌其烦地解答我的问题，对拙著写作的进度非常关心。为他们的工作增添烦忧，我实在不好意思，也同时对他们的专业态度表示敬意。

支撑我写作的动力来自我的家人。在我去年暑假"闭关潜修"期间，内子不辞劳苦，肩负起打理家庭大小事务的重担，家严家慈在这段期间也尽量配合，两个年幼但懂事的女儿也用她们的方式表达了对我的支持和祝福。对于家人的爱，我满怀感激，铭记于心。

邓思颖

2010 年 9 月于香港

# 第二版后记

数年前得悉拙著售罄,承蒙读者厚爱,对作者而言,肯定是莫大的鼓励,也是策励努力前进的动力。于是萌生再版的念头,以飨读者。可惜工作繁多,没法专心思考,一直搁置。难得在 2017—18 学年获研修机会,有幸到麻省理工学院访学,听课听讲座,潜心学术,获益良多。修订的稿子也终于整理好,顺利完成。

除匡正错漏、补充资料、更新参考文献外,还撰写了题为"制图分析"一章,作为本版的第十一章(而原第十一章的"结语",则改为第十二章)。通过汉语句末助词的论述,展示制图理论的分析方法,并阐述笔者近日对句末成分的一点思考,补充初版的不足。

拙著面世不久后,获"纪念李方桂先生中国语言学研究学会2011—2012 年度学术论著奖"优等奖,深感荣幸,倍觉责任重大。高丽大学的崔圭钵教授及其团队在翻译过程中,发现不少错漏,跟笔者作多次讨论,大有裨益。叶家辉先生细心审阅,芟除芜杂。上海教育出版社鼎力支持,使第二版能面世。多年来同行朋友的信任、关怀、扶持,为笔者的学术生命注入暖流,在此一并道谢。家人的爱,无言感激,一点一滴,永记于心。

邓思颖
2018 年 5 月记于麻省理工学院

图书在版编目（CIP）数据

形式汉语句法学／邓思颖著．—2版．—上海：
上海教育出版社，2019.3（2023.2重印）
ISBN 978-7-5444-8957-7

Ⅰ．①形… Ⅱ．①邓… Ⅲ．①汉语—句法—研究
Ⅳ．①H146.3

中国版本图书馆 CIP 数据核字（2019）第 042478 号

责任编辑　徐川山
封面设计　郭伟星　周　吉


形式汉语句法学（第二版）
邓思颖　著

出版发行　上海教育出版社有限公司
官　　网　www.seph.com.cn
地　　址　上海市闵行区号景路159弄C座
邮　　编　201101
印　　刷　上海展强印刷有限公司
开　　本　965×635　1/16　印张 22.5
字　　数　325 千字
版　　次　2019 年 4 月第 1 版
印　　次　2023 年 2 月第 2 次印刷
书　　号　ISBN 978-7-5444-8957-7/H·0308
定　　价　68.00 元

如发现质量问题，读者可向本社调换　电话：021-64373213